IT kompakt

Die Bücher der Reihe „IT kompakt" zu wichtigen Konzepten und Technologien der IT:

- ermöglichen einen raschen Einstieg,
- bieten einen fundierten Überblick,
- eignen sich für Selbststudium und Lehre,
- sind praxisorientiert, aktuell und immer ihren Preis wert.

Weitere Bände in der Reihe
https://link.springer.com/bookseries/8297

Christian Baun

Betriebssysteme kompakt

Grundlagen, Hardware, Speicher, Daten und Dateien, Prozesse und Kommunikation, Virtualisierung

3. Auflage

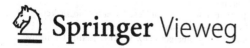 Springer Vieweg

Christian Baun
Fachbereich 2: Informatik
und Ingenieurwissenschaften
Frankfurt University
of Applied Sciences
Frankfurt, Hessen, Deutschland

ISSN 2195-3651   ISSN 2195-366X   (electronic)
IT kompakt
ISBN 978-3-662-64717-2   ISBN 978-3-662-64718-9   (eBook)
https://doi.org/10.1007/978-3-662-64718-9

Die Deutsche Nationalbibliothek verzeichnet diese Publikation in der Deutschen
Nationalbibliografie; detaillierte bibliografische Daten sind im Internet über http://
dnb.d-nb.de abrufbar.

Planung/Lektorat: David Imgrund
Springer Vieweg ist ein Imprint der eingetragenen Gesellschaft Springer-Verlag
GmbH, DE und ist ein Teil von Springer Nature.
Die Anschrift der Gesellschaft ist: Heidelberger Platz 3, 14197 Berlin, Germany

Vorwort zur 3. Auflage

Diese Auflage enthält außer neuen Themen auch zahlreiche inhaltliche und sprachliche Verbesserungen.

Kap. 5 berücksichtigt nun auch das fünfstufige Paging, das neueste Server-Prozessoren implementieren.

In Kap. 6 wurden die Abschnitte zu den Dateisystemen ext4 und Minix erweitert. Neu hinzugekommen sind unter anderem Abbildungen zur Struktur des Dateisystems NTFS und der Einträge in der Master File Table (MFT) sowie zur Arbeitsweise von Copy-on-Write. Zudem enthält diese Auflage erstmals Abschnitte zu den modernen Dateisystemen exFAT, ZFS, Btrfs und ReFS.

Kap. 8 enthält zum Thema Prozessverwaltung neue Inhalte, die das Verständnis erleichtern. Unter anderem gibt es eine neue Abbildung zu Prozesswechseln und der Zusammenhang zwischen Userspace, virtuellem Speicher und Benutzerkontext ist in Abschn. 8.3 besser erklärt. Neu sind auch die Beschreibungen des Prozess-Schedulings in Linux-Betriebssystemen in Abschn. 8.6.12.

Erweitert wurden die Themen Interprozesskommunikation und Kooperation von Prozessen in Kap. 9. Die Beschreibungen zu TCPSockets wurden ausgebaut und Beispiele zu UDP-Sockets sind neu hinzugekommen. Die Beschreibungen der Systemaufrufe und Bibliotheksfunktionen zur Interprozesskommunikation wurden insgesamt ausgebaut und Beispiele zur Arbeit mit der Schnittstelle POSIX für gemeinsame Speicherbereiche, Nachrichtenwarteschlangen und Semaphoren sind neu in dieser Auflage dazugekommen. Der Abschnitt zur Kooperation von Prozessen und Threads mit Mutexen wurde komplett überarbeitet.

Überarbeitet wurden auch mehrere Abschnitte in Kap. 10. In erster Linie die Themen Partitionierung und Emulatoren sind nun inhaltlich erweitert.

An dieser Stelle möchte ich meinem Lektor David Imgrund für seine Unterstützung danken. Zudem danke ich meinem Kollegen Jörg Abke von der TH Aschaffenburg sowie Henry Cocos, Benedikt Möller und Anton Rösler von der Frankfurt UAS für hilfreiche Verbesserungsvorschläge. Meiner Frau Katrin Baun danke ich für das Korrekturlesen und die viele Motivation und Unterstützung.

Frankfurt am Main   Prof. Dr. Christian Baun
Januar 2022

Vorwort zur 2. Auflage

Aufgrund der positiven Rückmeldungen und Verbesserungsvorschläge enthält diese Auflage außer neuen Inhalten auch zahlreiche sprachliche und didaktische Verbesserungen.

Neu hinzugekommen ist unter anderem eine Beschreibung des Unterschieds von harten und weichen Seitenfehlern in Kap. 5. Zudem wurde die Darstellung der Arbeitsweise der Seitenersetzungsstrategie LRU in Kap. 5 verbessert.

Wenn Ihnen bei der Arbeit mit diesem Werk Kritikpunkte auffallen, oder Sie Verbesserungsvorschläge für zukünftige Auflagen haben, würde ich mich über eine Email von Ihnen sehr freuen: christianbaun@gmail.com

An dieser Stelle möchte ich meiner Lektorin Sybille Thelen für ihre Unterstützung danken. Zudem danke ich Jens Liebehenschel und Torsten Wiens für das Korrekturlesen. Meinen Eltern Dr. Marianne Baun und Karl-Gustav Baun sowie meinen Schwiegereltern Anette Jost und Hans Jost und ganz besonders meiner Frau Katrin Baun danke ich für die Motivation und Unterstützung in guten und in schwierigen Zeiten.

Frankfurt am Main   Prof. Dr. Christian Baun
März 2020

Vorwort zur 1. Auflage

Betriebssysteme sind ein wichtiges Thema der praktischen Informatik und zum geringeren Teil auch der technischen Informatik. Sie sind die Schnittstelle zwischen der Hardware eines Computers und seinen Benutzern und deren Softwareprozessen. Zudem verwalten Betriebssysteme die Hardwarekomponenten eines Computers und die gespeicherten Daten.

Dieses kompakte Werk über das breite Thema Betriebssysteme wurde mit dem Ziel geschrieben, dem Leser einen Überblick über die wichtigsten Aufgabenbereiche und Kernfunktionalitäten von Betriebssystemen zu verschaffen und so das Verständnis dafür zu wecken, wie Betriebssysteme funktionieren, wie sie die wichtigsten Funktionalitäten erbringen und wie sie die wichtigsten Hardwarekomponenten eines Computers nutzen und steuern.

Die Programmbeispiele in diesem Werk wurden alle in der Programmiersprache C geschrieben und unter dem freien Betriebssystem Debian GNU/Linux getestet. Prinzipiell sollten sie unter jedem anderen Unix-(ähnlichen) Betriebssystem laufen. Die Programmbeispiele und eine Errata-Liste sind auf meiner Webseite[1] verfügbar.

Für das Korrekturlesen danke ich Henry Cocos, Samuel Dietz, Maximilian Hoecker, Rosa Maria Spanou, Michael Stapelb erg und Torsten Wiens.

---

[1]http://www.christianbaun.de

An dieser Stelle möchte ich ganz besonders meiner Familie danken, die mich auch bei diesem Werk so viel unterstützt hat.

Frankfurt am Main   Prof. Dr. Christian Baun
Februar 2017

Inhaltsverzeichnis

Einleitung

Dieses Buch will einen Überblick über das Thema Betriebssysteme und deren Komponenten schaffen, ohne dabei den Anspruch auf Vollständigkeit zu erheben. Das Ziel ist es, den Leserinnen und Lesern ein grundlegendes Wissen über die Funktionsweise von Betriebssystemen und deren Komponenten zu vermitteln. Technische Vorkenntnisse sind dabei nicht erforderlich.

In den Kap. 2 und 3 findet eine Einführung in die Grundlagen der Informationstechnik und der Betriebssysteme statt. Dies ist nötig, um die Thematik Betriebssysteme und den Inhalt dieses Buchs verstehen zu können.

Ein Verständnis der notwendigsten Hardwarekomponenten eines Computers ist elementar, um die Arbeitsweise von Betriebssystemen zu verstehen. Darum beschäftigt sich Kap. 4 mit den Grundlagen der Rechnerarchitektur. Schwerpunkte dieses Kapitels sind die Arbeitsweise des Hauptprozessors, des Speichers und der Bussysteme.

Kap. 5 beschreibt die grundlegenden Konzepte der Speicherverwaltung und die Art und Weise, wie moderne Betriebssysteme den Cache und den Hauptspeicher verwalten.

© Springer-Verlag GmbH Deutschland, ein Teil von
Springer Nature 2022
C. Baun, *Betriebssysteme kompakt,* IT kompakt,
https://doi.org/10.1007/978-3-662-64718-9_1

Eine andere Form der Speicherverwaltung thematisiert Kap. 6. Dieses Kapitel beschreibt die technischen Grundlagen klassischer und moderner Dateisysteme anhand ausgewählter Beispiele.

Die Interaktion der Benutzerprozesse mit den Funktionen des Betriebssystemkerns geschieht via Systemaufrufe. Diese können direkt oder über Bibliotheksfunktionen aufgerufen werden. Eine Beschreibung der Arbeitsweise von und mit Systemaufrufen enthält Kap. 7.

Der Fokus von Kap. 8 liegt auf der Prozessverwaltung. Schwerpunkte sind einerseits die Art und Weise, wie Prozesse im Betriebssystem realisiert werden und nach welchen Kriterien diese den Prozessor zugewiesen bekommen.

Möglichkeiten zum Schutz kritischer Abschnitte und die verschiedenen Aspekte der Interprozesskommunikation beschreibt Kap. 9.

Abschließend findet in Kap. 10 eine Einführung in die aus Sicht der Betriebssysteme relevanten Virtualisierungskonzepte statt.

Grundlagen der Informationstechnik

2

Um die Funktionsweise von Betriebssystemen zu verstehen, ist ein grundlegendes Verständnis der Informationstechnik (IT) nötig. Bei diesen Grundlagen handelt es sich um die Möglichkeiten der Informationsdarstellung und Repräsentation von Zahlen, Größenordnungen und die Art und Weise, wie Informationen (speziell Texte) in Rechnern dargestellt werden.

2.1 Bit

Ein *Bit* ist die kleinstmögliche Einheit der Information und jede Information ist an einen Informationsträger gebunden [32]. Ein Informationsträger, der sich in genau einem von zwei Zuständen befinden kann, kann die Datenmenge 1 Bit darstellen. Den Wert eines oder mehrerer Bits nennt man *Zustand*. Ein Bit stellt zwei Zustände dar. Verschiedene Sachverhalte können die Datenmenge 1 Bit darstellen. Beispiele sind:

- Die Stellung eines Schalters mit zwei Zuständen
- Der Schaltzustand eines Transistors
- Das Vorhandensein einer elektrischen Spannung oder Ladung

© Springer-Verlag GmbH Deutschland, ein Teil von
Springer Nature 2022
C. Baun, *Betriebssysteme kompakt,* IT kompakt,
https://doi.org/10.1007/978-3-662-64718-9_2

Tab. 2.1 Die Anzahl der darstellbaren Zustände verdoppelt sich mit jedem zusätzlichen Bit

Bits	Zustände	Bits	Zustände	Bits	Zustände
1	$2^1 = 2$	9	$2^9 = 512$	17	$2^{17} = 131.072$
2	$2^2 = 4$	10	$2^{10} = 1.024$	18	$2^{18} = 262.144$
3	$2^3 = 8$	11	$2^{11} = 2.048$	19	$2^{19} = 524.288$
4	$2^4 = 16$	12	$2^{12} = 4.096$	20	$2^{20} = 1.048.576$
5	$2^5 = 32$	13	$2^{13} = 8.192$	21	$2^{21} = 2.097.152$
6	$2^6 = 64$	14	$2^{14} = 16.384$	22	$2^{22} = 4.194.304$
7	$2^7 = 128$	15	$2^{15} = 32.768$	23	$2^{23} = 8.388.608$
8	$2^8 = 256$	16	$2^{16} = 65.536$	24	$2^{24} = 16.777.216$

- Das Vorhandensein einer Magnetisierung
- Der Wert einer Variable mit den logischen Wahrheitswerten

Benötigt man zur Speicherung einer Information mehr als zwei Zustände, sind Folgen von Bits *(Bitfolgen)* nötig. Mit n Bits kann man 2^n verschiedene Zustände darstellen (siehe Tab. 2.1). Also kann man mit 2 Bits $2^2 = 4$ verschiedene Zustände repräsentieren, nämlich 00, 01, 10 und 11. Mit 3 Bits kann man schon $2^3 = 8$ verschiedene Zustände (000, 001, 010, 011, 100, 101, 110 und 111) repräsentieren. Jedes zusätzliche Bit verdoppelt die Anzahl der möglichen darstellbaren Zustände (Bitfolgen) [32].

2.2   Repräsentation von Zahlen

Zahlen kann man auf unterschiedliche Arten darstellen. Eine Aufgabe der IT ist es, Zahlen aus der *realen Welt* im Rechner abzubilden. Wichtig ist dabei die Unterscheidung zwischen *Wert* und *Darstellung*.

In der Mathematik unterscheidet man Zahlen als Elemente verschiedener Wertemengen (natürliche Zahlen, ganze Zahlen, reelle Zahlen, komplexe Zahlen, usw.). Den Wert einer Zahl nennt man auch *abstrakte Zahl* und der Wert ist unabhängig von der Darstellung (zum Beispiel $0,5 = 1/2$).

Operationen eines Rechners werden aber nicht auf Werten, sondern auf Bitfolgen ausgeführt. Darum ist für die IT besonders die Darstellung der Zahlen interessant. Die Darstellung wird vom verwendeten Stellenwertsystem (Positionssystem) bestimmt. Die für die IT wichtigen Stellenwertsysteme sind das Dezimalsystem, das Dualsystem, das Oktalsystem und das Hexadezimalsystem.

2.2.1 Dezimalsystem

Das Dezimalsystem verwendet als Basis die Zahl 10. Jede Ziffer D an der Stelle i hat den Wert $D \times 10^i$. Ein Beispiel ist:

$$2013 = 2 \times 10^3 + 0 \times 10^2 + 1 \times 10^1 + 3 \times 10^0$$

Computer-Systeme unterscheiden prinzipiell zwischen zwei elektrischen Zuständen. Darum ist aus Sicht der IT als Basis die Zahl 2 und damit das Dualsystem optimal geeignet.

2.2.2 Dualsystem

Das Dualsystem verwendet als Basis die Zahl 2. Zahlen werden nur mit den Ziffern der Werte Null und Eins dargestellt. Zahldarstellungen im Dualsystem heißen Dualzahlen oder Binärzahlen. Alle positiven natürlichen Zahlen inklusive der Null können durch Folgen von Symbolen aus der Menge {0, 1} repräsentiert werden. Wenn n der Anzahl der Bits entspricht, ist x_0 das niederwertigste Bit (*Least Significant Bit* – LSB) und x_{n-1} das höchstwertigste Bit (*Most Significant Bit* – MSB).

Da lange Reihen von Nullen und Einsen für Menschen schnell unübersichtlich werden, verwendet man zur Darstellung von Bitfolgen häufig das Oktalsystem oder das Hexadezimalsystem.

Die Umrechnung der Stellenwertsysteme ist einfach möglich. Zur Verdeutlichung ist das Stellenwertsystem der jeweiligen Zahl in den folgenden Beispielen tiefgestellt beigefügt.

Tab. 2.2 Die Dezimalzahl 164_{10} in die Dualzahl 10100100_2 umwandeln

k	Quotient k DIV 2	Rest k MODULO 2
164	82	$0 = x_1$
82	41	$0 = x_2$
41	20	$1 = x_3$
20	10	$0 = x_4$
10	5	$0 = x_5$
5	2	$1 = x_6$
2	1	$0 = x_7$
1	0	$1 = x_8$

Bei der Umwandlung von Dualzahlen in Dezimalzahlen werden die Ziffern mit ihren Stellenwertigkeiten ausmultipliziert und die Ergebnisse addiert.

$$10100100_2 = 2^7 + 2^5 + 2^2 = 164_{10}$$

Die Umwandlung von Dezimalzahlen in Dualzahlen ist unter anderem mit dem in Tab. 2.2 gezeigten Verfahren möglich. Dabei wird die Dezimalzahl durch die Basis 2 dividiert und das Ergebnis und der Rest (Wert Null oder Eins) werden notiert. Das Ergebnis der Division wird in der nächsten Runde (Zeile der Tabelle) erneut durch die Basis dividiert und erneut werden das Ergebnis und der Rest notiert. Dieser Restwertalgorithmus wird so lange weitergeführt, bis das Ergebnis der Division Null ist.

2.2.3   Oktalsystem

Das Oktalsystem verwendet als Basis die Zahl 8 und kann Gruppen von 3 Bits mit einem Zeichen darstellen.

Bei der Umwandlung von Dualzahlen in Oktalzahlen wird die Bitkette vom niederwertigsten Bit beginnend in Dreiergruppen unterteilt. Jede Dreiergruppe entspricht einer Stelle der Oktalzahl.

$$164_{10} = 10|100|100_2 = 244_8$$

Die Umwandlung von Oktalzahlen in Dualzahlen erfolgt analog. Eine Stelle im Oktalsystem entspricht drei Stellen im Dualsystem.

2.2.4 Hexadezimalsystem

Das Hexadezimalsystem verwendet als Basis die Zahl 16. Die Darstellung positiver natürlicher Zahlen erfolgt mit den 16 Ziffern und Buchstaben aus der Menge $\{0, 1, \ldots 8, 9, A, B, C, D, E, F\}$. Ein Zeichen kann eine Gruppe von 4 Bits (Tetrade oder Nibble) darstellen.

Bei der Umwandlung von Dualzahlen in Hexadezimalzahlen wird die Bitkette vom niederwertigsten Bit beginnend in Tetraden unterteilt. Jede Tetrade entspricht einer Stelle der Hexadezimalzahl.

$$164_{10} = 1010|0100_2 = A4_{16}$$

Die Umwandlung von Hexadezimalzahlen in Dualzahlen geschieht analog. Eine Stelle im Hexadezimalsystem entspricht vier Stellen im Dualsystem.

Tab. 2.3 enthält eine Übersicht der verschiedenen Darstellungen der ersten 16 positiven natürlichen Zahlen im Dezimalsystem, Dualsystem, Oktalsystem und Hexadezimalsystem.

Tab. 2.3 Verschiedene Darstellungen positiver natürlicher Zahlen

Dezimale Darstellung	Binäre Darstellung	Oktale Darstellung	Hexadezimale Darstellung
00	0000	00	0
01	0001	01	1
02	0010	02	2
03	0011	03	3
04	0100	04	4
05	0101	05	5
06	0110	06	6
07	0111	07	7
08	1000	10	8
09	1001	11	9
10	1010	12	A
11	1011	13	B
12	1100	14	C
13	1101	15	D
14	1110	16	E
15	1111	17	F

2.3   Datei- und Speichergrößen

Computer lesen und schreiben aus Geschwindigkeitsgründen meist nicht einzelne Bits, sondern arbeiten mit Bitfolgen, deren Längen Vielfache von Acht sind. Eine Gruppe von 8 Bits nennt man *Byte*. Den Wert eines Bytes kann man entweder durch 8 Bits oder zwei Hexadezimalziffern darstellen.

Eine Datei ist eine beliebig lange Folge von Bytes und enthält inhaltlich zusammengehörende Daten. Alle Informationen (Zahlen, Texte, Musik, Programme, usw.), mit denen ein Computer arbeiten soll, müssen als Folge von Bytes repräsentiert werden können und als Datei gespeichert werden [32].

Tab. 2.4 Datei- und Speichergrößen

Name	Symbol	Bytes
Kilobyte	kB	$2^{10} = 1.024$
Megabyte	MB	$2^{20} = 1.048.576$
Gigabyte	GB	$2^{30} = 1.073.741.824$
Terabyte	TB	$2^{40} = 1.099.511.627.776$
Petabyte	PB	$2^{50} = 1.125.899.906.842.624$
Exabyte	EB	$2^{60} = 1.152.921.504.606.846.976$
Zettabyte	ZB	$2^{70} = 1.180.591.620.717.411.303.424$
Yottabyte	YB	$2^{80} = 1.208.925.819.614.629.174.706.176$

Da sich die Größenordnungen der meisten Dateien im Bereich mehrerer Tausend oder Millionen Bytes befinden, gibt es verschiedene Größeneinheiten zur verkürzten Zahlendarstellung. Für Datenspeicher mit binärer Adressierung ergeben sich Speicherkapazitäten von 2^n Byte, also Zweierpotenzen (siehe Tab. 2.4).

Die Maßeinheiten in Tab. 2.4 haben sich für die Größenangabe von Hauptspeicher und Speichermedien in Betriebssystemen eingebürgert. Die Hersteller von Festplatten, CD/DVDs und USB-Speichermedien bevorzugen zur Berechnung der Kapazität und zur Angabe auf der Verpackung aber lieber Dezimal-Präfixe, also zum Beispiel den Faktor 10^9 anstatt 2^{30} für GB und 10^{12} anstatt 2^{40} für TB. Aus diesem Grund wird zum Beispiel bei einem DVD-Rohling mit einer angegebenen Kapazität von 4,7 GB in vielen Anwendungen korrekterweise nur die Kapazität 4,38 GB angezeigt.

$$10^9 = 1.000.000.000, \quad 2^{30} = 1.073.741.824$$

Der Kapazitätsunterschied zwischen Zweierpotenz und Zehnerpotenz ist in diesem Fall ca. 7,37 %.

Bei größeren Speichern ist der Unterschied noch größer. So können von einer Festplatte mit angeblich 1 TB Speicherkapazität tatsächlich nur etwa 930 GB verwendet werden.

$$10^{12} = 1.000.000.000.000, \quad 2^{40} = 1.099.511.627.776$$

Der Kapazitätsunterschied zwischen Zweierpotenz und Zehnerpotenz ist in diesem Fall schon ca. 9,95 % und mit jeder weiteren
Maßeinheit (PB, EB, ZB, usw.) wächst der Kapazitätsunterschied
zwischen Zweierpotenzen und Zehnerpotenzen weiter.
Die International Electrotechnical Commission (IEC) schlug
1996 vor, die populären Größenfaktoren, die auf den Zweierpotenzen basieren, mit einem kleinen „i" zu kennzeichnen und die etablierten Bezeichnungen der Maßeinheiten für die Zehnerpotenzen
zu reservieren. Dieser Vorschlag konnte sich bislang nicht durchsetzen und die daraus resultierenden alternativen Bezeichnungen
Kibibyte (KiB), Mebibyte (MiB), Gibibyte (GiB), Tebibyte (TiB),
Pebibyte (PiB), Exbibyte (EiB) und Zebibyte (ZiB) sind außerhalb
des akademischen Bereichs nicht besonders populär.

2.4   Informationsdarstellung

Daten sind Folgen von Nullen und Einsen, die beliebige Informationen repräsentieren. Um Texte und Zahlen durch Daten darzustellen, kodiert man die Zeichen des Alphabets (Groß- und
Kleinschreibung), Satzzeichen wie Punkt, Komma und Semikolon,
sowie einige Spezialzeichen wie zum Beispiel +, ! in Bitfolgen.
Zudem sind Sonderzeichen wie Leerzeichen (SP), Wagenrücklauf
(CR) und Tabulator (TAB) nötig. Die am besten etablierte Kodierung ist der *American Standard Code for Information Interchange
(ASCII)*.

2.4.1   ASCII-Kodierung

Die ASCII-Kodierung, häufig auch US-ASCII genannt, ist eine
7=Bit=Zeichenkodierung. Das heißt, dass jedem Zeichen eine Bitfolge aus 7 Bits zugeordnet ist. Es existieren also $2^7 = 128$ verschiedene Bitfolgen und exakt so viele Zeichen definiert die Zei-
chenkodierung (siehe Tab. 2.5). Von den 128 Zeichen sind 95 Zei-
chen druckbar und 33 Zeichen nicht druckbar. Die druckbaren Zei-
chen sind (beginnend mit dem Leerzeichen):

Tab. 2.5 Tabelle der ASCII-Zeichenkodierung (US-ASCII)

Dez	Hex	Zeichen	Dez	Hex	Zeichen	Dez	Hex	Zeichen	Dez	Hex	Zeichen
000	00	NUL	032	20	Space	064	40	@	096	60	`
001	01	SOH	033	21	!	065	41	A	097	61	a
002	02	STX	034	22	"	066	42	B	098	62	b
003	03	ETX	035	23	#	067	43	C	099	63	c
004	04	EOT	036	24	$	068	44	D	100	64	d
005	05	ENQ	037	25	%	069	45	E	101	65	e
006	06	ACK	038	26	&	070	46	F	102	66	f
007	07	BEL	039	27	'	071	47	G	103	67	g
008	08	BS	040	28	(	072	48	H	104	68	h
009	09	TAB	041	29	)	073	49	I	105	69	i
010	0A	LF	042	2A	*	074	4A	J	106	6A	j
011	0B	VT	043	2B	+	075	4B	K	107	6B	k
012	0C	FF	044	2C	,	076	4C	L	108	6C	l
013	0D	CR	045	2D	-	077	4D	M	109	6D	m
014	0E	SO	046	2E	.	078	4E	N	110	6E	n
015	0F	SI	047	2F	/	079	4F	O	111	6F	o
016	10	DLE	048	30	0	080	50	P	112	70	p
017	11	DC1	049	31	1	081	51	Q	113	71	q
018	12	DC2	050	32	2	082	52	R	114	72	r
019	13	DC3	051	33	3	083	53	S	115	73	s
020	14	DC4	052	34	4	084	54	T	116	74	t
021	15	NAK	053	35	5	085	55	U	117	75	u
022	16	SYN	054	36	6	086	56	V	118	76	v
023	17	ETB	055	37	7	087	57	W	119	77	w
024	18	CAN	056	38	8	088	58	X	120	78	x
025	19	EM	057	39	9	089	59	Y	121	79	y
026	1A	SUB	058	3A	:	090	5A	Z	122	7A	z
027	1B	ESC	059	3B	;	091	5B	[	123	7B	{
028	1C	FS	060	3C	<	092	5C	\	124	7C	|
029	1D	GS	061	3D	=	093	5D	]	125	7D	}
030	1E	RS	062	3E	>	094	5E	^	126	7E	~
031	1F	US	063	3F	?	095	5F	_	127	7F	DEL

```
 !"#$%&'()*+,-./0123456789:;<=>?
@ABCDEFGHIJKLMNOPQRSTUVWXYZ[\]^_
`abcdefghijklmnopqrstuvwxyz{|}~
```

Die nicht druckbaren Zeichen 00_{16} bis 20_{16} und $7F_{16}$, zum Beispiel Backspace (BS) und Carriage Return (CR), sind Steuerzeichen, die ursprünglich zur Steuerung eines Fernschreibers verwendet wurden. ASCII ist also nicht nur ein Standard zur Datenablage, sondern auch zur Datenübertragung geeignet. Den Anfang und das Ende einer Datenübertragung markiert man mit Start of Text (STX) bzw. End of Text (ETX). Die Steuerung der Übertragung ist mit nicht druckbaren Zeichen wie Acknowledge (ACK) und negative Acknowledge (NAK) möglich. Mit Bell (BEL) kann ein Sender, zum Beispiel bei einem Fehler, ein Alarmsignal an den Empfänger senden.

Das 8. Bit kann als Paritätsbit zur Fehlererkennung verwendet werden. In diesem Fall hat es den Wert 0, wenn die Anzahl der Einsen an den übrigen sieben Bitpositionen gerade ist und ansonsten den Wert 1.

Durch verbesserte Protokolle zur Datenübertragung benötigt man das 8. Bit bei der Datenübertragung von ASCII-kodierten Texten nicht mehr zur Fehlererkennung. Darum wurde, um zusätzliche Zeichen kodieren zu können, US-ASCII mit zahlreichen Erweiterungen zu einer 8-Bit-Zeichenkodierung erweitert. Wird jedem Zeichen eine Bitfolge aus 8 Bits zugeordnet, sind $2^8 = 256$ verschiedene Bitfolgen verfügbar. Es sind also 128 Zeichen mehr verfügbar, als bei US-ASCII. Da diese 128 zusätzlichen Zeichen nicht ausreichen, um alle international benötigten Sonderzeichen zu kodieren, existieren verschiedene ASCII-Erweiterungen für die verschiedenen Sprachen und Regionen.

Die Erweiterungen sind mit dem ursprünglichen US-ASCII kompatibel. Alle im US-ASCII definierten Zeichen werden in den verschiedenen Erweiterungen durch die gleichen Bitfolgen kodiert. Die ersten 128 Zeichen einer ASCII-Erweiterung sind also mit der ursprünglichen ASCII-Tabelle identisch. Die Erweiterungen wie zum Beispiel ISO Latin 9 (ISO 8859-15) enthalten sprachspezifische Zeichen (zum Beispiel Umlaute) und Sonderzeichen (zum Beispiel das Euro-Symbol €), die nicht im lateinischen Grundalphabet enthalten sind.

Ein Nachteil der ASCII-Erweiterungen ist, dass nicht in allen Betriebssystemen alle Erweiterungen verfügbar sind. Wenn zwei Kommunikationspartner nicht die identische Erweiterung verwenden, werden unter anderem die Sonderzeichen im Text falsch angezeigt.

2.4.2 Unicode

Um die Probleme durch unterschiedliche Zeichenkodierungen in Zukunft zu vermeiden, wurde die Mehrbyte-Kodierung Unicode (ISO 10646) entwickelt. Diese wird laufend erweitert und soll in Zukunft alle bekannten Schriftzeichen enthalten.

Es existieren verschiedene Unicode-Standards. Am populärsten ist UTF-8. Die ersten 128 Zeichen werden mit einem Byte codiert und sind mit US-ASCII identisch. Die Kodierungen aller anderen Zeichen verwenden zwischen 2 und 6 Bytes. Aktuell enthält UTF-8 über 100.000 Zeichen.

Bei UTF-8 entspricht jedes mit 0 beginnende Byte einem 7-Bit US-ASCII-Zeichen. Jedes mit 1 beginnende Byte gehört zu einem aus mehreren Bytes kodierten Zeichen. Besteht ein mit UTF-8 kodiertes Zeichen aus $n \geq 2$ Bytes, beginnt das erste Byte mit n Einsen und jedes der $n - 1$ folgenden Bytes mit der Bitfolge 10 (siehe Tab. 2.6).

2.4.3 Darstellung von Zeichenketten

Um einen fortlaufenden Text zu kodieren, werden die einzelnen Zeichen zu einer Zeichenkette (*String*) aneinandergefügt. Der Text „Betriebssysteme kompakt." wird zur nachstehenden Zeichenfolge.

```
B, e, t, r, i, e, b, s, s, y, s, t,
e, m, e,  , k, o, m, p, a, k, t, .
```

Tab. 2.6 Mehrbyte-Zeichenkodierung mit UTF-8

Codelänge	Bits für die Zeichenkodierung	Format
1 Byte	7 Bits	0xxxxxxx
2 Bytes	11 Bits	110xxxxx 10xxxxxx
3 Bytes	16 Bits	1110xxxx 10xxxxxx 10xxxxxx
4 Bytes	21 Bits	11110xxx 10xxxxxx 10xxxxxx 10xxxxxx
5 Bytes	26 Bits	111110xx 10xxxxxx 10xxxxxx 10xxxxxx 10xxxxxx
6 Bytes	31 Bits	1111110x 10xxxxxx 10xxxxxx 10xxxxxx 10xxxxxx 10xxxxxx

Alle Zeichen (auch das Leerzeichen) werden durch die dezimalen Zeichennummern der ASCII-Tabelle ersetzt.

```
066 101 116 114 105 101 098 115 115 121 115 116
101 109 101 000 107 111 109 112 097 107 116 046
```

Alternativ kann man die hexadezimalen Zeichennummern der ASCII-Tabelle angeben.

```
42 65 74 72 69 65 62 73 73 79 73 74
65 6D 65 00 6B 6F 6D 70 61 6B 74 2E
```

Konvertiert man die Zeichennummern in Dualzahlen, erhält man die Repräsentation als Bitfolge.

```
01000010 01100101 01110100 01110010
01101001 01100101 01100010 01110011
01110011 01111001 01110011 01110100
01100101 01101101 01100101 00000000
01101011 01101111 01101101 01110000
01100001 01101011 01110100 00101110
```

Grundlagen der Betriebssysteme

3

Nach einer Einordnung des Themas Betriebssysteme in die Informatik behandelt dieses Kapitel grundlegende Begriffe und Unterscheidungskriterien der Betriebssysteme. Dazu gehören die unterschiedlichen Betriebsarten Stapelbetrieb und Dialogbetrieb sowie Einzel- und Mehrprogrammbetrieb. Es folgt eine Beschreibung der wichtigsten Eigenschaften von Echtzeitbetriebssystemen sowie von verteilten Betriebssystemen. Im weiteren Verlauf des Kapitels werden die unterschiedlichen Architekturkonzepte von Betriebssystemkernen gegenübergestellt und der prinzipielle Aufbau der Betriebssysteme anhand eines Schichtenmodells dargestellt.

3.1 Einordnung der Betriebssysteme in die Informatik

Die Informatik gliedert sich in die vier Teilgebiete praktische, technische und theoretische Informatik sowie Mathematik. Wie jedes Fachgebiet ist auch die Informatik beeinflusst von anderen Fachgebieten. Ein Studium der Informatik oder eine vergleichbare Ausbildung berücksichtigen daher auch immer mindestens ein Nebenfach, um den persönlichen Neigungen und dem

© Springer-Verlag GmbH Deutschland, ein Teil von
Springer Nature 2022
C. Baun, *Betriebssysteme kompakt,* IT kompakt,
https://doi.org/10.1007/978-3-662-64718-9_3

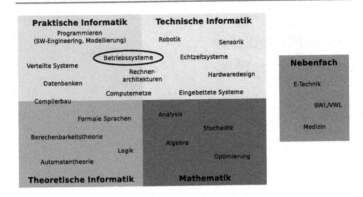

Abb. 3.1 Einordnung der Betriebssysteme in die Informatik

Arbeitsmarkt gerecht zu werden. Nebenfächer[1] sind häufig E-Technik, BWL/VWL oder Medizin, seltener Geographie oder Sprachwissenschaften.

Bei Betriebssystemen handelt es sich ausschließlich um Software. Darum umfasst das Thema Betriebssysteme primär Inhalte aus der praktischen Informatik. Da eine der Hauptaufgaben von Betriebssystemen die Steuerung der jeweiligen Computer ist, gehören zum Thema Betriebssysteme auch immer Inhalte der technischen Informatik.

Abb. 3.1 zeigt eine Übersicht über die Teilgebiete der Informatik und dazugehöriger Themen.

---

[1] Die an dieser Stelle präsentierte Auflistung der Nebenfächer hat keinen Anspruch auf Vollständigkeit. Das gleiche gilt für die in Abb. 3.1 gezeigten Themen der Informatik.

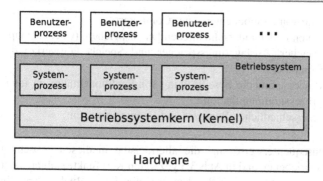

Abb. 3.2 Positionierung des Betriebssystems

3.2   Positionierung und Kernfunktionalitäten von Betriebssystemen

Auf jedem[2] Computer ist direkt über der Hardware-Ebene ein Betriebssystem (siehe Abb. 3.2) installiert, das mit Hilfe des Betriebssystemkerns (englisch: *Kernel*) und verschiedener System-prozesse[3] die grundlegenden Kernfunktionalitäten anbietet. Aus hierarchischer Sicht über dem Betriebssystem befinden sich die Benutzerprozesse, die die Aufträge der Benutzer abarbeiten.

Eine Übersicht über die Kernfunktionalitäten (Aufgabenberei-che) der Betriebssysteme zeigt Abb. 3.3. Diese sind die Verwaltung der...

---

[2] Eine Ausnahme vom Grundsatz, dass direkt über der Hardware-Ebene ein Betriebssystem läuft, ist das Virtualisierungskonzept Paravirtualisierung (siehe Abschn. 10.5). Dort läuft direkt auf der Hardware ein Hypervisor, der die Hardwareressourcen unter den Gastsystemen verteilt.

[3] Systemprozesse sind Prozesse, die Dienstleistungen für das Betriebssystem erbringen.

- Hardwarekomponenten eines Computers.
- Daten in den unterschiedlichen Datenspeichern (Cache, Hauptspeicher, Auslagerungsspeicher und Speicherlaufwerke) des Computers.
- Prozesse und die Bereitstellung von Funktionalitäten zur Interprozesskommunikation.
- unterschiedlichen Benutzer und Benutzergruppen.

Konsequenterweise sind die allermeisten in diesem Abschnitt beschriebenen und in Abb. 3.3 gezeigten Kernfunktionalitäten der Betriebssysteme auch die Themen, die dieses Buch vermitteln will. Grundlegendes Wissen zu den Hardwarekomponenten, die durch die Betriebssysteme verwaltet werden, vermittelt Kap. 4. Die verschiedenen Formen der Speicherverwaltung sind die Inhalte der Kap. 5 und 6. Die Verwaltung der Prozesse und die unterschiedlichen Formen der Interprozesskommunikation vermitteln die Kap. 7, 8 und 9.

3.3   Entwicklung der Betriebssysteme

Die Auflistung der Generationen von Computersystemen, deren zeitliche Grenzen unschärfer sind, als es Tab. 3.1 vermuten lässt, macht deutlich, warum es erst ab den 1950er Jahren erste Entwicklungen im Bereich Betriebssysteme gab.

Die erste Generation von Computersystemen entstand während des zweiten Weltkriegs. Konrad Zuse konstruierte 1941 in Deutschland mit der Z3 den ersten funktionsfähigen Computer[4] der Welt. Andere frühe Computer der ersten Generation entstanden im weiteren Verlauf der 1940er Jahre in den USA (z. B. Atanasoff-Berry-Computer, Mark I, ENIAC) sowie in England (Colossus). Computer dieser Generation waren Maschinen mit teilweise mehr

---

[4] Zu den Anforderungen an einen Computer, also an eine universelle, elektronische Rechenmaschine gehören: Gespeicherte Programme, bedingte Sprünge und die Trennung von Speicher und Prozessor.

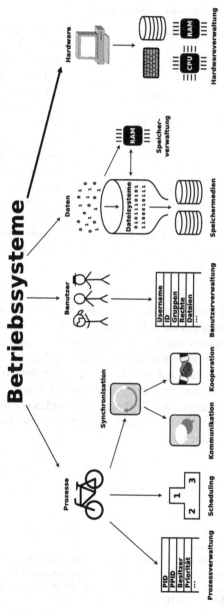

Abb. 3.3 Kernfunktionalitäten von Betriebssystemen

Tab. 3.1 Generationen von Computersystemen

Generation	Zeitraum	Technologischer Fortschritt
0	bis 1940	(Elektro-)mechanische Rechenmaschinen
1	1940–1955	Elektronenröhren, Relais, Steckfelder
2	1955–1965	Transistoren, Stapelverarbeitung
3	1965–1980	Integrierte Schaltungen, Dialogbetrieb
4	1980–2000	Hochintegrierte Schaltungen, PCs/Workstations
5	2000 bis ?	Verteilte Systeme, Mobile Systeme

als 10.000 Röhren oder Relais, die im Vergleich zu modernen Computern langsam und fehleranfällig arbeiteten. Computer dieser Generation wurden aus den genannten Gründen nicht für universelle Zwecke, sondern nur für spezielle Aufgaben wie zum Beispiel Flugbahnberechnungen oder zur Kryptoanalyse verwendet. Betriebssysteme und auch Programmiersprachen waren zu jener Zeit noch unbekannt[5] und die Programme wurden von den Benutzer (Programmierern) über Steckfelder gesteckt, also direkt in der Hardware implementiert.

---

[5] In den 1940er Jahren entwickelte Konrad Zuse zusätzlich zu seinen Computern die Programmiersprache *Plankalkül*. Da die Sprache praktisch nicht eingesetzt wurde (Compiler dafür wurden erst Jahrzehnte später entwickelt), hat sie primär historische Bedeutung.

3.3.1 Zweite Generation von Computern

Ab Anfang der 1950er Jahre lösten Lochkarten[6] (siehe Abb. 3.4) die Steckfelder ab und durch die Einführung der Transistoren ab Mitte der 1950er Jahre wurden die Computersysteme zuverlässiger. Auf Computern dieser zweiten Generation wurden Programme in den Programmiersprachen Fortran oder COBOL von Programmierern auf Formblätter aufgeschrieben, von Eingebern bzw. Codierern in Lochkarten gestanzt und anschließend einem Operator übergeben. Der Operator koordinierte die Reihenfolge der Programme, bestückte den Computer mit den Lochkarten, sorge dafür, dass der Compiler von einem Magnetband geladen wurde und übergab die Programmausgabe als Ausdruck an den Auftraggeber. Diese Form der Softwareentwicklung und Programmausführung war bedingt durch die zahlreichen Zwischenschritte und den beim Benutzer- und Prozesswechsel entstehenden Leerlauf ineffizient.

Das Sammeln der Programme auf Magnetbändern führte zu einer effizienteren Programmausführung, weil so das Einlesen beschleunigt wurde. Betriebssysteme, die in dieser zweiten Generation verwendet wurden, ermöglichten ausschließlich *Stapelverarbeitung* (siehe Abschn. 3.4.1) und *Einzelprogrammbetrieb* (siehe Abschn. 3.4.2).

3.3.2 Dritte Generation von Computern

Ab den frühen 1960er Jahren ermöglichten integrierte Schaltungen leistungsfähigere, kleinere und auch in der Herstellung billigere Computer. Die Betriebssysteme zur Stapelverarbeitung

---

[6] Jede Lochkarte stellt üblicherweise eine Zeile Programmtext mit 80 Zeichen oder entsprechend viele binäre Daten dar. Dass die Zeilenlänge von E-Mails und Textdateien heute noch typischerweise 80 Zeichen beträgt, geht auf die Lochkarte zurück. 12 Lochpositionen stehen für die Kodierung jedes Zeichens zur Verfügung. Ziffern kodiert man mit einem einzelnen Loch in der entsprechenden Zeile. Buchstaben und Sonderzeichen kodiert man, indem mehrere Löcher in die Spalte gestanzt werden.

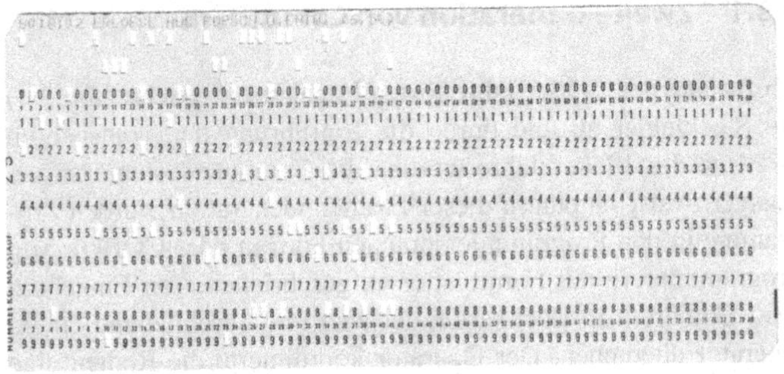

Abb. 3.4 Beispiel einer Lochkarte

wurden in den 1960er Jahren dahingehend erweitert, dass sie mehrere Aufträge gleichzeitig abarbeiten konnten. Diese Fähigkeit heißt *Mehrprogrammbetrieb* (siehe Abschn. 3.4.2) und erforderte erstmals eine einfache *Speicherverwaltung* (siehe Kap. 5).

Eine Aufgabe der Speicherverwaltung ist der sogenannte *Speicherschutz* (siehe Abschn. 5.2.2). Dabei wird der Arbeitsspeicher aufgeteilt, um laufende Programme voneinander zu trennen. Dadurch beeinträchtigen Programmierfehler oder der Absturz einzelner Programme nicht die Stabilität anderer Programme oder des Gesamtsystems.

Weitere wichtige Funktionalitäten von Betriebssystemen, die für die dritte Generation von Computersystemen entwickelt wurden, sind:

- *Dateisysteme* (siehe Kap. 6), die quasi-gleichzeitige Dateizugriffe erlauben und die Art und Weise der Datenspeicherung auf den Laufwerken organisieren.

- *Swapping* (siehe Kap. 7), also das Ein- und Auslagern von Daten in den/vom Arbeitsspeicher vom/in den Auslagerungsspeicher (meist auf Festplatten oder SSDs).

- *Scheduling* (siehe Abschn. 8.6), also die automatische Erstellung eines Ablaufplanes (englisch: *Schedule*), der Benutzern bzw. Prozessen zeitlich begrenzte Ressourcen zuteilt.

Während der 1970er Jahre wurden die Computer dahingehend ausgebaut, dass mehrere Benutzer gleichzeitig über Dialogstationen *(Terminals)* an einem Großrechner arbeiten konnten. Diese Form der Arbeit heißt *Dialogbetrieb* (siehe Abschn. 3.4.1).

Die Entwicklung des Mikroprozessors Ende der 1970er Jahre führte in den frühen 1980er Jahren zur Entwicklung der Heimcomputer (z. B. Apple II) und des IBM Personal Computers (PC). Weitere bekannte Vertreter der dritten Generation sind CDC 6600, IBM System/360, DEC PDP-8 und CRAY 1.

Einige Betriebssysteme aus der dritten Generation von Computersystemen sind IBM OS/360, Multics (der Vorgänger von Unix), Unics (später Unix) aus den Bell Laboratories, DEC VMS für DEC VAX-Rechner und Version 6/7 Unix.

3.3.3 Vierte Generation von Computern

Die zunehmende Leistungsfähigkeit der Prozessoren und zunehmende Speicherkapazität bei sinkenden Anschaffungskosten führten ab den frühen 1980er Jahren zu einer Etablierung der Personal Computer und Workstations im privaten, universitären und unternehmerischen Umfeld. Eine zunehmend wichtige Aufgabe von Betriebssystemen dieser Generation ist die Bereitstellung intuitiver Benutzeroberflächen für die Benutzer, die immer weniger von der zu Grunde liegenden Hardware wissen wollen.

Einige Betriebssysteme der vierten Generation sind Disk Operating Systeme wie QDOS *(Quick and Dirty Operating System),* MS-DOS, IBM PC-DOS, Apple DOS und Atari DOS. Weitere Beispiele sind Desktop-Betriebssysteme wie AmigaOS, Atari TOS, Windows und Mac OS sowie Unix-ähnliche Systeme wie Microsoft Xenix, SGI IRIX, SunOS, IBM AIX, NeXTSTEP, das GNU-Projekt und Linux.

3.4   Betriebsarten

Die Betriebssysteme lassen sich anhand der Betriebsarten Stapelbetrieb und Dialogbetrieb, Einzelprogrammbetrieb und Mehrprogrammbetrieb sowie Einzelbenutzerbetrieb und Mehrprogrammbetrieb klassifizieren.

3.4.1   Stapelbetrieb und Dialogbetrieb

Stapelverarbeitung (englisch: *Batch Processing*) heißt auch *Stapelbetrieb* oder *Batchbetrieb*. Bei dieser Betriebsart muss jedes Programm mit allen Eingabedaten vollständig vorliegen, bevor die Abarbeitung beginnen kann. Auch heutige Systeme ermöglichen Stapelverarbeitung, zum Beispiel in Form von Batch-Dateien oder Shell-Skripten. Speziell zur Ausführung von Routineaufgaben ist diese Form des Stapelbetriebs ein nützliches Werkzeug. Üblicherweise ist Stapelbetrieb interaktionslos. Nach dem Start eines Programms wird dieses bis zum Ende oder Auftreten eines Fehlers ohne Interaktion mit dem Benutzer abgearbeitet. Ein Ziel des Stapelbetriebs ist die maximale Prozessorausnutzung.

Abb. 3.5 zeigt die Beschleunigung durch Automatisierung, die Stapelbetrieb ermöglicht. Durch den Stapelbetrieb geht keine Rechenleistung durch Benutzerwechsel verloren. Allerdings wird

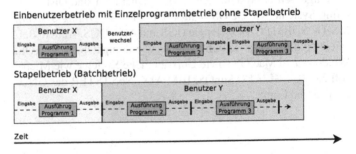

Abb. 3.5 Vergleich von Einzelbenutzerbetrieb mit Einzelprogrammbetrieb ohne Stapelbetrieb und mit Stapelbetrieb [99]

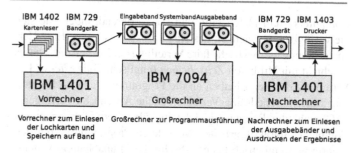

Abb. 3.6 Beispiel für ein System zur Datenverarbeitung mit Stapelbetrieb und optimaler Ausnutzung der Rechenleistung [95]

auch bei dieser dargestellten Variante des Stapelbetriebs der Hauptprozessor noch nicht optimal ausgenutzt, denn dieser liegt während der Ein-/Ausgabe brach.

Das in Abb. 3.6 dargestellte System ist ein Beispiel für ein komplexes System zur Datenverarbeitung aus den 1960er Jahren mit Stapelbetrieb und optimaler Ausnutzung der Rechenleistung. In diesem Szenario unterstützten ein Vorrechner und ein Nachrechner den eigentlichen Großrechner (Hauptrechner). Der Vorrechner schreibt die gesammelten Programme der Benutzer auf Magnetband. Der Nachrechner liest die gesammelten Ausgaben der Programme vom Magnetband und druckt diese aus. Von Band kann schneller eingelesen werden als von Lochkarten, und auf Band kann schneller geschrieben werden als auf Papier. Vorrechner und Nachrechner befreien den Großrechner somit von langsamer Ein-/Ausgabearbeit. Die Entlastung des Hauptprozessors durch zusätzliche Hardware für Ein-/Ausgabeoperationen ist unter dem Begriff *Spooling* bekannt. Durch Spooling geschieht die Ein-/Ausgabe nebenläufig zur Bearbeitung der übrigen Aufträge.

Auch moderne Computersysteme haben neben dem Hauptprozessor spezielle, DMA-fähige *(Direct Memory Access)* Ein-/Ausgabeprozessoren. Diese schreiben Daten direkt in den Hauptspeicher und holen von dort die Ergebnisse. Zudem existieren sogenannte *Spoolingprozesse* zum Drucken.

Bei der Betriebsart *Dialogbetrieb* (englisch: *Time Sharing*), die auch *Zeitteilbetrieb* heißt, arbeiten mehrere Benutzer an einem

Computersystem gleichzeitig und konkurrierend, indem sie sich die verfügbare Rechenzeit des Hauptprozessors teilen. Eine Herausforderung hierbei ist die faire Verteilung der Rechenzeit. Dieses geschieht mit Hilfe von *Zeitscheiben* (englisch: *Time Slices*). Die Verteilung der Zeitscheiben an die Programme kann nach unterschiedlichen Scheduling-Verfahren (siehe Abschn. 8.6) erfolgen.

Obwohl die Benutzer gleichzeitig über Terminals an einem Computer interaktiv arbeiten, sind deren Programme durch den Mehrprogrammbetrieb (siehe Abschn. 3.4.2) unabhängig voneinander.

3.4.2 Einzelprogrammbetrieb und Mehrprogrammbetrieb

Beim *Einzelprogrammbetrieb* (englisch: *Singletasking*)[7] läuft zu jedem Zeitpunkt nur ein einziges Programm.

Die quasi-parallele Programm- bzw. Prozessausführung heißt *Mehrprogrammbetrieb* (englisch: *Multitasking*). Mehrere Programme können gleichzeitig (bei mehreren Prozessoren bzw. Rechenkernen) oder zeitlich verschachtelt (quasi-parallel) ausgeführt werden. Die Prozesse werden in kurzen Abständen abwechselnd aktiviert. Dadurch entsteht der Eindruck der Gleichzeitigkeit. Ein Nachteil des Mehrprogrammbetriebs ist das Umschalten von Prozessen, welches einen Verwaltungsaufwand (Overhead) verursacht.

Mehrprogrammbetrieb ist trotz des Verwaltungsaufwand sinnvoll, denn Prozesse müssen häufig auf äußere Ereignisse warten. Gründe sind zum Beispiel Benutzereingaben, Eingabe/Ausgabe-Operationen von Peripheriegeräten oder das Warten auf eine Nachricht eines anderen Programms. Durch Mehrprogrammbetrieb können Prozesse, die auf ankommende E-Mails, erfolgreiche Datenbankoperationen, geschriebene Daten auf der Festplatte oder

---

[7] Der Begriff *Task* ist gleichzusetzen mit *Prozess* oder aus Anwendersicht *Aufgabe* bzw. *Auftrag*.

ähnliches warten, in den Hintergrund geschickt werden und andere
Prozesse kommen früher zum Einsatz.

Der Verwaltungsaufwand, der bei der quasiparallelen Abarbeitung von Programmen durch die Programmwechsel entsteht, ist
im Vergleich zum Geschwindigkeitszuwachs zu vernachlässigen.

3.4.3 Einzelbenutzerbetrieb und Mehrbenutzerbetrieb

Beim *Einzelbenutzerbetrieb* (englisch: *Single-User Mode*) steht
der Computer immer nur einem einzigen Benutzer zur Verfügung. Es existieren Single-User-Betriebssysteme mit Single- und
mit Multitasking-Funktionalität. Beispiele für Betriebssysteme,
die ausschließlich Einzelbenutzerbetrieb bieten, sind MS-DOS,
Microsoft Windows 3x/95/98 und OS/2.

Beim *Mehrbenutzerbetrieb* (englisch: *Multi-User Mode*) können mehrere Benutzer gleichzeitig mit dem Computer arbeiten. Die
Benutzer teilen sich hierbei die Systemleistung. Die Systemres-
sourcen müssen mit Hilfe geeigneter Scheduling-Methoden (siehe
Abschn. 8.6) möglichst gerecht verteilt werden. Die verschiedenen
Benutzer müssen (durch Passwörter) identifiziert und Zugriffe auf
Daten und Prozesse anderer Benutzer durch das Betriebssystem
verhindert werden. Beispiele für Betriebssysteme, die Mehrbe-
nutzerbetrieb ermöglichen, sind Linux und andere Unix-ähnliche
Systeme, Mac OS X, sowie die Server-Versionen der Microsoft
Windows NT-Familie. Dazu gehören auch die Versionen *Terminal
Server* und *MultiPoint Server.*

Tab. 3.2 enthält eine Einordnung bekannter Betriebssysteme in
die Betriebsarten Einzelprogrammbetrieb und Mehrprogrammbetrieb sowie Einzelbenutzerbetrieb und Mehrprogrammbetrieb.

Eine Besonderheit sind die sogenannten *halben Multi-User-
Betriebssysteme.* Zu dieser Kategorie gehören beispielsweise
die Desktop/Workstation-Versionen von Microsoft Windows
NT/2000/XP/Vista/7/8/10/11. Bei diesen Betriebssystemen können verschiedene Benutzer nur nacheinander am System arbeiten, aber die Daten der verschiedenen Benutzer sind voreinander
geschützt. Mit inoffiziellen Erweiterungen ist es auch möglich die

Tab. 3.2 Einordnung bekannter Betriebssysteme in die verschiedenen Betriebsarten

	Single-User	Multi-User
Singletasking	MS-DOS, Palm OS	unmöglich
Multitasking	OS/2, Windows 3x/95/98, BeOS, Mac OS 8x/9x, AmigaOS, Risc OS	Linux/UNIX, Mac OS X, Server-Versionen der Windows NT-Familie

Desktop/Workstation-Versionen dahingehend zu erweitern, dass mehrere Benutzer sich gleichzeitig via Remote Desktop Protocol (RDP) am System anmelden können.

3.5   8/16/32/64 Bit-Betriebssysteme

Jedes Betriebssystem arbeitet intern mit Speicheradressen einer bestimmten Länge. Moderne Betriebssysteme werden üblicherweise als 64 Bit-Betriebssysteme angeboten. Zahlreiche Linux-Distributionen sowie mehrere Versionen von Microsoft Windows sind speziell für ältere Hardware zusätzlich noch als 32 Bit-Betriebssysteme verfügbar. Ein Betriebssystem kann nur so viele Speichereinheiten ansprechen, wie der Adressraum zulässt. Darum kann ein 64 Bit-Betriebssystem mehr Speicher ansprechen als ein 32 Bit-Betriebssystem. Die Größe des Adressraums hängt Hardwareseitig allerdings vom Adressbus (siehe Abschn. 4.1.3) ab.

8 Bit-Betriebssysteme können 2^8 Speichereinheiten adressieren. Beispiele für solche Betriebssysteme sind GEOS, Atari DOS oder Contiki [19].

16 Bit-Betriebssysteme können 2^{16} Speichereinheiten adressieren. Beispiele für solche Betriebssysteme sind MS-DOS, Windows 3x und OS/2 1x.

32 Bit-Betriebssysteme können 2^{32} Speichereinheiten adressieren. Beispiele für solche Betriebssysteme sind Windows 95/98/NT/Vista/7/8/10, OS/2 2/3/4, eComStation, BeOS, Linux und Mac OS X bis einschließlich 10.7.

64 Bit-Betriebssysteme können 2^{64} Speichereinheiten adressieren. Beispiele für solche Betriebssysteme sind Windows 7/8/10 (64 Bit), Windows 11, Linux (64 Bit) und Mac OS X (64 Bit).

3.6 Echtzeitbetriebssysteme

Echtzeitbetriebssysteme sind Betriebssysteme die Mehrprogrammbetrieb mit zusätzlichen Echtzeit-Funktionen für die Einhaltung von Zeitbedingungen bieten. Wesentliche Qualitätskriterien von Echtzeitbetriebssystemen sind die Reaktionszeit und die Einhaltung von Zeitschranken (englisch: *Deadlines*).

Die existierenden Echtzeitbetriebssysteme können in die beiden Gruppen *harte Echtzeitbetriebssysteme* und *weiche Echtzeitbetriebssysteme* unterschieden werden.

3.6.1 Harte und weiche Echtzeitbetriebssysteme

Harte Echtzeitbetriebssysteme müssen Zeitschranken unbedingt einhalten. Verzögerungen können unter keinen Umständen akzeptiert werden, denn sie können zu katastrophalen Folgen und hohen Kosten führen. Die Ergebnisse einer Prozessausführung sind unter Umständen nutzlos, wenn die Bearbeitung des Prozesses zu spät erfolgt. Einige Einsatzbeispiele für harte Echtzeitbetriebssysteme, bei denen die Notwendigkeit der Einhaltung von Zeitschranken eindeutig ist, sind Schweißroboter, Systeme in der Reaktorsteuerung, Antiblockiersysteme bei Fahrzeugen, Systeme zur Flugzeugsteuerung und Überwachungssysteme auf der Intensivstation. Beispiele für harte Echtzeitbetriebssysteme sind QNX4, VxWorks, LynxOS und die Linux-Erweiterung RTLinux [106]. Dabei handelt es sich um einen Echtzeit-Mikrokern, der das komplette Linux-Betriebssystem als einen Prozess neben den Echtzeitprozessen betreibt.

Bei weichen Echtzeitbetriebssystemen sind gewisse Toleranzen bei der Einhaltung von Zeitschranken erlaubt. Verzögerungen führen zu akzeptablen Kosten. Einige Einsatzbeispiele für weiche Echtzeitbetriebssysteme sind Telefonanlagen, Parkschein- oder Fahrkartenautomaten oder Multimedia-Anwendungen wie Audio/Video on Demand.

Weiches Echtzeitverhalten können alle aktuellen Desktop-Betriebssysteme wie zum Beispiel Microsoft Windows, Apple Mac OS X oder Linux für Prozesse mit hoher Priorität garantieren. Wegen des unberechenbaren Zeitverhaltens durch Swapping (siehe Abschn. 5.2.2), Unterbrechungen (englisch: *Interrupts*) durch Hardwarekomponenten, etc. kann von diesen Betriebssystemen aber kein hartes Echtzeitverhalten garantiert werden.

3.6.2 Architekturen von Echtzeitbetriebssystemen

Neben der Unterscheidung anhand der Einhaltung von Zeitschranken, können Echtzeitbetriebssysteme auch anhand Ihrer Architektur in verschiedene Gruppe eingeteilt werden.

Bei Echtzeitbetriebssystemen mit der Architektur *Thin-Kernel* läuft der Betriebssystemkern selbst als Prozess mit niedrigster Priorität. Der Echtzeitkern übernimmt das Scheduling. Die Echtzeit-Prozesse werden mit der höchsten Priorität ausgeführt. Der Zweck dieses Vorgehens ist es, die Reaktionszeit zu minimieren.

Verfügt ein Echtzeitbetriebssystemen über einen sogenannten *Nano-Kernel*, bedeutet das, das neben dem Echtzeitkern weitere Betriebssystemkerne laufen können (siehe Abb. 3.7).

Die Fachbegriffe *Pico-Kernel*, *Femto-Kernel* und *Atto-Kernel* sind Beispiele für Marketingbegriffe der Hersteller von Echtzeitsystemen, um die geringe Größe ihrer Echtzeitkerne hervorzuheben. Die Größe des Betriebssystemkerns wird allgemein als Qualitätskriterium angesehen, da die Reduktion des Echtzeitkerns auf die wichtigsten Funktionalitäten die Wahrscheinlichkeit von Fehlern minimieren soll.

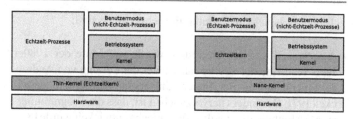

Abb. 3.7 Architekturen von Echtzeitbetriebssystemen mit Thin-Kernel und Nano-Kernel

3.7 Verteilte Betriebssysteme

Ein *verteiltes Betriebssystem* ist ein verteiltes System, das die Prozesse auf mehreren unabhängigen Computern steuert. Die einzelnen Knoten bleiben den Benutzern und deren Prozessen verborgen (siehe Abb. 3.8). Das System erscheint als ein einzelner großer Computer. Dieses Prinzip ist im Bereich der verteilten Systeme auch unter dem Fachbegriff des *Single System Image* [14] bekannt.

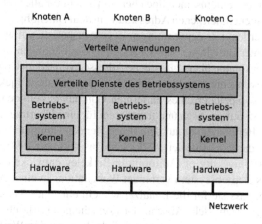

Abb. 3.8 Architektur verteilter Betriebssysteme

Einige Beispiele für verteilte Betriebssysteme sind:

- *Amoeba*. Dieses Betriebssystem wurde von Mitte der 1980er Jahre bis Mitte der 1990er Jahre unter der Leitung von Andrew S. Tanenbaum an der Freien Universität Amsterdam entwickelt [97]. Besonders hervorzuheben ist, dass die Programmiersprache Python ursprünglich für Amoeba entwickelt wurde [89].
- *Inferno* wurde ursprünglich in den Bell Laboratories entwickelt und basiert auf dem Unix-Betriebssystem Plan 9. Im Gegensatz zu anderen verteilten Betriebssystemen ersetzt Inferno nicht das Betriebssystem, sondern setzt auf einem bereits existierenden Host-Betriebssystem auf. Dabei kann es sich um Microsoft Windows, Linux oder verschiedene Unix-Betriebssysteme handeln. Die aktuelle Version (Inferno 4th edition) unterstützt zahlreiche Hardwarearchitekturen und wurde 2005 als freie Software veröffentlicht. Anwendungen werden in der Sprache Limbo programmiert. Diese produziert genau wie Java einen Bytecode, den eine virtuelle Maschine ausführt. Das Betriebssystem hat nur minimale Anforderungen an die Hardware. So benötigt das Betriebssystem nur 1 MB Arbeitsspeicher [24].
- *Rainbow* von der Universität Ulm. Dieses ab Mitte der 2000er Jahre entwickelte verteilte Betriebssystem realisiert das Konzept eines gemeinsamen Speichers mit einem für alle verbunden Computer einheitlichen Adressraum, in dem Datenobjekte abgelegt werden. Für Anwendungen ist es transparent, auf welchem Computer im Cluster sich Objekte physisch befinden. Anwendungen können über einheitliche Adressen von jedem Computer auf gewünschte Objekte zugreifen. Sollte sich das Objekt physisch im Speicher eines entfernten Computers befinden, sorgt Rainbow automatisch und transparent für eine Übertragung und lokale Bereitstellung auf dem bearbeitenden Computer [87].
- *Sprite*, das von Mitte der 1980er Jahre bis Mitte der 1990er Jahre an der University of California in Berkeley entwickelt wurde. Dieses Betriebssystem verbindet Workstations in einer Art und Weise, dass sie für die Benutzer wie ein einzelnes System mit Dialogbetrieb (siehe Abschn. 3.4.1) erscheinen [76]. Interessant ist auch, dass pmake, eine parallele Version des Werkzeugs make, ursprünglich für Sprite entwickelt wurde.

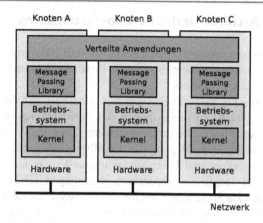

Abb. 3.9 Moderne Architektur verteilter Systeme

Das Konzept der verteilten Betriebssysteme konnte sich nicht durchsetzen. Die existierenden verteilten Betriebssysteme kamen nicht über das Stadium von Forschungsprojekten hinaus. Ein Grund war, dass das Ersetzen der etablierten Betriebssysteme nicht sinnvoll erschien. Positiv anzumerken sind die zahlreichen Werkzeuge und Technologien, die quasi als Nebenprodukte entstanden sind – wie Adressräume, die sich über mehrere unabhängige Computer verteilen, die Programmiersprache Python oder das Werkzeug pmake, die heute in der Informatik einen festen Platz haben.

Um Anwendungen für Verbünde von Computern zu entwickeln, existieren Bibliotheken wie zum Beispiel das Message Passing Interface (MPI) [31], OpenSHMEM [17] oder Unified Parallel C (UPC) [22]. MPI stellt ein von der Hardware unabhängiges Message Passing, also Kommunikation basierend auf dem Versand von Nachrichten, bereit (siehe Abb. 3.9). Die beiden Lösungen OpenSHMEM und UPC ermöglichen den Aufbau eines partitionierten globalen Adressraums über unabhängige Computer. Der Einsatz solcher Bibliotheken ist eine leichtgewichtigere Lösung als die Entwicklung und Installation vollständig neuer Betriebssysteme.

3.8   Architektur des Betriebssystemkerns

Der *Betriebssystemkern* (englisch: *Kernel*) enthält die grundlegenden Funktionen des Betriebssystems. Er ist die Schnittstelle zur Hardware des Computers.

Die grundlegenden Funktionalitäten sind bei allen Betriebssystemen gleich. Zu diesen gehört die Bereitstellung von Systemaufrufen, Funktionen zur Benutzerverwaltung und Prozessverwaltung inklusive Festlegung der Ausführungsreihenfolge (englisch: *Scheduling*) und Interprozesskommunikation, ein Prozessumschalter (englisch: *Dispatcher*), die nötigen Gerätetreiber, Funktionen zur Speicherverwaltung und Dateisysteme zur Verwaltung von Dateien auf Speicherlaufwerken.

Jedes vollständige Betriebssystem muss die genannten Funktionalitäten erbringen. Die Entwickler der Betriebssysteme haben gewisse Freiheiten bei der Positionierung der entsprechenden Funktionen. Diese können entweder vom Betriebssystemkern selbst oder von Prozessen, die in diesem Kontext auch *Dienst* oder *Server* heißen, außerhalb des Kerns erbracht werden. Dementsprechend werden die drei Architekturen *monolithischer Kern*, *minimaler Kern* und *hybrider Kern* unterschieden.

Eine konkrete Auswirkung der Positionierung ist, dass Funktionen, die sich im Betriebssystemkerns befinden, vollen Hardwarezugriff haben. Sie laufen im Adressraum des Kerns, dem sogenannten *Kernelmodus* (siehe Abschn. 7.1). Wird eine Funktion hingegen außerhalb des Adressraums des Kerns ausgeführt, kann diese nur auf ihren virtuellen Speicher, den sogenannten *Benutzermodus*, zugreifen.

3.8.1   Monolithische Kerne

Ein monolithischer Betriebssystemkern enthält alle Funktionen zur Erbringung der Funktionalitäten eines Betriebssystems (siehe Abb. 3.10).

Ein Vorteil dieses Architekturprinzips ist, dass im Vergleich zu allen anderen Architekturen weniger Prozesswechsel nötig sind. Dadurch ist die Ausführungsgeschwindigkeit eines

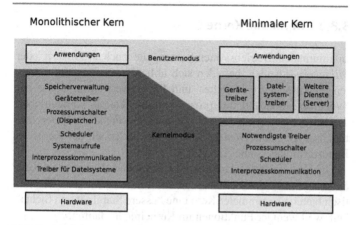

Abb. 3.10 Architektur monolithischer und minimaler Kerne

Betriebssystems mit einem monolithischen Kern besser als mit einem minimalen oder einem hybriden Kern. Zudem haben Betriebssysteme mit einem monolithischen Kern häufig eine durch jahrelange Entwicklungstätigkeit gewachsene Stabilität. Dadurch sind Betriebssysteme mit einem minimalen Kern in der Praxis nicht zwangsläufig stabiler als diejenigen mit einem monolithische Kern.

Nachteilig ist, dass abgestürzte Komponenten des Kerns nicht separat neu gestartet werden können und eventuell das gesamte Betriebssystem zum Absturz bringen. Zudem ist der Entwicklungsaufwand für Erweiterungen am Kern höher, da dieser bei jedem Kompilieren komplett neu übersetzt werden muss. Eine Möglichkeit, die genannten Nachteile abzumildern, ist die Verwendung von sogenannten Modulen wie beim Linux-Betriebssystemkern.

Bei Linux können bestimmte Funktionen wie beispielsweise Hardware- und Dateisystem-Treiber in Module ausgelagert werden. Diese werden jedoch im Kernelmodus und nicht im Benutzermodus ausgeführt. Darum ist der Linux-Kern ein monolithischer Kern. Weitere Beispiele für Betriebssysteme mit monolithischem Kern sind verschiedene Varianten der Berkeley Software Distribution (BSD), MS-DOS, FreeDOS, Windows 95/98/ME, Mac OS (bis Version 8.6) und OS/2.

3.8.2   Minimale Kerne

In minimalen Betriebssystemkernen, die auch *Mikrokern* oder
Mikrokernel heißen, befinden sich üblicherweise nur die nötigs-
ten Funktionen zur Speicher- und Prozessverwaltung sowie zur
Synchronisation und Interprozesskommunikation. Gerätetreiber,
Treiber für Dateisysteme und alle weiteren Funktionalitäten lau-
fen als sogenannte *Dienste* bzw. *Server* außerhalb des Kerns im
Benutzermodus (siehe Abb. 3.10).

Die Vorteile dieses Architekturprinzips sind, dass aus dem Kern
ausgelagerte Funktionalitäten leichter austauschbar sind. Theoretisch bietet ein minimaler Kern eine bessere Stabilität und Sicherheit, weil weniger Funktionen im Kernelmodus laufen.

Nachteilig ist, dass das Architekturprinzip der minimalen Kerne
im Vergleich zu allen anderen Architekturen die geringste Ausführungsgeschwindigkeit bietet, weil es gleichzeitig die größte
Anzahl an benötigten Prozesswechseln aufweist. Zudem ist die
Entwicklung eines neuen Betriebssystemkerns eine komplexe und
zeitintensive Entwicklung die große finanzielle Ressourcen oder
großen Enthusiasmus freiwilliger Entwickler benötigt. Aus Sicht
der Benutzer oder Kunden eines Betriebssystems ist die Architektur des Betriebssystemkerns auch kaum ein entscheidendes Kriterium, da die Architektur keine Auswirkung auf den Funktionsumfang hat.

Ein Beispiel, das die Komplexität der Entwicklung eines neuen
minimalen Kerns veranschaulicht, ist der Kernel GNU Hurd, der
seit den frühen 1990er Jahren für das Betriebssystem GNU entwickelt wird. Letztlich war es auch das Fehlen eines funktionierenden
Hurd-Kerns und die Probleme bei dessen Entwicklung, die 1991
einen finnischen Studenten der Informatik mit dem Namen Linus
Torvalds dazu motivierten, die Entwicklung an einem eigenen (der
Einfachheit halber monolithischen) Betriebssystemkern und damit
am Betriebssystem Linux zu starten.

Beispiele für Betriebssysteme mit eine minimalen Kern sind
AmigaOS, MorphOS, Tru64, das Echtzeitbetriebssystem QNX
Neutrino, Symbian, Minix, GNU HURD und das verteilte
Betriebssystem Amoeba.

3.8.3 Hybride Kerne

Ein Kompromiss zwischen monolithischen Kernen und minimalen Kernen sind die hybriden Kerne, die auch *Makrokernel* heißen. Diese enthalten aus Geschwindigkeitsgründen Komponenten, die bei minimalen Kernen außerhalb des Kerns liegen. Es ist nicht spezifiziert, welche Komponenten bei Systemen mit hybriden Kernen zusätzlich in den Kernel einkompiliert sind.

Vorteile hybrider Kerne sind, dass sie theoretisch eine höhere Geschwindigkeit als minimale Kerne ermöglichen und das sie im Vergleich zu monolithischen Kernen eine höhere Stabilität bieten.

Die Vor- und Nachteile hybrider Kerne zeigt das Beispiel von Windows NT 4. Bei diesem Betriebssystem aus dem Jahr 1996 enthält der Betriebssystemkern das Grafiksystem [67]. Ein positiver Effekt war eine verbesserte Leistung bei der Grafikausgabe. Nachteilig war allerdings, dass fehlerhafte Grafiktreiber zu häufigen Abstürzen führen. Da der Marktanteil von NT 4 geringer war als der von Windows 95/98, lag der Fokus der Hersteller von Grafikkarten auch nicht in der Verbesserung der Grafiktreiber für NT 4.

Beispiele für Betriebssysteme mit hybriden Kernen sind die Windows NT-Familie seit NT 3.1, ReactOS, Apple Mac OS X, BeOS, ZETA, Haiku, Plan 9 und DragonFly BSD.

3.9 Schichtenmodell

In der Literatur (z. B. bei [95] und bei [99]) ist es ein etabliertes Verfahren, die Komponenten von Betriebssystemen mit Schichtenmodellen zu visualisieren. Dabei werden die Betriebssysteme mit ineinander liegenden Schichten logisch strukturiert. Die Schichten umschließen sich gegenseitig und enthalten von innen nach außen immer abstraktere Funktionen (siehe Abb. 3.11).

Das Minimum für eine sinnvolle Darstellung sind drei Schichten. Die innerste Schicht enthält diejenigen Teile des Betriebssystems, die abhängig von der Hardware sind. Betriebssysteme

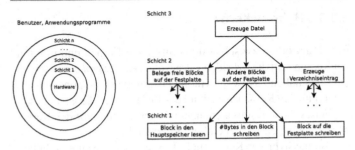

Abb. 3.11 Die Schichten enthalten von innen nach außen immer abstraktere Funktionen [99]

können nur durch Anpassungen in der innersten Schicht an unterschiedliche Computerarchitekturen angepasst werden. Die mittlere Schicht enthält grundlegende Ein-/Ausgabe-Dienste für Geräte und Daten. Dabei handelt es sich um Bibliotheken und Schnittstellen [99]. Die äußerste Schicht enthält die Anwendungsprogramme und die Benutzerschnittstelle. Meist stellt man Betriebssysteme wie in Abb. 3.12 mit mehr als drei logischen Schichten dar.

Jede Schicht kommuniziert mit benachbarten Schichten über wohldefinierte Schnittstellen, kann Funktionen der nächst inneren

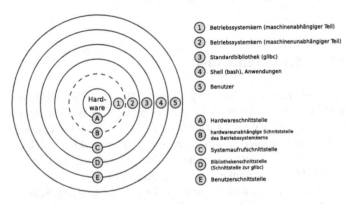

Abb. 3.12 Visuelle Darstellung der Komponenten von Linux und allgemein Unix-ähnlichen Betriebssystemen mit einem Schichtenmodell

Schicht aufrufen und stellt Funktionen der nächst äußeren Schicht zur Verfügung. Alle Funktionen (die sogenannten *Dienste*), die eine Schicht anbietet, und die Regeln, die dabei einzuhalten sind, heißen zusammen *Protokoll*. In der Praxis wird die Einschränkung, dass Kommunikation nur mit benachbarten Schichten möglich ist, nicht immer durchgehalten. Bei Linux beispielsweise können Anwendungen (Prozesse) der Benutzer (Schicht 4 in Abb. 3.12) die Bibliotheksfunktionen der Standardbibliothek glibc (Schnittstelle D) oder direkt die Systemaufrufe (Schnittstelle C) des Betriebssystemkerns nutzen.

Grundlagen der Rechnerarchitektur

4

Eine berechtigte Frage ist: Warum ist es sinnvoll, dass ein kompaktes Buch wie dieses zum Thema Betriebssysteme auch eine Beschreibung der Arbeitsweise des Hauptprozessors, des Speichers und der Bussysteme enthält? Immerhin gehören die Betriebssysteme und deren Werkzeuge zum Themenkomplex Software. Die Antwort auf die oben genannte Frage ergibt sich aus dem Grund der Verwendung und der Funktionalität. Betriebssysteme erleichtern den Benutzern und deren Prozessen die Nutzung der Hardware und ein Verständnis der notwendigsten Hardwarekomponenten eines Computers ist elementar, um die Arbeitsweise der Betriebssysteme zu verstehen.

4.1 Von-Neumann-Architektur

Die in den 1940er Jahren von John von Neumann entwickelte *Von-Neumann-Architektur* beschreibt den Aufbau eines Universalrechners, der nicht an ein festes Programm gebunden ist und über Ein-/Ausgabegeräte verfügt. In einem Computer, dessen Auf-

© Springer-Verlag GmbH Deutschland, ein Teil von
Springer Nature 2022
C. Baun, *Betriebssysteme kompakt,* IT kompakt,
https://doi.org/10.1007/978-3-662-64718-9_4

bau und Arbeitsweise den Regeln der Von-Neumann-Architektur
entspricht, werden Daten und Programme binär kodiert und lie-
gen im gleichen Speicher. Wesentliche Ideen der Von-Neumann-
Architektur wurden bereits 1937 von Konrad Zuse in der Zuse
Z1 realisiert. So arbeitete die Z1 bereits intern mit binären Zah-
len, konnte mit Fließkommazahlen umgehen und las das laufende
Programm während der Abarbeitung von einem Speichermedium
(Lochstreifen) ein.

4.1.1 Hauptprozessor

Die meisten Komponenten eines Computers sind passiv und werden durch den *Hauptprozessor,* englisch *Central Processing Unit*
(CPU) gesteuert. Bei der Programmausführung setzt der Prozessor (siehe Abb. 4.1) die Maschineninstruktionen des aktuell laufenden Programms Schritt für Schritt um. Programme sind Folgen
von Maschineninstruktionen, die in aufeinander folgenden Speicheradressen abgelegt sind. Ein Prozessor besteht aus den beiden
Komponenten *Rechenwerk* und *Steuerwerk.* Zudem sind *Speicher*
und *Ein-/Ausgabegeräte* nötig.

Das Steuerwerk, das auch *Befehlswerk* (englisch: Control Unit)
und seltener *Leitwerk* genannt wird, interpretiert Befehle,

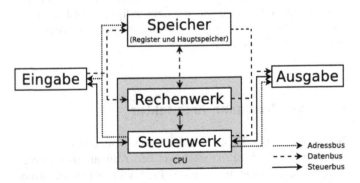

Abb. 4.1 Komponenten des Hauptprozessors in der Von-Neumann-
Architektur

koordiniert die anderen Komponenten des Prozessors und steuert die Ein-/Ausgabe-Einheiten sowie den Steuerbus.

Das Rechenwerk, dessen englische Bezeichnung *Arithmetic Logic Unit* (ALU) ist, realisiert die Manipulation der Daten und Adressen, indem es die logischen (NOT, AND, OR, XOR,...) und mathematischen (ADD, SUB,...) Operationen ausführt.

Der Speicher besteht aus *Registern* zur kurzfristigen Speicherung von Operanden und Adressen sowie *Hauptspeicher*, der gemäß der Von-Neumann-Architektur zur Speicherung der Programme und Daten verwendet wird.

4.1.2 Von-Neumann-Zyklus

Den *Von-Neumann-Zyklus* (englisch: *Fetch-Decode-Execute Cycle*) wiederholt der Prozessor vom Systemstart bis zu dem Zeitpunkt, an dem der Computer gestoppt wird. Jede Phase des Zyklus kann mehrere Takte in Anspruch nehmen. Die Phasen sind:

1. FETCH: Den abzuarbeitenden Befehl aus dem Speicher in das Befehlsregister (*Instruction Register*) kopieren.
2. DECODE: Das Steuerwerk löst den Befehl in Schaltinstruktionen für das Rechenwerk auf.
3. FETCH OPERANDS: Eventuell verfügbare Parameter (Operanden) für den Befehl aus dem Speicher holen.
4. EXECUTE: Das Rechenwerk führt den Befehl aus.
5. UPDATE PROGRAM COUNTER: Der Befehlszähler (*Program Counter*) wird auf den nächsten Befehl gesetzt.
6. WRITE BACK: Das Ergebnis des Befehls wird in einem Register oder im Hauptspeicher gespeichert oder zu einem Ausgabegerät gesendet.

Auch moderne Prozessoren und Rechnersysteme arbeiten nach dem Prinzip des Von-Neumann-Zyklus und realisieren einen Von-Neumann-Rechner. Eine deutliche Abweichung moderner

Computer vom Konzept des Von-Neumann-Rechner ist aber der Bus. Ein einzelner Bus, der die Eingabe-/Ausgabe-Geräte direkt mit dem Hauptprozessor verbindet, ist heute nicht mehr möglich.

4.1.3 Busleitungen

Der *Datenbus* überträgt Daten zwischen Hauptprozessor, Arbeitsspeicher und Peripherie. Die Anzahl der Datenbusleitungen legt fest, wie viele Bits pro Takt übertragen werden können. Üblicherweise ist die Anzahl der Datenbusleitungen identisch mit der Größe der Arbeitsregister im Rechenwerk des Prozessors. Die Datenbusbreite moderner Prozessoren ist 64 Bits. Der Prozessor kann somit 64 Datenbits innerhalb eines Taktes zum und vom Arbeitsspeicher weg übertragen.

Speicheradressen und Peripherie-Geräte werden über den *Adressbus* angesprochen (adressiert). Die Anzahl der Busleitungen legt die maximale Anzahl der adressierbaren Speicheradressen fest. Sind 32 Busleitungen vorhanden, sind 32 Bits lange Speicheradressen möglich. Insgesamt kann ein solcher Prozessor 2^{32} Bits = 4 GB Speicher adressieren. Tab. 4.1 enthält eine Übersicht über die Adressbus- und Datenbusbreiten einiger Prozessoren.

Der *Steuerbus* überträgt die Kommandos (z. B. Lese- und Schreibanweisungen) vom Prozessor und Statusmeldungen von den Peripheriegeräten. Der Steuerbus enthält auch Leitungen, über die E/A-Geräte dem Prozessor Unterbrechungsanforderungen (Interrupts) signalisieren. Typischerweise ist der Steuerbus höchstens 10 Leitungen breit.

In modernen Computern ist der *Chipsatz* das verbindende Element. Dieser besteht aus *Northbridge* und *Southbridge* (siehe Abb. 4.2). Die Northbridge liegt dicht am Prozessor, um Daten schnell zu dieser bzw. von ihr weg übertragen zu können. Konkret gehört zum Aufgabenbereich der Northbridge die Anbindung des Hauptspeichers und der Grafikkarte(n) an den Prozessor. Die Southbridge ist für die Anbindung langsamerer Komponenten zuständig.

Der Bus zwischen Prozessor und Chipsatz, der den Adressbus, Datenbus und Steuerbus enthält, heißt in modernen Computersystemen *Front-Side-Bus* (FSB).

Tab. 4.1 Adressbus- und Datenbusbreite einiger Prozessoren

Prozessor (CPU)	Adressbus	maximal adressierbarer Speicher	Datenbus
4004, 4040	4 Bits	$2^4 = 16$ Bytes	4 Bits
8008, 8080	8 Bits	$2^8 = 256$ Bytes	8 Bits
8085	16 Bits	$2^{16} = 65$ kB	8 Bits
8088	20 Bits	$2^{20} = 1$ MB	8 Bits
8086 (XT)	20 Bits	$2^{20} = 1$ MB	16 Bits
80286 (AT)	24 Bits	$2^{24} = 16$ MB	16 Bits
80386SX	32 Bits	$2^{32} = 4$ GB	16 Bits
80386DX, 80486SX/DX/DX2/DX4	32 Bits	$2^{32} = 4$ GB	32 Bits
Pentium I/MMX/II/III/IV/D/M, Celeron	32 Bits	$2^{32} = 4$ GB	64 Bits
Pentium Core Solo/Duo, Core 2 Duo, Core 2 Extreme	32 Bits	$2^{32} = 4$ GB	64 Bits
Pentium Pro, Pentium Dual-Core, Core 2 Quad, Core i7	36 Bits	$2^{36} = 64$ GB	64 Bits
Itanium	44 Bits	$2^{44} = 16$ TB	64 Bits
AMD Phenom-II, Itanium 2, AMD64	48 Bits	$2^{48} = 256$ TB	64 Bits

Abb. 4.2 Anbindung
der Komponenten an den
Prozessor über
Northbridge und
Southbridge

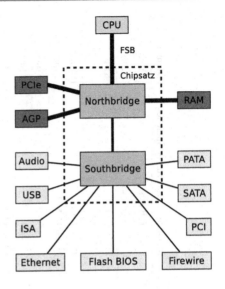

Tab. 4.2 Ausgewählte Bussysteme

	Rechner-interne Busse	Rechner-externe Busse
Parallele Busse	PATA (IDE), PCI, ISA, SCSI	PCMCIA, SCSI
Serielle Busse	SATA, PCI-Express	Ethernet, FireWire, USB, eSATA

Anders als im Konzept der Von-Neumann-Architektur sind
E/A-Geräte nicht direkt mit dem Prozessor verbunden. Moderne
Computer enthalten verschiedene serielle und parallele Bussys-
teme, die für die jeweilige Anwendungszwecke ausgelegt sind.
Immer häufiger werden Punkt-zu-Punkt-Verbindungen eingesetzt.
E/A-Controller arbeiten als Vermittler zwischen den Geräten und
dem Prozessor. Einige ausgewählte Bussysteme enthält Tab. 4.2.

Aus Geschwindigkeits- und Kostengründen werden zunehmend
Teile des Chipsatzes wie beispielsweise der Speichercontroller
in den Hauptprozessor verlagert. Abb. 4.3 zeigt diese Entwick-

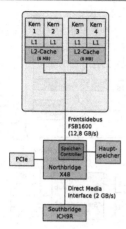

Intel Core 2 Extreme QX9770

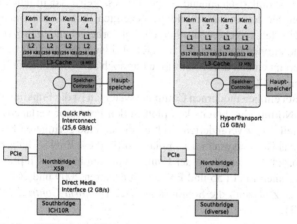

Intel Core i7-965 Extreme Edition   AMD Phenom X4 9950

Abb. 4.3 Zunehmende Verlagerung des Speichercontrollers von der North-bridge in den Prozessor

Abb. 4.4 Vollständige
Verlagerung der
Northbridge in den
Hauptprozessor

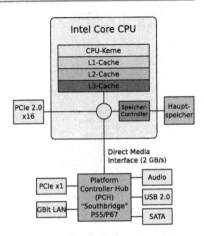

lung exemplarisch anhand einiger Prozessoren aus dem Jahr 2008. Zwei der drei in der Abbildung gezeigten Prozessoren enthalten bereits den Speichercontroller, der bei vorhergehenden Prozessor-Generationen noch ein Teil der Northbridge war. Durch diese Verlagerung enthält die Northbridge nur noch den Controller für PCI-Express (PCIe).

Bei einigen modernen Computersystemen ist die Funktionalität der Northbridge bereits komplett in den Prozessor verlagert. Ein Vorteil dieser veränderten Architektur sind die geringeren Kosten für das Gesamtsystem. Exemplarisch für diese Entwicklung zeigt Abb. 4.4 die Verteilung der Funktionalitäten bei den Chipsatzgenerationen Intel P55 und P67 aus den Jahren 2009 und 2011. Ab dieser Zeit heißt die Southbridge auch *Platform Controller Hub* (PCH).

4.2 Ein-/Ausgabegeräte

Geräte an Computersystemen werden bezüglich der kleinsten Übertragungseinheit in *zeichenorientierte* und *blockorientierte Geräte* unterschieden.

Zeichenorientierte Geräte kommunizieren bei Ankunft bzw. Anforderung jedes einzelnes Zeichens immer mit dem Prozessor. Beispiele für solche Geräte sind Maus, Tastatur, Drucker, Terminal und Magnetband. Bei blockorientierten Geräten findet Datenübertragung erst dann statt, wenn ein vollständiger Block (z. B. 1–4 kB) vorliegt. Beispiele für solche Geräte sind Festplatte, SSD, CD-/DVD-Laufwerk und Disketten-Laufwerk. Die meisten blockorientierten Geräte unterstützen Direct Memory Access, um Daten ohne Beteiligung des Prozessors in den Hauptspeicher zu übertragen.

Soll zum Beispiel ein Datensatz von einer Festplatte gelesen werden, sind folgende Schritte nötig:

1. Der Prozessor bekommt von einem Prozess die Anforderung, einen Datensatz von einer Festplatte zu lesen.
2. Der Prozessor schickt dem Controller mit Hilfe des Treibers einen I/O-Befehl.
3. Der Controller lokalisiert den Datensatz auf der Festplatte.
4. Der Prozess erhält die angeforderten Daten.

Es gibt drei Konzepte, wie Prozesse im Computer Daten einlesen können:

- *Busy Waiting* (geschäftiges bzw. aktives Warten). Der Gerätetreiber sendet die Anfrage an das Gerät und wartet in einer *Endlosschleife*, bis der Controller anzeigt, dass die Daten bereit stehen. Stehen die Daten bereit, werden sie in den Speicher geschrieben und die Ausführung des Prozesses geht weiter. Ein Vorteil dieses Konzepts ist es, dass keine zusätzliche Hardware nötig ist. Ein

Nachteil ist, dass es die gleichzeitige Abarbeitung mehrerer Prozesse verlangsamt, weil der Prozessor regelmäßig prüfen muss, ob die Daten bereit stehen.

Ein Beispiel für eine Realisierung von Busy Waiting ist das Zugriffsprotokoll *Programmed Input/Output* (PIO). Dabei greift der Prozessor mit Lese- und Schreibbefehlen auf die Speicherbereiche der Geräte zu und kopiert so Daten zwischen den Geräten und dem Hauptspeicher (siehe Abb. 4.5). Eingesetzt wurde PIO unter anderem bei PATA-Festplatten im PIO-Modus, bei der seriellen Schnittstelle und bei der parallelen Schnittstelle, sowie bei der PS/2-Schnittstelle für Maus und Tastatur.

- *Interrupt-gesteuert.* Der Treiber initialisiert die E/A-Aufgabe und wartet auf einen Interrupt, also auf eine Unterbrechung durch den Controller. Das bedeutet, dass der Treiber quasi *schläft*. Der Prozessor ist während des Wartens auf den Interrupt nicht blockiert und das Betriebssystem kann den Prozessor einem anderen Prozess zuweisen. Kommt es zum Interrupt, wird der Treiber dadurch *geweckt* und bekommt den Prozessor zugewiesen. Im nächsten Schritt holt der Prozessor (auf Anweisung des Gerätetreibers) die Daten vom Controller und legt diese in den Hauptspeicher. Anschließend weist das Betriebssystem den Prozessor dem unterbrochenen Prozess zu, der seine Abarbeitung fortsetzen kann.

  Die Vorteile dieses Konzepts sind, dass der Prozessor nicht blockiert wird und dass die gleichzeitige Abarbeitung mehrerer Prozesse nicht verlangsamt wird. Nachteilig ist, dass zusätzliche Hardware in Form eines *Interrupt-Controllers* und entsprechender *Interrupt-Leitungen* im Steuerbus für das Senden der *Interrupts* nötig sind.

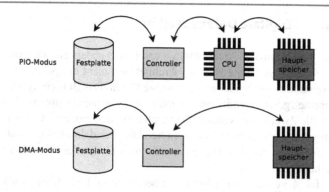

Abb. 4.5 Vereinfachte Darstellung der Arbeitsweise des DMA-Modus und des PIO-Modus

- *Direct Memory Access* (DMA). Bei diesem Konzept werden Daten über einen *DMA-Controller* direkt zwischen Arbeitsspeicher und E/A-Gerät übertragen (siehe Abb. 4.5). Nach der Datenübertragung löst der DMA-Controller einen Interrupt aus. Typische E/A-Geräte, bei denen DMA zum Datenaustausch verwendet wird, sind SSD-Laufwerke, Festplatten, Soundkarten, Netzwerkkarten und TV/DVB-Karten.

  Ein Beispiel für ein Protokoll, das festlegt, wie Daten zwischen DMA-Controller und Arbeitsspeicher übertragen werden, ist *Ultra-DMA* (UDMA). Dabei handelt es sich um den Nachfolger des PIO-Modus.

  Ein Vorteil von DMA gegenüber den übrigen Konzepten ist, dass der Prozessor vollständig entlastet und die gleichzeitige Abarbeitung mehrerer Prozesse nicht verlangsamt wird. Die Notwendigkeit zusätzlicher Hardware in Form eines DMA-Controllers ist kein Nachteil, da es seit Ende der 1980er Jahre üblich ist, dass ein DMA-Controller im Chipsatz integriert ist.

4.3   Digitale Datenspeicher

Die Von-Neumann-Architektur unterscheidet anders als beispielsweise die sogenannte Harvard-Architektur[1] nicht in Speicher für Programme und Speicher für sonstige Daten. Das Betriebssystem kann den gesamten mit dem Computer verbundenen Hauptspeicher für alle Zwecke verwenden. Dennoch enthalten moderne Computersysteme unterschiedliche Speicher. Diese sind durch Busse entweder direkt mit dem Prozessor oder über Controller mit diesem verbunden.

Tab. 4.3 enthält eine Übersicht über ausgewählte Datenspeicher und deren Eigenschaften. Die Datenspeicher unterscheiden sich unter anderem in der Art und Weise, wie Lese- und Schreibzugriffe ausgeführt werden (elektronisch, magnetisch, mechanisch, optisch oder magnet-optisch) und in der Zugriffsart (wahlfrei oder sequentiell). *Wahlfreier Zugriff* heißt, dass das Medium nicht – wie z. B. bei Bandlaufwerken – von Beginn an sequentiell durchsucht werden muss, um eine bestimmte Stelle (Datei) zu finden. Die Köpfe von Magnetplatten oder der Laser eines CD/DVD-Laufwerks können in einer bekannten maximalen Zeit zu jedem Punkt des Mediums springen.

Zudem gibt Tab. 4.3 an, welche Datenspeicher bewegliche Teile enthalten und ob sie Daten persistent speichern. Bewegliche Teile reduzieren die Lebensdauer, erhöhen den Energieverbrauch und die Abwärme. Ein persistenter bzw. nichtflüchtiger Datenspeicher hält die Daten auch ohne Stromzufuhr für einen längeren Zeitraum. Im Gegensatz dazu sind die in einem flüchtigen Speicher abgelegten Daten beim Wegfall der Stromzufuhr verloren. Die aus dem Alltag bekanntesten Beispiele für flüchtigen Speicher sind Cache-Speicher und der Hauptspeicher.

---

[1] Bei der Harvard-Architektur ist der Befehlsspeicher für die Programme logisch und physisch vom Datenspeicher getrennt. Beispiele für Implementierungen dieses Architekturkonzepts sind der Mark I von 1944 sowie die 8-Bit-Mikrocontroller AVR von Atmel, die unter anderem auf den Arduino Einplatinencomputern verwendet werden.

Tab. 4.3 Einige Datenspeicher und deren Eigenschaften

Speicher	Speicherung	Lesevorgang	Zugriffsart	Bewegliche Teile	Persistent (nichtflüchtig)
Lochstreifen	mechanisch	mechanisch	sequentiell	ja	ja
Lochkarte	mechanisch	mechanisch	sequentiell	ja	ja
Magnetband	magnetisch	magnetisch	sequentiell	ja	ja
Magnetkarte / Magnetstreifen	magnetisch	magnetisch	sequentiell	ja	ja
Trommelspeicher (Drum Memory)	magnetisch	magnetisch	wahlfrei	ja	ja
Kernspeicher	magnetisch	magnetisch	wahlfrei	nein	ja
Magnetblasenspeicher (Bubble Memory)	magnetisch	magnetisch	wahlfrei	nein	ja
Cache und Register (SRAM)	elektronisch	elektronisch	wahlfrei	nein	nein
Hauptspeicher (DRAM)	elektronisch	elektronisch	wahlfrei	nein	nein
Flashspeicher (USB-Stick, SSD, CF-Karte)	elektronisch	elektronisch	wahlfrei	nein	ja
Compact Cassette (Datasette)	magnetisch	magnetisch	sequentiell	ja	ja
Diskette (Floppy Disk)	magnetisch	magnetisch	wahlfrei	ja	ja
Festplatte (Hard Disk)	magnetisch	magnetisch	wahlfrei	ja	ja
CD-ROM/DVD-ROM	mechanisch	optisch	wahlfrei	ja	ja
CD-R/CD-RW/DVD-R/DVD-RW	optisch	optisch	wahlfrei	ja	ja
MiniDisc	magnet-optisch	optisch	wahlfrei	ja	ja
Magneto Optical Disc (MO-Disk)	magnet-optisch	optisch	wahlfrei	ja	ja

4.4   Speicherhierarchie

Die unterschiedlichen Speicher bilden eine Hierarchie, die in der Literatur (zum Beispiel bei [38, 39, 96]) häufig als Pyramide dargestellt ist (siehe Abb. 4.6). Darum ist auch der Begriff *Speicherpyramide* passend. Der Grund für die Speicherhierarchie ist das Preis/Leistungsverhältnis. Je schneller ein Speicher ist, desto teurer und knapper ist er. Die in Abb. 4.6 gezeigte Unterscheidung in *Primärspeicher*, *Sekundärspeicher* und *Tertiärspeicher* hängt mit der Anbindung des Speichers an den Prozessor und den Computer zusammen. Auf Primärspeicher greift der Prozessor direkt zu [39]. Der Sekundärspeicher wird über einen Controller angesprochen. Auch beim Tertiärspeicher ist für den Zugriff ein Controller nötig. Zudem ist er im Gegensatz zum Primärspeicher und Sekundärspeicher nicht permanent mit dem Computer verbunden. Seine Hauptaufgabe ist die Archivierung.

Tertiärspeicher wird zudem noch unterschieden in *Nearlinespeicher* und *Offlinespeicher*. Nearlinespeicher werden automatisch und ohne menschliches Zutun dem System bereitgestellt. Typische Beispiele für Nearlinespeicher sind Band-Bibliotheken (englisch: *Tape-Library*), bei denen automatisch die Speicherbänder den Laufwerken zugeführt werden. Bei Offlinespeicher werden die Medien in Schränken oder Lagerräumen aufbewahrt und müssen von Hand in das System integriert werden. Beispiele für Offlinespeicher sind CD/DVD-Medien sowie Wechselfestplatten.

Beim ersten Zugriff auf ein Datenelement wird eine Kopie erzeugt, die entlang der Speicherhierarchie nach oben wandert (siehe Abb. 4.7). Wird das Datenelement verändert, müssen die Änderungen irgendwann nach unten durchgereicht (zurückgeschrieben) werden. Beim Zurückschreiben müssen die Kopien des Datenblocks auf allen Ebenen aktualisiert werden, um Inkonsistenzen zu vermeiden, denn Änderungen können nicht direkt auf die unterste Ebene (zum Original) durchgereicht werden.

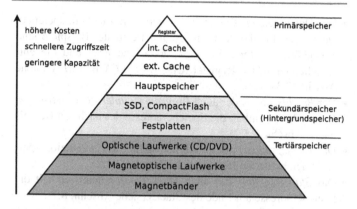

Abb. 4.6 Prinzip der Speicherhierarchie

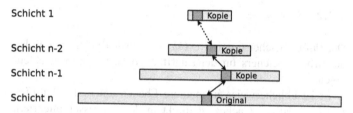

Abb. 4.7 Arbeitsweise der Speicherhierarchie

4.4.1 Register

Die *Register* enthalten die Daten, auf die der Prozessor sofort zugreifen kann. Sie sind genauso schnell getaktet wie der Prozessor selbst. Einige für den Betrieb eines Computersystems relevanten Register sind:

- Die *Adressregister* dienen zur Speicherung der Speicheradressen von Operanden und Befehlen. Beispiele für Adressregister sind das *Basisadressregister*, das auch *Segmentregister* genannt wird, und das *Indexregister* für den Offset (siehe Abschn. 5.2.1).

- Die *Datenregister*, die auch *Akkumulatoren* heißen, speichern Operanden für die ALU und deren Resultate. Beispiele sind die 32 Bit-Register *EAX, ECX, EDX* und *EBX* und die entsprechenden 64 Bit-Register *RAX, RBX, RCX* und *RDX* (siehe Abschn. 7.3).
- Der *Befehlszähler*, der auch *Program Counter* oder *Instruction Pointer* heißt, enthält die Speicheradresse des nächsten Befehls (siehe Abschn. 4.1.2).
- Das *Befehlsregister*, das auch *Instruction Register* heißt, speichert den aktuellen Befehl (siehe Abschn. 4.1.2).
- Das *Stapelregister*, das auch *Stack Pointer* heißt, enthält die Speicheradresse am Ende des Stacks (siehe Abschn. 8.1).

4.4.2 Cache

Der Pufferspeicher (englisch: *Cache*) enthält Kopien von Teilen des Arbeitsspeichers, um den Zugriff auf diese Daten zu beschleunigen.

Er ist üblicherweise in mehrere Ebenen unterteilt. Der *First Level Cache* (L1-Cache) ist direkt in den Prozessor integriert. Der *Second Level Cache* (L2-Cache) ist mit einer geringeren Geschwindigkeit getaktet und befand sich ursprünglich außerhalb des Prozessors. Seit den Jahren 1999/2000 integrieren die Hersteller zunehmend den L2-Cache in die Prozessoren. Das führte zur Etablierung einer weiteren Cache-Ebene, nämlich des *Third Level Cache* (L3-Cache) als Prozessor-externen Cache.

Bei modernen Prozessoren (z. B. Intel Core-i-Serie und AMD Phenom II) ist auch der L3-Cache in den Prozessor integriert (siehe Abb. 4.3). Bei Mehrkernprozessoren mit integriertem L3-Cache teilen sich die Kerne den L3-Cache, während jeder Kern einen eigenen L1-Cache und L2-Cache hat.

Einige Prozessor-Architekturen (z. B. Intel Itanium 2 und einige Intel Haswell CPUs) haben sogar einen Prozessor-externen *Fourth Level Cache* (L4-Cache).

Typische Kapazitäten der Cache-Ebenen sind:

- L1-Cache: 4 kB bis 256 kB
- L2-Cache: 256 kB bis 4 MB
- L3-Cache: 1 MB bis 16 MB
- L4-Cache: 64 MB bis 128 MB

Cache-Schreibstrategien

Beim Schreiben auf den Cache werden die beidem Schreibstrategien *Write-Through* und *Write-Back* unterschieden.

Bei Write-Through werden Änderungen sofort an tiefere Speicherebenen weitergegeben. Ein Vorteil dieser Strategie ist, dass die Konsistenz der Daten gesichert ist. Ein Nachteil ist allerdings die geringere Geschwindigkeit. Das Prinzip zeigt auf vereinfachte Weise Abb. 4.8. Ein Softwareprozess, der eine Schreibanweisung abarbeiten möchte, schreibt in Schritt 1 die Daten in den Cache und übergibt dem Controller die Schreibanweisung. In Schritt 2 weist der Controller das Schreiben der Daten auf dem Datenspeicher an. Nachdem die Daten erfolgreich geschrieben wurde, meldet der Controller in Schritt 3 das erfolgreiche Schreiben der Daten an den Prozess.

Bei Write-Back werden Änderungen erst dann weitergegeben, wenn die betreffende Seite aus dem Cache verdrängt wird. Das Prinzip zeigt Abb. 4.9. Ein Softwareprozess, der eine Schreibanweisung abarbeiten möchte, schreibt in Schritt 1 die Daten in den Cache und übergibt dem Controller die Schreibanweisung. In Schritt 2 meldet der Controller bereits das erfolgreiche Schreiben der Daten an den Prozess. Das Schreiben der Daten auf dem Datenspeicher in Schritt 3 erfolgt somit asynchron zur Schreibanweisung im Softwareprozess. Der Vorteil der höheren Geschwindigkeit bei Write-Back wird mit der potentiellen Gefahr von Datenverlust erkauft. Änderungen an Daten im Cache gehen beim

Abb. 4.8
Cache-Schreibstrategie
Write-Through

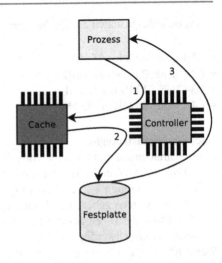

Abb. 4.9
Cache-Schreibstrategie
Write-Back

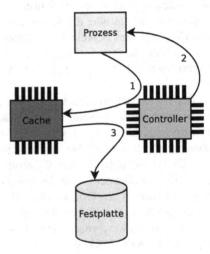

Systemausfall verloren. Für jede Seite im Cache wird ein *Dirty-Bit*[2] im Cache gespeichert, das angibt, ob die Seite geändert wurde.

4.4.3 Hauptspeicher

Der *Hauptspeicher,* der auch *Arbeitsspeicher* oder *Random Access Memory* (RAM) heißt, ist wie der Name es beschreibt, ein Speicher mit wahlfreiem Zugriff. Eine weitere Besonderheit des Hauptspeichers ist, dass er ein flüchtiger Speicher ist. Seine Kapazität auf modernen Computersystemen ist üblicherweise mehrere Gigabyte.

Alle Anfragen des Hauptprozessors, die nicht vom Cache beantwortet werden können, werden im nächsten Schritt an den Hauptspeicher gestellt.

4.4.4 Festplatten

Festplatten pro Bit etwa um Faktor 100 preisgünstiger als Hauptspeicher und bieten etwa Faktor 100 mehr Kapazität. Ein Nachteil dieses Datenspeichers ist jedoch, dass Zugriffe auf Festplatten im Vergleich zum Hauptspeicher um ca. Faktor 1000 langsamer sind. Der Grund für die geringere *Zugriffsgeschwindigkeit* ist, dass Festplatten mechanische Geräte sind. Sie enthalten eine oder mehrere Scheiben, die mit 4200, 5400, 7200, 10800 oder 15000 Umdrehungen pro Minute rotieren. Für jede Seite jeder Magnetplatte existiert ein Schwungarm mit einem *Schreib-/Lesekopf.* Dieser magnetisiert Bereiche der Scheibenoberfläche und schreibt bzw. liest so die Daten. Zwischen Magnetplatte und Kopf befindet sich ein Luftpolster von wenigen Nanometern.

Üblicherweise verfügen Festplatten über einen Cache mit einer Kapazität von typischerweise 16–32 MB, der die Schreib- und Lesezugriffe puffert.

---

[2] Das Konzept des Dirty-Bit, das anzeigt ob Daten verändert wurden, gibt es auch beim virtuellen Speicher in den Seitentabellen (siehe Abschn. 5.2.3) und den Segmenttabellen (siehe Abschn. 5.2.4).

Die Oberflächen der Magnetplatten werden in kreisförmigen *Spuren* (englisch: *Tracks*) von den Köpfen magnetisiert. Alle Spuren auf allen Platten bei einer Position des Schwungarms bilden einen *Zylinder* (englisch: *Cylinder*). Die Spuren sind in logische Einheiten (Kreissegmente) unterteilt, die *Blöcke* oder *Sektoren* heißen. Typischerweise enthält ein Sektor bis zu 512 Bytes oder 4 kB Nutzdaten. Sektoren sind die kleinsten adressierbaren Einheiten auf Festplatten. Müssen Daten geändert werden, muss der ganze Sektor gelesen und neu geschrieben werden.

Softwareseitig sprechen die Betriebssysteme nicht Sektoren, sondern sogenannte *Cluster* (siehe Abschn. 6.1) als kleinste Zuordnungseinheit an. Cluster sind Verbünde von Sektoren mit fester Größe (z. B. 4 oder 8 kB).

Adressierung der Daten auf Festplatten

Festplatten mit Größen bis 8 GB verwenden die sogenannte Zylinder-Kopf-Sektor-Adressierung   (*Cylinder-Head-Sector-Addressing* – CHS). Diese Form der Adressierung unterliegt mehreren Einschränkungen. Die Schnittstelle *Parallel ATA* (PATA) verwendet 28 Bits für CHS-Adressierung und davon…

- 16 Bits für die Zylinder (maximal 65536)
- 4 Bits für die Köpfe (maximal 16)
- 8 Bits für die Sektoren/Spur (maximal 255, da Sektornummer 0 nicht verwendet wird)

Das BIOS[3] verwendet 24 Bits für CHS-Adressierung und davon…

- 10 Bits für die Zylinder (maximal 1024)

---

[3] Das *Basic Input/Output System* (BIOS) ist die Firmware von Computersystemen mit x86-kompatiblen Prozessoren. Es wird direkt nach dessen Einschalten des Computers ausgeführt und leitet unter anderem den Start des Betriebssystems ein. Auf modernen Computern mit 64 Bit-Prozessoren wird heute in der Regel der Nachfolger des BIOS, das *Unified Extensible Firmware Interface* (UEFI) verwendet.

- 8 Bits für die Köpfe (maximal 255, da Kopfnummer 0 nicht verwendet wird)
- 6 Bits für die Sektoren/Spur (maximal 63, da Sektornummer 0 nicht verwendet wird)

Bei den Grenzen ist der jeweils niedrigere Wert entscheidend. Darum können BIOS-Versionen, die vor 1995 erschienen sind, üblicherweise maximal 504 MB adressieren. Der Wert berechnet sich aus der Multiplikation der Zylinder, Köpfe und Sektoren pro Spur. Jeder Sektor speichert 512 Bytes Nutzdaten.

$$1.024 \text{ Zylinder} * 16 \text{ Köpfe} * 63 \text{ Sektoren/Spur}$$
$$* 512 \text{ Bytes/Sektor} = 528.482.304 \text{ Bytes}$$

$$528.482.304 \text{ Bytes}/1024/1024 = 504 \text{ MB}$$

Da es bei Festplatten im Format 2,5" oder 3,5" aus ökonomischen Gründen nicht sinnvoll ist, 8 Scheiben mit 16 Köpfen einzubauen, verwendeten BIOS-Versionen ab Mitte der 1990er Jahre das sogenannte *Erweiterte CHS* (Extended CHS). Dabei werden nicht die physischen, sondern logische Köpfe adressiert. Durch eine Erhöhung der Anzahl der Köpfe auf maximal 255 und eine Verringerung der Zylinder um den gleichen Faktor sind Kapazitäten bis 7,844 GB möglich.

$$1.024 \text{ Zylinder} * 255 \text{ Köpfe} * 63 \text{ Sektoren/Spur}$$
$$* 512 \text{ Bytes/Sektor} = 8.422.686.720 \text{ Bytes}$$

$$8.422.686.720 \text{ Bytes}/1.024/1.024/1.024 = 7.844 \text{ MB}$$

Festplatten mit einer Kapazität von mehr als 7,844 GB verwenden logische Blockadressierung (*Logical Block Addressing* – LBA). Bei dieser Form der Adressierung werden alle Sektoren von 1 beginnend durchnummeriert. Da die nutzbare Fläche pro Spur nach außen hin zunimmt, enthalten die Spuren nach außen hin immer mehr Sektoren. Im Gegensatz dazu sind bei CHS-Adressierung alle Spuren in gleich viele Sektoren unterteilt. Daraus

ergibt sich ein großer Nachteil der CHS-Adressierung gegenüber
der LBA-Adressierung. CHS-Adressierung verschwendet Speicherkapazität, da die Datendichte mit jeder weiteren Spur nach
außen hin immer weiter abnimmt.

Aus Kompatibilitätsgründen können bei allen Festplatten
> 7,844 GB die ersten 7,844 GB via CHS-Adressierung adressiert
werden.

Zugriffszeit bei Festplatten
Die Zugriffszeit ist ein wichtiges Kriterium für die Geschwindig-
keit von konventionellen Festplatten. Zwei Faktoren sind für die
Zugriffszeit einer Festplatte verantwortlich:

- Die *Suchzeit* (englisch: *Average Seek Time*) ist die Zeit, die der
  Schwungarm braucht, um eine Spur zu erreichen. Bei modernen
  Festplatten liegt diese Zeit zwischen 5 und 15 ms.
- Die *durchschnittliche Zugriffsverzögerung durch Umdrehung*
  (englisch: *Average Rotational Latency Time*) ist die Verzöge-
  rung durch die Drehgeschwindigkeit, bis der Schreib-/Lesekopf
  den gewünschten Block erreicht. Sobald der Kopf die richtige
  Spur erreicht hat, muss im Durchschnitt eine halbe Umdrehung
  der Scheibe abgewartet werden, bis sich der richtige Sektor unter
  dem Kopf befindet. Die durchschnittliche Zugriffsverzögerung
  durch Umdrehung entspricht der halben Zugriffsverzögerung
  durch Umdrehung. Diese Zeitspanne hängt ausschließlich von
  der Drehgeschwindigkeit der Scheiben ab. Sie liegt bei modernen Festplatten zwischen 2 und 7,1 ms und wird mit der folgenden Formel berechnet:

Durchschnittliche Zugriffsverzögerung durch Umdrehung [ms] =

$$\frac{1000\frac{[ms]}{[sec]} \times 60\frac{[sec]}{[min]} \times 0,5}{\frac{Umdrehungen}{[min]}} = \frac{30.000\frac{[ms]}{[min]}}{\frac{Umdrehungen}{[min]}}$$

4.4.5 Solid State Drives

Solid State Drives (SSD) enthalten ausschließlich Flash-Speicher und damit im Gegensatz zu Festplatten keine beweglichen Teile. Daraus ergeben sich verschiedene Vorteile gegenüber Festplattenspeicher. Beispiele sind die kürzere Zugriffszeit, der geringere Energieverbrauch, das geringere Gewicht und eine höhere mechanische Robustheit. Zudem gibt es keine Geräuschentwicklung. Da die Position der Daten im Halbleiter für die Zugriffsgeschwindigkeit irrelevant ist, ist das Defragmentieren (siehe Abschn. 6.8) von SSDs im Hinblick auf die Zugriffsgeschwidigkeit sinnlos. Zudem würden die Schreibzugriffe beim Defragmentieren die Lebenszeit der Speicherzellen unnötig reduzieren.

Nachteile von SSDs gegenüber Festplattenspeicher sind der höhere Preis[4] im Vergleich zu Festplatten gleicher Kapazität sowie die Tatsache, dass ein sicheres Löschen bzw. Überschreiben von Daten schwierig ist, da alle Schreibzugriffe vom internen Controller des Laufwerks auf die vorhandenen Speicherzellen anhand eines *Wear Leveling*-Algorithmus[5] verteilt werden. Ein weiterer Nachteil ist die bereits erwähnte, eingeschränkte Anzahl an Schreib-/Löschzyklen.

In Flash-Speicher werden Daten als elektrische Ladungen gespeichert. Im Gegensatz zum Hauptspeicher ist jedoch kein Strom nötig, um die Daten im Speicher zu halten. Jede Flash-Speicherzelle (siehe Abb. 4.10) ist ein Floating-Gate-Transistor mit den drei Anschlüssen (Elektroden):

---

[4] Dieser Nachteil wird sich in den kommenden Jahren zunehmend abschwächen, da die Herstellungskosten von Halbleiterspeicher kontinuierlich sinken.
[5] Da die Flash-Speicherzellen nur eine eingeschränkte Lebensdauer haben, verwenden die eingebauten Controller der Laufwerke Wear Leveling-Algorithmen, die die Schreibzugriffe auf die verfügbaren Speicherzellen gleichmäßig verteilen. Moderne Betriebssysteme enthalten zudem Dateisysteme, die speziell für Flash-Speicher ausgelegt sind, und darum Schreibzugriffe minimieren. Beispiele für solche Dateisysteme sind Journaling Flash File System (JFFS), JFFS2, Yet Another Flash File System (YAFFS) und LogFS. JFFS enthält einen eigenen Wear Leveling-Algorithmus. Das ist bei eingebetteten Systemen sinnvoll, wo Flash-Speicher direkt ohne einen Controller mit eigenem Wear Leveling angeschlossen ist.

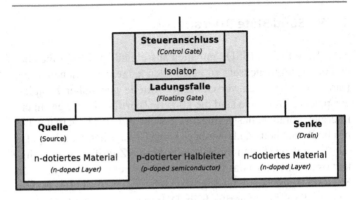

Abb. 4.10 Schematische Darstellung einer Flash-Speicherzelle

- *Tor* (englisch: *Gate*)
- *Senke* (englisch: *Drain*)
- *Quelle* (englisch: *Source*)

Das Gate ist die Steuerelektrode. Es besteht aus dem Steueranschluss (englisch: *Control-Gate*) und der Ladungsfalle (englisch: *Floating-Gate*), die die Daten in Form von Elektronen speichert. Die Ladungsfalle ist von einem Isolator umgeben und speichert Ladung wie ein Kondensator. Die in ihr gespeicherte Ladung bleibt im Idealfall über Jahre stabil. Ein positiv dotierter (p) Halbleiter trennt die beiden negativ dotierten (n) Elektroden Drain und Source. Wie beim npn-Transistor ohne Basisstrom leitet der npn-Übergang nicht.

Daten aus Flash-Speicherzellen auslesen

Ab einer bestimmten positiven Spannung, dem sogenannten Schwellwert (englisch: *Threshold*), an Gate entsteht im p-Bereich ein n-leitender Kanal. Durch diesen kann elektrischer Strom zwischen Source und Drain fließen.

Sind Elektronen in der Ladungsfalle, verändert das den Threshold. Es ist eine höhere positive Spannung am Gate nötig, damit Strom zwischen Source und Drain fließen kann. So wird der gespeicherte Wert der Flash-Speicherzelle ausgelesen.

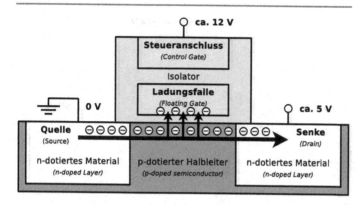

Abb. 4.11 Elektronen in die Ladungsfalle einer Flash-Speicherzelle tunneln

Daten in Flash-Speicherzellen schreiben

Schreibzugriffe auf Flash-Speicherzellen werden durch den *Fowler-Nordheim-Tunneleffekt* realisiert. Dieser lässt Elektronen durch eine isolierende Oxidschicht passieren. Wird eine ausreichend große positive Spannung am Control-Gate angelegt, können Elektronen zwischen Source und Drain fließen.

Ist die positive Spannung am Control-Gate groß genug (6 bis 20 V), werden einige Elektronen durch den Isolator in das Floating-Gate getunnelt. Das Verfahren, das auch in Abb. 4.11 dargestellt ist, heißt auch *Channel Hot Electron Injection*.

Daten in Flash-Speicherzellen löschen

Um eine Flash-Speicherzelle zu löschen, wird eine hohe negative Spannung (−6 bis −20 V) am Control-Gate angelegt. Die Elektronen werden dadurch in umgekehrter Richtung aus dem Floating-Gate herausgetunnelt (siehe Abb. 4.12). Die isolierende Schicht, die das Floating-Gate umgibt, leidet allerdings bei jedem Löschvorgang, und ab einem gewissen Punkt ist die isolierende Schicht nicht mehr ausreichend, um die Ladung im Floating-Gate zu halten. Aus diesem Grund überlebt Flash-Speicher nur eine eingeschränkte Anzahl Schreib-/Löschzyklen. Die exakte Anzahl möglicher Schreib-/Löschzyklen hängt unter anderem davon ab, wie viele Bits eine Speicherzelle gleichzeitig speichern kann.

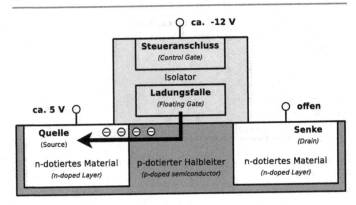

Abb. 4.12 Elektronen aus der Ladungsfalle einer Flash-Speicherzelle heraus-
stunneln

Arbeitsweise von Flash-Speicher

Die Speicherzellen sind in Gruppen zu *Seiten* und *Blöcken* ange-
ordnet. Je nach dem Aufbau eines Flash-Speichers enthält ein
Block immer eine feste Anzahl an Seiten. Schreib- und Löschoperationen können nur für komplette Seiten oder Blöcke durchgeführt
werden. Aus diesem Grund sind Schreib- und Löschoperationen
bei Flash-Speicher aufwendiger als Leseoperationen. Sollen Daten
in einer Seite verändert werden, muss der gesamte Block gelöscht
werden. Dafür wird der Block in einen Pufferspeicher kopiert, in
dem die Daten verändert werden. Anschließend wird der Block im
Flash-Speicher gelöscht und der veränderte Block vom Pufferspeicher in den Flash-Speicher geschrieben.

Es existieren zwei Arten von Flash-Speicher: *NOR-Speicher*
und *NAND-Speicher*. Das jeweilige Schaltzeichen bezeichnet die
interne Verbindung der Speicherzellen und beeinflusst die Kapazität und Zugriffsgeschwindigkeit des Speichers.

NOR-Speicher

Bei NOR-Speicher ist jede Speicherzelle über eine eigene Datenleitung angeschlossen. Diese Bauweise ermöglicht den wahlfreien
Lese- und Schreibzugriff auf den Speicher. Der resultierende Vorteil ist die bessere Zugriffszeit von NOR-Speicher gegenüber

NAND-Speicher. Nachteilig sind der komplexere und somit kostspieligere Aufbau, der höhere Stromverbrauch im Vergleich zu NAND-Speicher und die üblicherweise geringe Kapazität (kleiner als 32 MB).

NOR-Speicher enthält keine Seiten. Die Speicherzellen sind direkt zu Blöcken zusammengefasst. Typische Blockgrößen sind 64, 128 oder 256 kB. Bei Löschoperationen ist kein wahlfreier Zugriff möglich, sondern es muss immer ein vollständiger Block gelöscht werden.

Typische Einsatzbereiche von NOR-Speicher sind industrielle Anwendungen sowie Bausteine zur Speicherung der Firmware eines Computers.

NAND-Speicher

Bei NAND-Speicher sind die Speicherzellen zu Seiten zusammengefasst, die üblicherweise 512 bis 8.192 Bytes groß sind. Jede Seite ist über eine eigene Datenleitung angeschlossen. Mehrere Seiten umfassen einen Block. Typische Blockgrößen sind 32, 64, 128 oder 256 Seiten.

Ein Vorteil von NAND-Speicher gegenüber NOR-Speicher ist die geringere Anzahl von Datenleitungen, die daraus resultierende Platzersparnis und die preisgünstigere Herstellung. Ein Nachteil ist, dass kein wahlfreier Zugriff möglich ist, was die Zugriffszeit negativ beeinflusst. Lese- und Schreibzugriffe sind nur für ganze Seiten möglich. Löschoperationen sind nur für ganze Blöcke möglich.

Typische Einsatzbereiche von NAND-Speicher sind SSD-Laufwerke, USB-Sticks und Speicherkarten.

NAND-Speicher existiert in den Ausprägungen *Single-Level Cell* (SLC), *Multi-Level Cell* (MLC), *Triple-Level Cell* (TLC) und *Quad-Level Cell* (QLC). Je nachdem, zu welcher Gruppe ein Speicher gehört, können seine einzelnen Speicherzellen 1, 2, 3 oder 4 Bits speichern (siehe Abb. 4.13).

Während bei einer SLC-Speicherzelle nur zwei Ladungsniveaus (Zustände) unterschieden werden müssen, damit die Funktionalität gegeben ist, müssen bei einer MLC-Speicherzelle vier Ladungsniveaus, bei einer TLC-Speicherzelle acht Ladungsniveaus und bei einer QLC-Speicherzelle 16 Ladungsniveaus unterschieden

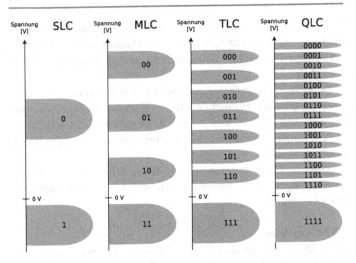

Abb. 4.13 Die unterschiedlichen Ausprägungen von NAND-Speicher unterscheiden verschieden viele Ladungsniveaus

werden. Dies bedeutet, dass es nicht mehr genügt, wie bei SLC zu überprüfen, ob bei einer bestimmten positiven Spannung am Gate ein elektrischer Strom zwischen Source und Drain fließen kann. Es muss auch überprüft werden, wie viel Spannung am Gate dafür nötig ist, weil es mehrere unterschiedliche Ladungsniveaus in der Ladungsfalle geben kann.

Vergleicht man SLC-, MLC-, TLC- und QLC-Speicher gleicher Kapazität miteinander, dann ist der SLC-Speicher am teuersten, bietet aber dafür die höchste Schreibgeschwindigkeit und tendenziell die höchste Lebensdauer, weil er mehr Schreib-/Löschzyklen übersteht, als die übrigen Ausprägungen von NAND-Speicher.

4.5   RAID

Die folgende Auflistung einiger ausgewählter Hardwarekomponenten zeigt, dass in den letzten Jahrzehnten die Geschwindigkeit

der Prozessoren schneller angewachsen ist als die Zugriffsge-
schwindigkeiten der Festplatten.

- **Festplatten**
  1973: IBM 3340, 30 MB Kapazität, 30 ms Zugriffszeit
  1989: Maxtor LXT100S, 96 MB Kapazität, 29 ms Zugriffszeit
  1998: IBM DHEA-36481, 6 GB Kapazität, 16 ms Zugriffszeit
  2006: Maxtor STM320820A, 320 GB Kapazität, 14 ms Zugriffszeit
  2011: Western Digital WD30EZRSDTL, 3 TB Kapazität, 8 ms
  Zugriffszeit
  2018: Seagate BarraCuda Pro ST14000DM001, 14 TB Kapazität, 4–5 ms Zugriffszeit
- **Prozessoren**
  1971: Intel 4004, 740 kHz Taktfrequenz
  1989: Intel 486DX, 25 Mhz Taktfrequenz
  1997: AMD K6-2, 550 Mhz Taktfrequenz
  2007: AMD Opteron Santa Rosa F3, 2,8 GHz Taktfrequenz
  2010: Intel Core i7 980X Extreme (6 Cores), 3,33 Ghz Taktfrequenz
  2018: Ryzen Threadripper 2990WX (32 Cores), 3 Ghz Taktfrequenz

Dieser Abstand vergrößert sich in Zukunft weiter. Da Festplatten aus beweglichen Teilen bestehen, lässt sich ihre Geschwindigkeit nicht beliebig verbessern. Die physikalischen, materiellen und
wirtschaftlichen Grenzen müssen akzeptiert werden. SSDs bieten
höhere Lese- und Schreibgeschwindigkeiten als Festplatten, aber
auch bei ihnen gibt es Beschränkungen bzgl. Geschwindigkeit und
Kapazität. Eine Möglichkeit, diese Beschränkungen zu umgehen
und gleichzeitig die Datensicherheit zu erhöhen, ist das gleichzeitige Verwenden mehrerer Laufwerke (Festplatten oder SSDs)
in einem sogenannten *RAID (Redundant Array of Independent
Disks)*.

Ein RAID-Verbund besteht zwar aus mehreren Laufwerken,
doch die Benutzer und deren Prozesse nehmen den Verbund als
ein einziges großes Laufwerk wahr. Das sogenannte *RAID-Level*

spezifiziert die Art und Weise der Verteilung der Daten über die
Laufwerke eines RAID-Systems. Eine Übersicht mit den Eckda-
ten der RAID-Level 0 bis 6 enthält Tab. 4.4. Die in der Praxis
gebräuchlichsten RAID-Level sind RAID 0, RAID 1 und RAID 5.

Es gibt verschiedene Möglichkeiten, einen RAID-Verbund tech-
nisch zu realisieren. Die leistungsfähigste Variante ist das
Hardware-RAID. Dabei kommt ein RAID-Controller zum Einsatz. Solche Controller sind meist Steckkarten für PCI-Express
(PCIe), die Schnittstellen zum Anschluss von internen und eventuell auch externen Laufwerken bieten. Zudem verfügen Hardware-
RAID-Controller über einen leistungsfähigen Prozessor, der die je
nach verwendetem RAID-Level benötigten Paritätsinformationen
berechnet und den Zustand der angeschlossenen RAID-Verbünde
überwacht. Die Vorteile einen Hardware-RAID gegenüber alternativen Implementierungsvarianten sind die Betriebssystemunabhängigkeit[6] und dass der Betrieb der RAID-Verbünde den Hauptprozessor nicht belastet. Nachteilig ist der vergleichsweise hohe
Preis von einigen hundert Euro für den Controller.

Eine weitere Möglichkeit zur Realisierung eines RAID-
Verbunds ist das sogenannte *Host-RAID*. Dabei erbringt entweder ein preiswerter RAID-Controller ohne eigenen Prozessor oder
der Chipsatz des Computers die RAID-Funktionalität. Mit solch
einer Lösung ist meist nur der Aufbau eines RAID 0 oder RAID 1
empfehlenswert, denn das Berechnen von Paritätsinformationen
muss der Hauptprozessor erledigen. Dies wirkt sich negativ auf
die Gesamtleistung des Computers aus. Ein weiterer Nachteil ist,
dass man sich in ein potentiell problematisches Abhängigkeitsver-
hältnis von einer Hardware begibt, die im Fehlerfall eventuell nur
schwer wieder zu beschaffen ist. Dass ein Host-RAID auch auf
einem neueren Mainboard oder mit einem anderen Host-RAID-
Controller funktioniert, ist keineswegs garantiert. Die Vorteile von
Host-RAID sind der geringe Anschaffungspreis und ebenso wie
bei Hardware-RAID die Betriebssystemunabhängigkeit.

---

[6] Der RAID-Controller arbeitet für das Betriebssystem transparent. Er konfigu-
riert und verwaltet den RAID-Verbund. Das Betriebssystem sieht den RAID-
Verbund als ein einzelnes großes Laufwerk.

Tab. 4.4 Übersicht über die gebräuchlichsten RAID-Level

RAID-Level	n (Anzahl Laufwerke)	Netto-kapazität[a]	Ausfall-sicherheit[b]	Maximaler Datendurchsatz	
				(Lesen)[c]	(Schreiben)[c]
0	≥ 2	n	0 (keine)	$n * X$	$n * X$
1	≥ 2	1	$n - 1$ Laufwerke	$n * X$	X
2	≥ 3	$n - \lceil \log_2 n \rceil$	1 Laufwerk	variabel	variabel
3	≥ 3	$n - 1$	1 Laufwerk	$(n - 1) * X$	$(n - 1) * X$
4	≥ 3	$n - 1$	1 Laufwerk	$(n - 1) * X$	$(n - 1) * X$
5	≥ 3	$n - 1$	1 Laufwerk	$(n - 1) * X$	$(n - 1) * X$
6	≥ 4	$n - 2$	2 Laufwerke	$(n - 2) * X$	$(n - 2) * X$

[a] Sind die Laufwerke unterschiedlich groß, bietet ein Verbund mit RAID 1 höchstens die Kapazität des kleinsten Laufwerks

[b] Gibt an, wie viele Laufwerke ausfallen dürfen, ohne dass es zum Datenverlust kommt

[c] X ist die Leistung eines einzelnen Laufwerks beim Lesen bzw. Schreiben. Die maximale theoretisch mögliche Leistung wird häufig vom Controller bzw. der Rechenleistung des Hauptprozessors eingeschränkt

Als dritte Möglichkeit existiert das sogenannte *Software-RAID*. Moderne Betriebssysteme wie Linux, Windows und Mac OS X ermöglichen das softwaremäßige Zusammenschließen von Laufwerken zu einem RAID auch ohne einen entsprechenden Controller. Unter Linux existiert hierfür das Kommando mdadm. Bei Software-RAID entstehen keine Kosten für zusätzliche Hardware. Nachteilig ist die Betriebssystemabhängigkeit, denn ein Software-RAID-Verbund funktioniert nur innerhalb der Betriebssystemfamilie, in der er erzeugt wurde. Genau wie beim Host-RAID ist beim Software-RAID nur der Aufbau eines RAID 0 oder RAID 1 empfehlenswert, denn das Berechnen von Paritätsinformationen muss der Hauptprozessor erledigen.

4.5.1 RAID 0

Dieses RAID-Level realisiert das sogenannte *Striping*. Es verbessert die mögliche Datentransferrate, bietet aber keine Redundanz. In einem RAID 0 werden die verbundenen Laufwerke in Blöcke gleicher Größe unterteilt. Bei ausreichend großen Ein-/Ausgabeaufträgen (größer 4 oder 8 kB), können die Zugriffe parallel auf mehreren oder allen Laufwerken durchgeführt werden (siehe Abb. 4.14).

Fällt allerdings ein Laufwerk aus, können die Daten nicht mehr vollständig rekonstruiert werden. RAID 0 eignet sich darum nur

Abb. 4.14
Schematische
Darstellung der
Datenverteilung bei
einem RAID 0

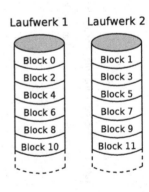

Abb. 4.15
Schematische
Darstellung der
Datenverteilung bei
einem RAID 1

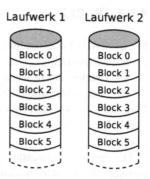

für solche Anwendungsbereiche, wo die Sicherheit (Verfügbarkeit) der Daten bedeutungslos ist oder eine geeignete Form der Datensicherung existiert.

4.5.2 RAID 1

Der Fokus dieses RAID-Levels liegt auf der Sicherheit. Es realisiert eine *Spiegelung* der Daten (englisch: *Mirroring*). Dabei enthalten alle Laufwerke im Verbund die identischen Daten (siehe Abb. 4.15). Sind die Laufwerke unterschiedlich groß, bietet der Verbund mit RAID 1 höchstens die Kapazität des kleinsten Laufwerks. Der Ausfall eines Laufwerks führt nicht zu Datenverlust, weil die übrigen Laufwerke die identischen Daten vorhalten. Zum Totalverlust aller Daten kommt es nur beim Ausfall aller Laufwerke.

Eine Verbesserung der Schreibgeschwindigkeit ist mit RAID 1 nicht möglich. Die Lesegeschwindigkeit kann allerdings durch eine intelligente Verteilung der Zugriffe auf die angeschlossenen Laufwerke gesteigert werden.

Da jede Datenänderung auf allen Laufwerken geschrieben wird, finden fehlerhafte Dateioperationen sowie Angriffe durch Viren oder andere Schadsoftware auf allen Laufwerken statt. Aus diesem Grund sollte weder ein RAID 1, noch ein anderes RAID-Level die regelmäßige Sicherung wichtiger Daten ersetzen.

4.5.3 RAID 2

Dieses RAID-Level realisiert Bit-Level Striping mit *Hamming-Code-Fehlerkorrektur*. Das bedeutet, dass die Daten bitweise auf die Laufwerke verteilt werden. Alle Bits, deren Positionsnummer Potenzen von zwei sind (1, 2, 4, 8, 16, usw.), sind die Prüfbits. Die Verteilung der Nutzdaten und der Prüfbits über mehrere Laufwerke (siehe Abb. 4.16) verbessert den Datendurchsatz beim Lesen und Schreiben.

Der primäre Anwendungsbereich von RAID 2 waren Großrechner. Wegen der großen Anzahl benötigter Laufwerke war RAID 2 zu keiner Zeit nennenswert populär. Sinnvoll war dieses RAID-Level zu einer Zeit, als die Laufwerke noch keine interne Hamming-Code-Fehlerkorrektur enthielten. Da moderne Festplatten und SSDs bereits via Hamming-Code-Fehlerkorrektur einzelne Bitfehler erkennen und korrigieren, ist RAID 2 nicht länger sinnvoll und wird in der Praxis nicht mehr verwendet.

4.5.4 RAID 3

Byte-Level Striping mit Paritätsinformationen realisiert RAID 3. Die Paritätsinformationen werden auf einem Paritätslaufwerk gespeichert (siehe Abb. 4.17). Jede Schreiboperation auf dem RAID führt auch zu Schreiboperationen auf dem Paritätslaufwerk, was einen Engpass *(Flaschenhals)* darstellt. Zudem fällt das Pari-

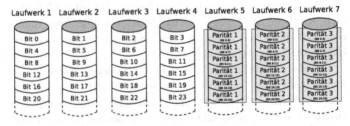

Abb. 4.16 Schematische Darstellung der Datenverteilung bei einem RAID 2

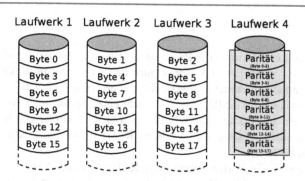

Abb. 4.17 Schematische Darstellung der Datenverteilung bei einem RAID 3

Tab. 4.5 Berechnung der Paritätsinformationen bei RAID 3

Bits auf den Datenlaufwerken		Summe		Summe ist...		Paritätslaufwerk
0 + 0 + 0	$\Longrightarrow$	0	$\Longrightarrow$	gerade	$\Longrightarrow$	Summen-Bit 0
1 + 0 + 0	$\Longrightarrow$	1	$\Longrightarrow$	ungerade	$\Longrightarrow$	Summen-Bit 1
1 + 1 + 0	$\Longrightarrow$	2	$\Longrightarrow$	gerade	$\Longrightarrow$	Summen-Bit 0
1 + 1 + 1	$\Longrightarrow$	3	$\Longrightarrow$	ungerade	$\Longrightarrow$	Summen-Bit 1
1 + 0 + 1	$\Longrightarrow$	2	$\Longrightarrow$	gerade	$\Longrightarrow$	Summen-Bit 0
0 + 1 + 1	$\Longrightarrow$	2	$\Longrightarrow$	gerade	$\Longrightarrow$	Summen-Bit 0
0 + 1 + 0	$\Longrightarrow$	1	$\Longrightarrow$	ungerade	$\Longrightarrow$	Summen-Bit 1
0 + 0 + 1	$\Longrightarrow$	1	$\Longrightarrow$	ungerade	$\Longrightarrow$	Summen-Bit 1

tätslaufwerk statistisch häufiger aus, weil es im Gegensatz zu den Datenlaufwerken bei jedem Schreibzugriff auf den RAID-Verbund auch einen Schreibzugriff auf das Paritätslaufwerk kommt. Aus diesen Gründen wurde RAID 3 in der Praxis meist von RAID 5 verdrängt.

Tab. 4.5 zeigt die Berechnung der Paritätsinformationen anhand des in Abb. 4.17 gezeigten Szenarios mit drei Datenlaufwerken und einem Paritätslaufwerk.

4.5.5 RAID 4

Block-Level Striping mit Paritätsinformationen realisiert RAID 4.
Genau wie bei RAID 3 werden auch hier die Paritätsinformationen auf einem Paritätslaufwerk gespeichert (siehe Abb. 4.18). Der
Unterschied zu RAID 3 ist, dass nicht einzelne Bits oder Bytes,
sondern als Blöcke (englisch: *Chunks*) gleicher Größe geschrieben werden. Ansonsten gelten die für RAID 3 genannten Nachteile
auch für RAID 4.

Genau wie RAID 3 wird auch RAID 4 in der Praxis selten
eingesetzt, weil RAID 5 nicht die bereits beschriebenen Nachteile
aufweist.

Ein RAID 4 mit nur einem Datenlaufwerk weist auf den ers-
ten Blick Ähnlichkeit mit einem RAID 1 auf, da in diesem Fall
auf dem Datenlaufwerk und auf dem Paritätslaufwerk die glei-
chen Daten gespeichert sind. Allerdings bietet ein solcher RAID 4-
Verbund keine verbesserte Lesegeschwindigkeit. Zudem wird die
Schreibgeschwindigkeit durch das bei jedem Schreibzugriff nötige
Einlesen und Neuberechnen der Paritätsinformationen verringert.
Dieser Aufwand zum Einlesen und Berechnen existiert bei der
Spiegelung mit RAID 1 nicht.

Anwendungsbeispiele für RAID 4 sind die NAS-Server FAS
2020, FAS 2050, FAS 3040, FAS 3140, FAS 6080 der Firma
NetApp.

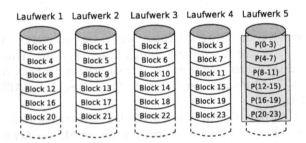

Abb. 4.18 Schematische Darstellung der Datenverteilung bei einem RAID 4

4.5.6 RAID 5

Block-Level Striping mit verteilten Paritätsinformationen realisiert RAID 5. Dabei werden die Nutzdaten und Paritätsinformationen auf alle Laufwerke verteilt (siehe Abb. 4.19). Die Vorteile dieses Vorgehens sind neben einem verbesserten Datendurchsatz beim Lesen und Schreiben auch eine Verbesserung der Datensicherheit, ohne dass ein einzelnes Paritätslaufwerk einen Flaschenhals verursacht.

Genau wie bei RAID 4 werden die Nutzdaten nicht als einzelne Bits oder Bytes, sondern als Blöcke (englisch: *Chunks*) gleicher Größe geschrieben. Typischerweise sind die Blöcke 512 Bytes und 8 kB groß. Je nach konkreter Anwendung kann es sinnvoll sein, größere Blöcke zu verwenden, zum Beispiel bei Datenbanken oder Email-Servern.

Die Berechnung der Paritätsinformationen erfolgt, indem die Blöcke einer Zeile (siehe Abb. 4.19) mit XOR verknüpft werden. Die folgende Berechnung erzeugt zum Beispiel die Paritätsinformationen der Blöcke 16 bis 19:

Parität(16–19)

= Block 16 XOR Block 17 XOR Block 18 XOR Block 19

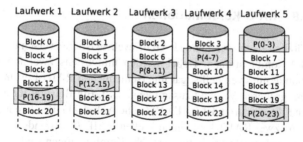

Abb. 4.19 Schematische Darstellung der Datenverteilung bei einem RAID 5

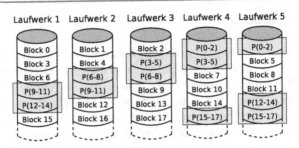

Abb. 4.20 Schematische Darstellung der Datenverteilung bei einem RAID 6

4.5.7 RAID 6

Block-Level Striping mit doppelt verteilten Paritätsinformationen realisiert RAID 6. Dieses RAID-Level funktioniert im Prinzip genau so wie RAID 5, verkraftet aber den gleichzeitigen Ausfall von bis zu zwei Laufwerken, weil die Paritätsinformationen doppelt vorgehalten werden (siehe Abb. 4.20). Die verbesserte Datensicherheit gegenüber RAID 5 wird durch einen niedrigeren Datendurchsatz beim Schreiben erkauft, da der Schreibaufwand für die Paritätsinformationen höher ist.

4.5.8 RAID-Kombinationen

Zusätzlich zu den bekannten RAID-Leveln existieren verschiedene RAID-Kombinationen. Dabei werden mindestens zwei RAID-Verbünde mit eventuell sogar unterschiedlichen RAID-Leveln zu einem größeren Verbund zusammengefasst. Ein Beispiel für eine solche Kombination ist RAID 10 (siehe Abb. 4.21), bei dem mindestens zwei RAID 1 zu einem großen RAID 0 verbunden sind. Einige weitere Beispiele für mögliche Kombinationen sind:

- RAID 00: Mehrere RAID 0 werden zu einem RAID 0 verbunden
- RAID 01: Mehrere RAID 0 werden zu einem RAID 1 verbunden
- RAID 05: Mehrere RAID 0 werden zu einem RAID 5 verbunden

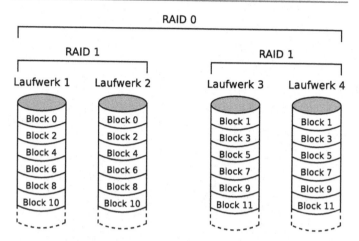

Abb. 4.21 Schematische Darstellung der Datenverteilung bei einem RAID 10-Verbund

- RAID 15: Mehrere RAID 1 werden zu einem RAID 5 verbunden
- RAID 50: Mehrere RAID 5 werden zu einem RAID 0 verbunden
- RAID 51: Mehrere RAID 5 werden zu einem RAID 1 verbunden

Je nach Kombination und den verwendeten RAID-Leveln ist es auf diese Weise möglich, die Ausfallsicherheit und Geschwindigkeit noch weiter zu steigern. Gleichzeitig steigt damit aber auch die Anzahl der benötigten Laufwerke.

Speicherverwaltung

5

In Abschn. 4.3 wurde bislang geklärt, dass der Speicher die Daten und auszuführenden Programme aufnimmt und im Computersystem eine Hierarchie bildet (siehe auch Abschn. 4.4 zur Speicherpyramide). Dieses Kapitel beschreibt verschiedene mögliche Konzepte der Speicheradressierung und Speicherverwaltung durch ein Betriebssystem. Konkret weist das Betriebssystem den Programmen bei der Prozesserzeugung (siehe Abschn. 8.4) und während der Prozessausführung auf deren Anforderung hin Teile des Speichers zu. Zudem gibt das Betriebssystem Teile des zugewiesenen Speichers frei, wenn diese von Prozessen nicht länger benötigt werden.

5.1 Konzepte zur Speicherverwaltung

Für die Verwaltung des Speichers gibt es verschiedene Konzepte. Dieser Abschnitt beschreibt die Funktionsweise sowie Vor- und Nachteile der drei Konzepte *statische* und *dynamische Partitionierung* sowie *Buddy-Speicherverwaltung*.

© Springer-Verlag GmbH Deutschland, ein Teil von
Springer Nature 2022
C. Baun, *Betriebssysteme kompakt,* IT kompakt,
https://doi.org/10.1007/978-3-662-64718-9_5

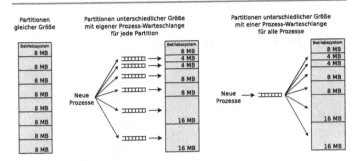

Abb. 5.1 Verschiedene Möglichkeiten der Speicherverwaltung mit statischer Partitionierung

An dieser Stelle soll vorweggenommen werden, dass statische und dynamische Partitionierung im Gegensatz zur Buddy-Speicherverwaltung in der Praxis in modernen Betriebssystemen nicht mehr verbreitet sind. Dennoch ist eine Auseinandersetzung mit der statischen und dynamischen Partitionierung sinnvoll, um die Speicherverwaltung moderner Betriebssysteme in der Praxis (siehe Abschn. 5.2) zu verstehen.

5.1.1 Statische Partitionierung

Bei diesem Konzept der Speicherverwaltung wird der Hauptspeicher in Partitionen gleicher oder unterschiedlicher Größe unterteilt (siehe Abb. 5.1). Ein Nachteil dieses Verfahrens ist, dass zwangsläufig interne Fragmentierung[1] entsteht. Diese Form der Speicherverwaltung ist somit ineffizient. Dieses Problem ist bei Partitionen unterschiedlicher Größe weniger stark ausgeprägt, aber keinesfalls gelöst. Ein weiterer Nachteil ist, dass die Anzahl der Partitionen die Anzahl möglicher Prozesse limitiert [94].

---

[1] Wird ein Speicherbereich einem Prozess zugeordnet, aber nicht vollständig mit Daten gefüllt, spricht man von interner Fragmentierung des Speichers. Der ungenutzte Teil des zugeordneten Speicherbereich ist für andere Prozesse nicht verfügbar.

Im Idealfall erhalten Prozesse eine möglichst passgenaue Partition, um möglichst wenig interne Fragmentierung zu verursachen. Werden Partitionen unterschiedlicher Größe verwendet, gibt es zwei Möglichkeiten, um Prozessen Partitionen zuzuweisen. Entweder verwaltet das Betriebssystem eine eigene Prozesswarteschlange[2] für jede Partition oder es verwaltet eine einzelne Warteschlange für alle Partitionen. Ein Nachteil mehrerer Warteschlangen ist, dass bestimmte Partitionen seltener oder eventuell sogar nie verwendet werden.

Ein Beispiel für ein Betriebssystem, das statische Partitionierung verwendet, ist IBM OS/360 MFT aus den 1960er Jahren.

5.1.2 Dynamische Partitionierung

Bei diesem Konzept der Speicherverwaltung weist das Betriebssystem jedem Prozess eine zusammenhängende Partition mit exakt der benötigen Größe zu. Dabei kommt es zwangsläufig zu externer Fragmentierung[3] (siehe Abb. 5.2). Die Lösung dieses Problem ist eine regelmäßige Defragmentierung des Speichers. Dieses ist aber nur dann möglich, wenn die Partitionen verschiebbar sind. Verweise in Prozessen dürfen durch ein Verschieben von Partitionen nicht ungültig werden.

Ein Beispiel für ein Betriebssystem, das dynamische Partitionierung verwendet, ist IBM OS/360 MVT aus den 1960er Jahren.

---

[2] Eine Warteschlange (englisch: *Queue*) ist eine Datenstruktur zur Zwischenspeicherung von Datenobjekten in einer bestimmten Reihenfolge. Üblicherweise werden Warteschlangen als verkettete Listen oder als Ringpuffer realisiert.

[3] Entstehen bei der Speicherverwaltung Lücken zwischen den Speicherbereichen, die bereits Prozessen zugeordnet sind und sind diese Lücken so klein, dass es unwahrscheinlich ist, dass Sie in Zukunft Prozessen zugeordnet werden können, so handelt es sich bei diesen Lücken um externe Fragmentierung des Speichers. Eine Möglichkeit, um das Problem der externen Fragmentierung zu lösen, ist die regelmäßige und zeitaufwendige Defragmentierung des Speichers. Vollständig gelöst ist das Problem der externen Fragmentierung beim virtuellen Speicher (siehe Abschn. 5.2.2).

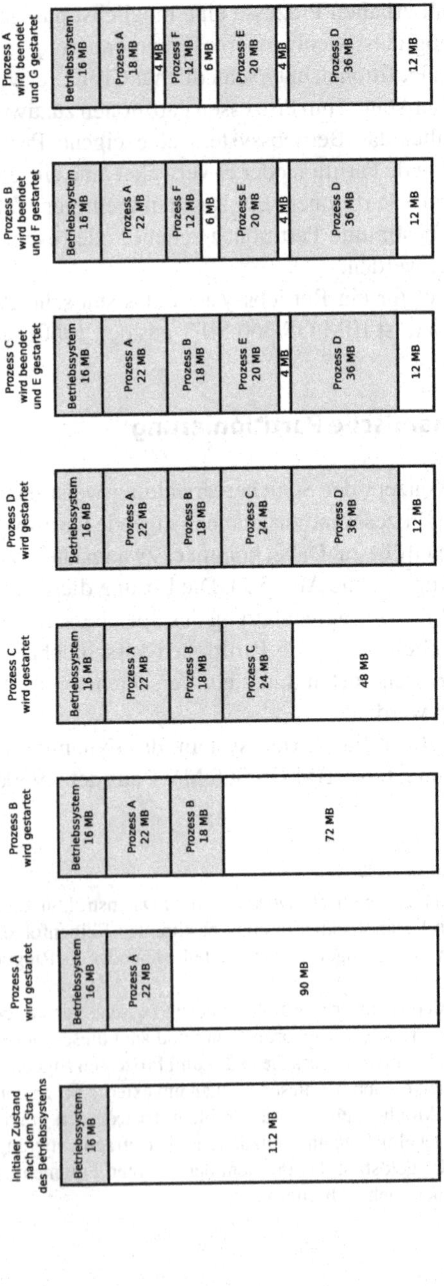

Abb. 5.2 Externe Fragmentierung ist bei der Speicherverwaltung dynamische Partitionierung unvermeidlich

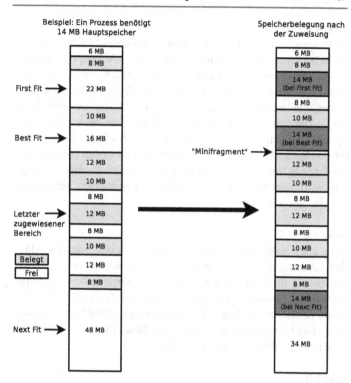

Abb. 5.3 Beispiel einer Speicherzuweisung bei dynamischer Partitionierung mit verschiedenen Zuteilungskonzepten

Unterschiedliche *Zuteilungskonzepte* für Speicher bei dynamischer Partitionierung sind denkbar (siehe Abb. 5.3). Dabei geht es um die Frage, wie das Betriebssystem bei einer Speicheranforderung einen geeigneten freien Speicherbereich sucht. Die Darstellung des Speichers durch das Betriebssystem erfolgt in Form einer verketteten Liste mit Speicherbereichen. Jeder Eintrag enthält eine Bezeichnung, ob der Bereich frei oder durch einen Prozess belegt ist, die Startadresse, die Länge und einen Zeiger auf den nächsten Eintrag. Eine ausführlichere Beschreibung der Zuteilungskonzepte bieten [91, 94].

First Fit

Eine Speicherverwaltung mit dem Zuteilungskonzept *First Fit* sucht bei jeder Speicheranforderung ab dem Anfang des Adressraums einen passenden freien Speicherbereich. Ein Vorteil von First Fit ist seine Geschwindigkeit im Vergleich mit anderen Konzepten, weil es nicht in jedem Fall alle freien Speicherbereiche in der verketteten Liste untersucht. Mit dem ersten passenden freien Speicherbereich ist die Suche beendet. Ein Nachteil ist, dass First Fit den Speicher nicht optimal ausnutzt, weil in den meisten Fällen der erste freie Speicherbereich passender Größe nicht derjenige sein wird, der am wenigsten externe Fragmentierung verursacht, der also am besten passt.

Next Fit

Beim Zuteilungskonzept *Next Fit* durchsucht das Betriebssystem den Adressraum nicht immer von Anfang an, sondern ab der letzten Zuweisung nach einem passenden freien Speicherbereich. Symptomatisch für dieses Verfahren ist, dass es den großen Bereich freien Speichers am Ende des Adressraums schneller *zerstückelt* als andere Konzepte. Dadurch muss bei diesem Verfahren der Speicher häufiger defragmentiert werden.

Best Fit

Arbeitet die Speicherverwaltung nach dem Konzept *Best Fit*, sucht das Betriebssystem immer den freien Bereich, der am besten zur Speicheranforderung passt, also denjenigen Block, bei dem am wenigsten externe Fragmentierung entsteht. Symptomatisch für dieses Verfahren ist, dass es sehr kleine Speicherbereiche erzeugt. Von allen Zuteilungskonzepten nutzt Best Fit den vorhanden Speicher am besten aus. Ein Nachteil ist, dass es im Vergleich mit allen anderen Konzepten am langsamsten arbeitet, weil es bei jeder Speicheranforderung alle freien Speicherbereiche in der verketteten Liste untersucht.

5.1.3 Buddy-Speicherverwaltung

Bei der Buddy-Speicherverwaltung gibt es zu Beginn nur einen Bereich, der den gesamten Speicher abdeckt. Fordert ein Prozess einen Speicherbereich an, wird dessen Speicherkapazität zur nächsthöheren Zweierpotenz aufgerundet und ein entsprechender, freier Bereich gesucht. Existiert kein Bereich dieser Größe, sucht das Betriebssystem nach einem Bereich doppelter Größe und unterteilt diesen in zwei Hälften, sogenannte *Buddies*. Eine Hälfte wird daraufhin dem anfordernden Prozess zugewiesen. Existiert auch kein Bereich doppelter Größe, sucht das Betriebssystem einen Bereich vierfacher Größe, usw.

Wird ein Speicherbereich freigegeben, prüft das Betriebssystem, ob sich zwei Hälften gleicher Größe wieder zu einem größeren Speicherbereich zusammenfassen lassen. Es werden aber nur zuvor vorgenommene Unterteilungen rückgängig gemacht.

Abb. 5.4 zeigt die Arbeitsweise der Buddy-Speicherverwaltung anhand einiger Speicheranforderungen und -freigaben auf einen Speicher mit 1 MB Gesamtkapazität. Diese Kapazität erscheint unter Berücksichtigung der Speicherkapazitäten moderner Datenspeicher sehr gering, ist aber für ein Beispiel ausreichend.

Zu Beginn behandelt die Buddy-Speicherverwaltung den Speicher wie einen großen Bereich. In Schritt (1) fordert ein Prozess A vom Betriebssystem einen 65 kB großen Speicherbereich an. Die nächsthöhere Zweierpotenz ist 128 kB. Da kein solcher Bereich frei ist, sucht das Betriebssystem nach einem freien Bereich dessen Kapazität der nächsthöhere Zweierpotenz (256 kB) entspricht. Ein solcher Bereich ist genau so wenig verfügbar wie ein 512 kB großer Bereich. Es ist aber ein 1024 kB großer Bereich verfügbar. Dieser wird nun so oft unterteilt, bis ein 128 kB großer Bereich verfügbar ist, der dem anfragenden Prozess A zugewiesen werden kann.

Ähnlich ist der Ablauf bei der Speicheranforderung in Schritt (2). Hier fordert ein Prozess B vom Betriebssystem einen 30 kB großen Speicherbereich an. Die nächsthöhere Zweierpotenz ist 32 kB. Da kein solcher Bereich frei ist, sucht das Betriebssystem nach einem freien Bereich dessen Kapazität der nächsthöheren Zweierpotenz (64 kB) entspricht. Auch ein solcher Bereich ist nicht frei verfügbar, also wird der erste 128 kB große Bereich so oft unterteilt, bis ein 32 kB großer Bereich verfügbar ist, der dem anfragenden Prozess B zugewiesen werden kann.

Analog zu den Anfragen (1) und (2) erfolgt die Zuweisung eines 128 kB großen Speicherbereich zu Prozess C in Schritt (3), um dessen 94 kB Daten zu speichern. Auch hier muss zuerst ein Bereich mit der Größe der nächsthöheren Zweierpotenz in zwei Teile unterteilt werden.

Prozess D fordert in Schritt (4) einen 34 kB großen Speicherbereich an. Die nächsthöhere Zweierpotenz ist 64 kB und diese Anfrage kann direkt erfüllt werden. Prozess E benötigt zur Erfüllung seiner Anfrage nach einem 136 kB großen Speicher in Schritt (5) einen 256 kB großen Bereich. Da kein solcher zur Verfügung steht, wird der 512 kB große Bereich unterteilt.

Die Freigabe des Speichers von Prozess D in Schritt (6) führt zu keiner Veränderung der Bereichsgrenzen. Eine Verbindung mit dem freien 32 kB großen benachbarten Bereich ist unmöglich, da die Buddy-Speicherverwaltung Unterteilungen nur dann rückgängig machen kann, wenn die korrekte Reihenfolge eingehalten wird.

Nach der Freigabe des Speichers von Prozess B in Schritt (7) können die beiden 32 kB großen Bereiche wieder zu einem 64 kB großen Bereich vereinigt werden. Die zuvor vorgenommene Unterteilung wird also rückgängig gemacht. Danach kann der 64 kB große Bereich wieder mit seinem gleich großen Nachbarn zu einem 128 kB großen Bereich vereinigt werden.

Die Freigaben des Speichers der Prozesse C, A und F in den Schritten (8–10) führen dazu, dass immer wieder zuvor gemachte Unterteilungen von Bereichen rückgängig gemacht werden. Am Ende ist der Anfangszustand erneut erreicht und die Buddy-Speicherverwaltung sieht den Speicher wie einen zusammenhängenden Bereich.

Abb. 5.4 zeigt einen deutlichen Nachteil der Buddy-Speicherverwaltung. Es kommt zu interner und externer Fragmentierung.

Obwohl das Buddy-Verfahren schon 1965 von Kenneth Knowlton [49] und 1968 von Donald Knuth [50] zum Zweck der Speicherverwaltung bei Computern beschrieben wurde, ist es auch heute noch in der Praxis relevant. Der Linux-Betriebssystemkern

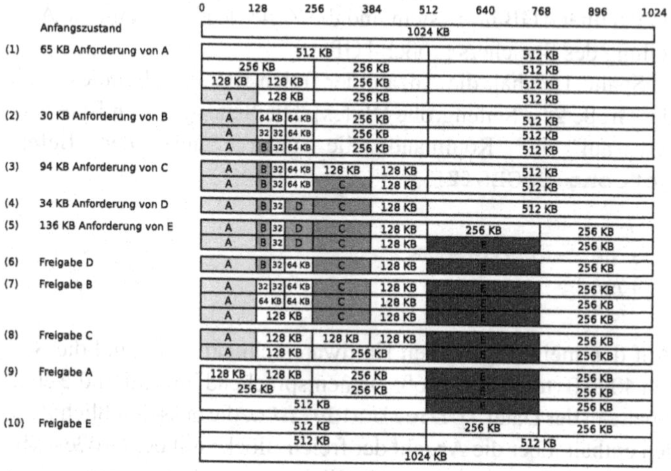

Die folgende Abbildung zeigt die Arbeitsweise der Buddy-Speicherverwaltung:

```
                    0    128   256   384   512   640   768   896   1024
     Anfangszustand              1024 KB
(1)  65 KB Anforderung von A     512 KB              |        512 KB
                          256 KB      |   256 KB     |        512 KB
                     128 KB | 128 KB  |   256 KB     |        512 KB
                       A    | 128 KB  |   256 KB     |        512 KB
(2)  30 KB Anforderung von B   A |64 KB|64 KB| 256 KB|        512 KB
                               A |32|32|64 KB| 256 KB|        512 KB
                               A | B|32|64 KB| 256 KB|        512 KB
(3)  94 KB Anforderung von C   A | B|32|64 KB|128 KB| 128 KB| 512 KB
                               A | B|32|64 KB|  C    | 128 KB| 512 KB
(4)  34 KB Anforderung von D   A | B|32| D |  C    | 128 KB| 512 KB
(5)  136 KB Anforderung von E  A | B|32| D |  C    | 128 KB|256 KB|256 KB
                               A | B|32| D |  C    | 128 KB|  E   |256 KB
(6)  Freigabe D                A | B|32|64 KB|  C    | 128 KB|  E   |256 KB
(7)  Freigabe B                A |32|32|64 KB|  C    | 128 KB|  E   |256 KB
                               A |64 KB|64 KB|  C   | 128 KB|  E   |256 KB
                               A | 128 KB  |  C    | 128 KB|  E   |256 KB
(8)  Freigabe C                A | 128 KB  |128 KB |128 KB|  E   |256 KB
                               A | 128 KB  |  256 KB      |  E   |256 KB
(9)  Freigabe A              128 KB| 128 KB|  256 KB      |  E   |256 KB
                              256 KB   |    256 KB        |  E   |256 KB
                                 512 KB                   |  E   |256 KB
(10) Freigabe E                  512 KB                   |256 KB|256 KB
                                 512 KB                   |   512 KB
                                        1024 KB
```

Abb. 5.4 Arbeitsweise der Buddy-Speicherverwaltung

verwendet beispielsweise eine Variante der Buddy-Speicherver-
waltung für die Zuweisung der Speicherseiten zu den Prozessen.
Das Betriebssystem verwaltet in diesem Fall für jede möglich
Blockgröße eine Frei-Liste.

Die aktuellsten Informationen[4] zum Zustand der Speicherverwaltung unter Linux enthält die Datei /proc/buddyinfo.

```
# cat /proc/buddyinfo
Node 0, zone      DMA     1    1    1    0    2    1    1    0    1    1    3
Node 0, zone    DMA32   208  124 1646  566  347  116  139  115   17    4  212
Node 0, zone   Normal    43   62  747  433  273  300  254  190   20    8  287
```

Die Zeile DMA zeigt die Aufteilung der ersten 16 MB im System.
Die Zeile DMA32 zeigt die Aufteilung des Speichers größer 16 MB

---

[4] Die in diesem Buch gezeigten Informationen aus der Datei buddyinfo
stammen von einem 64 Bit-Linux-Betriebssystem. Auf 32 Bit-Systemen sind
die Benennungen der Zeilen sowie die Speicherbereiche, die diese beschreiben,
anders. Dort gibt es die Zeile DMA32 gar nicht. Die Zeile Normal beschreibt
die Aufteilung des Speichers größer 16 MB und kleiner 896 MB im System.
Zusätzlich gibt es eine Zeile HighMem, die die Aufteilung des Speichers
größer 896 MB im System beschreibt.

und kleiner 4 GB im System und die Zeile `Normal` zeigt die Aufteilung des Speichers größer 4 GB.

Spalte 1 enthält die Anzahl der freien Blöcke (*„Buddies"*) mit der Größe 2^0 * Seitengröße [Bytes]. Die Seitengröße in Bytes liefert auf der Kommandozeile unter Linux der Befehl `getconf PAGESIZE`.

```
$ getconf PAGESIZE
4096
```

Auf den meisten gängigen Hardwarearchitekturen[5] sind die Seiten 4096 Bytes = 4 kB groß. Dementsprechend informiert die erste Spalte in der Datei `/proc/buddyinfo`, die ausschließlich Zahlen enthält, über die Anzahl der freien Blöcke mit der Größe 4 kB. Die zweite Spalte mit ausschließlich numerischen Werten enthält die Anzahl der freien Blöcke mit der Größe 8 kB, die dritte Spalte diejenigen Blöcke mit der Größe 16 kB, usw. Die letzte Spalte (Nummer 11) gibt an, wie viele freie 4096 kB = 4 MB große Blöcke im System existieren.

5.2 Speicheradressierung in der Praxis

Wie in den Abschn. 3.5 und 4.1.3 gezeigt, können moderne Computer mit 32 Bit- oder 64 Bit-Betriebssystemen große Anzahl von Speicheradressen verwalten. Eine der Aufgaben eines Betriebssystems ist, die Zugriffe der Prozesse auf den Speicher zu organisieren. Zwei Konzepte der Speicheradressierung – *Real Mode* und *Protected Mode* – sind in der Praxis etabliert und werden in diesem Abschnitt vorgestellt.

---

[5] Bei x86-kompatiblen Prozessoren ist die Seitengröße 4 kB. Beim Alpha-Prozessor und bei UltraSPARC-Prozessoren ist die Seitengröße 8 kB [70] und bei den Prozessoren von Apple Silicon ist sie 16 kB. Beim Intel Itanium (IA-64) ist die Seitengröße variabel. Mögliche Größen sind 4, 8, 16 oder 64 kB.

5.2.1 Real Mode

Der *Real Mode,* der auch *Real Address Mode* heißt, ist eine von zwei möglichen Betriebsarten x86-kompatibler Prozessoren. Dieses Konzept der Speicheradressierung realisiert einen direkten Zugriff auf die Speicheradressen des Hauptspeichers durch die Prozesse (siehe Abb. 5.5). Da der Real Mode keinen Zugriffsschutz bietet, kann jeder Prozess auf den gesamten adressierbaren Speicher zugreifen. Darum ist dieses einfache Konzept ungeeignet für Betriebssysteme mit Mehrprogrammbetrieb (siehe Abschn. 3.4.2). Zudem wäre das Konzept ungeeignet, um einen für die Prozesse transparenten *Auslagerungsspeicher* (englisch: *Swap*) zu realisieren.

Ein weiterer Grund, warum der Real Mode für moderne Betriebssysteme ungeeignet ist, ist die Beschränkung des adressierbaren Hauptspeichers auf maximal 1 MB. Diese Einschränkung geht zurück auf den maximaler Speicherausbau eines Intel 8086 Prozessors, dessen Adressbus nur 20 Busleitungen (siehe Tab. 4.1) umfasst.

Beim Betriebssystem MS-DOS und den dazu kompatiblen Betriebssystemen wie zum Beispiel IBM PC-DOS, DR-DOS und

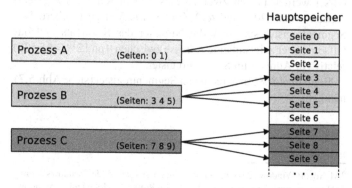

Abb. 5.5 Konzept des Real Mode

FreeDOS sowie bei frühen Versionen von Microsoft Windows[6] ist der Real Mode die verwendete Form der Speicheradressierung. Bei diesen Betriebssystemen stehen vom 1 MB großen Speicher nur die ersten 640 kB, der sogenannte *untere Speicher,* für das Betriebssystem selbst und das aktuell laufende Programm zur Verfügung. Die restlichen 384 kB, der sogenannte *obere Speicher,* enthalten unter anderem das BIOS der Grafikkarte, das Speicherfenster zum Grafikkartenspeicher und das BIOS ROM des Mainboards.

Die Bezeichnung *Real Mode* wurde mit dem Intel 80286 Prozessor eingeführt. Im Real Mode greift der Prozessor wie ein 8086 Prozessor auf den Hauptspeicher zu. Jeder x86-kompatible Prozessor startet beim Systemstart bzw. Reset im Real Mode. Moderne Betriebssysteme wechseln während des Starts in den *Protected Mode.*

Organisation und Adressierung des Speichers im Real Mode

Im Real Mode wird der verfügbare Speicher in gleich große Segmente unterteilt. Die Speicheradressen sind 16 Bits lang. Jedes Segment ist dementsprechend 64 Bytes ($= 2^{16} = 65.536$ Bits) groß. Die Adressierung des Speichers geschieht via Segment und Offset. Dabei handelt es sich um zwei 16 Bits lange Werte, die durch einen Doppelpunkt voneinander getrennt sind. Segment und Offset werden in den zwei 16 Bits großen Registern *Segmentregister*[7] und *Offsetregister*[8] (siehe Abb. 5.6) gespeichert. Das Segmentregister speichert die Nummer des Segments und das Offsetregister zeigt auf eine Adresse zwischen 0 und 2^{16} (=65.536) relativ zur Adresse im Segmentregister.

Beim Intel 8086 existieren vier Segmentregister (siehe Abb. 5.7), nämlich:

---

[6] Microsoft Windows 2.0 läuft ausschließlich im Real Mode. Windows 2.1 und 3.0 können entweder im Real Mode oder im Protected Mode laufen. Windows 3.1 und spätere Versionen laufen ausschließlich im Protected Mode.

[7] In der Literatur heißt das Segmentregister an einigen Stellen *Basisregister* [95,99] oder Segmentzeiger (englisch: *Segment Pointer* [91]).

[8] In der Literatur heißt das Offsetregister an einigen Stellen *Indexregister* [91].

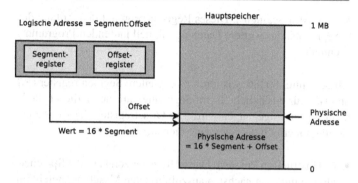

Abb. 5.6 Konzept der Adressierung im Real Mode

- CS (Code Segment): Dieses Register zeigt auf den Anfang des Segments, das den Programmcode des aktuell laufenden Programms enthält.
- DS (Data Segment): Dieses Register zeigt auf den Anfang des Segments, das die globalen Daten des aktuell laufenden Programms enthält.
- SS (Stack Segment): Dieses Register zeigt auf den Anfang des Segments, das den Stack für die lokalen Daten des aktuell laufenden Programms enthält.

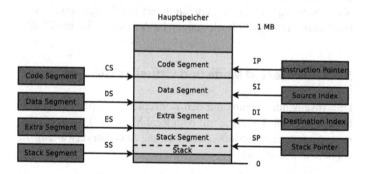

Abb. 5.7 Adressierung im Real Mode – Segmentregister seit dem Intel 8086

- ES (Extra Segment): Dieses Register zeigt auf den Anfang des Segments, das weitere Daten des aktuell laufenden Programms enthält.

Ab dem Intel 80386 existieren zwei weitere Segmentregister (FS und GS) für zusätzliche Extra-Segmente, auf die an dieser Stelle nicht weiter eingegangen wird. Die Offsetregister, die zur Adressierung innerhalb der Segmente dienen, sind:

- IP (Instruction Pointer): Dieses Register zeigt auf die Speicheradresse mit dem nächsten auszuführenden Maschinenbefehl im Codesegment (siehe Abschn. 4.4.1).
- SI (Source Index): Dieses Register zeigt auf eine Speicheradresse im Datensegment.
- SP (Stack Pointer): Dieses Register zeigt auf die Speicheradresse, die das Ende des Stacks im Stacksegment enthält (siehe Abschn. 4.4.1).
- DI (Destination Index): Dieses Register zeigt auf eine Speicheradresse im Extrasegment.

Abb. 5.6 zeigt anschaulich, dass die Segmentbereiche einen einfachen *Speicherschutz* realisieren.

Auch wenn die Segment- und Offsetregister jeweils 16 Bits groß sind, haben die Speicheradressen im Real Mode, unabhängig von der verwendeten Prozessorgeneration nur eine Länge von 20 Bits. Der Grund sind die 20 Busleitungen im Adressbus des Intel 8086.

5.2.2 Protected Mode und virtueller Speicher

Die Auseinandersetzung mit den Konzepten zur Speicherverwaltung in Abschn. 5.1 sowie mit dem Real Mode hilft die Anforderungen moderner Betriebssysteme an die Speicherverwaltung zu verstehen. Diese sind:

- *Relokation:* Wird ein Prozess aus dem Hauptspeicher verdrängt, ist nicht bekannt, an welcher Adresse er später wieder in den

Hauptspeicher geladen wird. Aus diesem Grund sollen Prozesse nach Möglichkeit keine Referenzen auf physische Speicheradressen (wie beim Real Mode) enthalten.

- *Schutz:* Speicherbereiche müssen vor unbeabsichtigtem oder unzulässigem Zugriff durch andere Prozesse geschützt sein. Als Konsequenz daraus muss das Betriebssystem einen Speicherschutz realisieren, indem es alle Zugriffe der Prozesse auf Speicheradressen überprüft.

- *Gemeinsame Nutzung:* Trotz Speicherschutz muss es möglich sein, dass Prozesse über gemeinsame Speicherbereiche, sogenannte *Shared Memory*-Segmente (siehe Abschn. 9.3.1), auf gemeinsame Daten zugreifen.

- *Größere Speicherkapazität:* Bis Mitte der 1980er Jahre mögen 1 MB Speicher ausreichend gewesen sein. Moderne Betriebssysteme müssen aber in der Lage sein, mehr Speicher zu adressieren. Speziell beim Mehrprogrammbetrieb (siehe Abschn. 3.4.2), den alle modernen Betriebssysteme bieten, ist es auch sinnvoll, wenn Betriebssysteme mehr Hauptspeicher adressieren können, als physisch existiert. Moderne Betriebssysteme realisieren einen Auslagerungsspeicher, der auch Hintergrundspeicher [28,39] oder einfach *Swap* heißt, in den sie bei einem vollen Hauptspeicher diejenigen Prozesse auslagern, die gegenwärtig keinen Zugriff auf einen Prozessor bzw. einen Prozessorkern haben.

Alle in diesem Abschnitt genannten Anforderungen realisiert der *Schutzmodus,* der auch in der deutschsprachigen Literatur häufiger unter der englischen Bezeichnung *Protected Mode* beschrieben wird. Bei diesem handelt es sich um die zweite mögliche Betriebsart x86-kompatibler Prozessoren, die mit dem Intel 80286 in den frühen 1980er Jahren eingeführt wurde.

Im Protected Mode verwenden die Prozesse keine physischen Hauptspeicheradressen, sondern einen *virtuellen Speicher,* der unabhängig von der verwendeten Speichertechnologie und den gegebenen Ausbaumöglichkeiten ist. Er besteht aus logischen Speicheradressen, die von der Adresse 0 aufwärts durchnummeriert sind. Jeder Prozess läuft ausschließlich in seiner eigenen, von anderen Prozessen abgeschotteten Kopie des physischen Adressraums und jeder Prozess darf nur auf seinen eigenen virtuellen

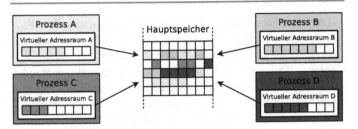

Abb. 5.8 Abbildung des virtuellen Speichers auf den physischen Speichers beim Protected Mode

Speicher zugreifen. Eine einfache Darstellung dieses Konzepts zeigt Abb. 5.8. Die Abbildung des virtuellen Speichers auf den physischen Speicher heißt *Mapping*.

Abb. 5.8 zeigt einen weiteren Vorteil des virtuellem Speichers, nämlich die bessere Ausnutzung des existierenden Hauptspeichers, weil die Prozesse nicht am Stück im Hauptspeicher liegen müssen. Eine zusammenhängende Anordnung der Prozesse im Hauptspeicher würde auch keinen Vorteil bringen, da der Hauptspeicher ein elektronischer Speicher mit wahlfreiem Zugriff (siehe Abschn. 4.3) ist und der Zugriff auf jede Speicheradresse gleich schnell ist.

Ein weiterer Vorteil des virtuellen Speichers ist, dass mehr Speicher angesprochen und verwendet werden kann, als physisch im System existiert. Das *Auslagern* (englisch: *Swapping*) geschieht für die Prozesse transparent (siehe Abb. 5.9).

Der Protected Mode kennt zwei unterschiedliche Implementierungsvarianten des virtuellen Speichers, die *Segmentierung* und das *Paging*.

5.2.3   Seitenorientierter Speicher (Paging)

Beim *seitenorientierten Speicher*, dem sogenannten *Paging*, werden die virtuellen Seiten der Prozesse auf physische Seiten im Hauptspeicher abgebildet. Die Seiten heißen in der deutschsprachigen Literatur auch *Kacheln* [102] und haben die gleiche Größe.

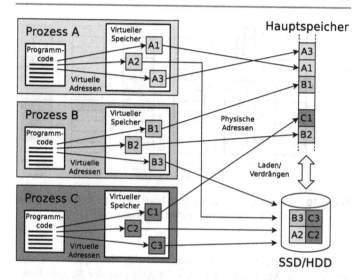

Abb. 5.9 Das Auslagern *(Swapping)* ist bei virtuellem Speicher möglich und für die Prozesse transparent [91, 99]

Die Seitengröße bei den allermeisten Hardwarearchitekturen 4 kB. Ausnahmen sind Alpha-Prozessoren und Sparc-Prozessoren. Dort ist die Seitengröße 8 kB.

Das Betriebssystem verwaltet für jeden Prozess eine Seitentabelle (englisch: *Page Table*). In dieser steht, wo sich die einzelnen Seiten des Prozesses befinden. Die virtuellen Speicheradressen bestehen aus zwei Teilen. Der werthöhere Teil enthält die Seitennummer und der wertniedrigere Teil den Offset, also eine Adresse innerhalb einer Seite. Die Länge der virtuellen Adressen hängt von der Anzahl der Busleitungen im Adressbus (siehe Abschn. 4.1.3) ab und ist darum 16, 32 oder 64 Bits.

Da die Prozesse nicht am Stück im Hauptspeicher liegen müssen, spielt externe Fragmentierung keine Rolle (siehe Abb. 5.10). Interne Fragmentierung kann nur in der letzten Seite jedes Prozesses auftreten.

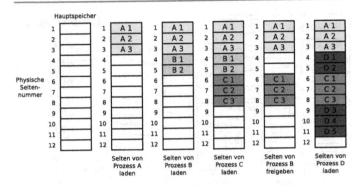

Abb. 5.10 Externe Fragmentierung spielt beim Paging keine Rolle, weil die Prozesse nicht am Stück im Hauptspeicher liegen müssen [91]

Virtuelle Speicheradressen übersetzt der Hauptprozessor mit der Memory Management Unit[9] (MMU) und der Seitentabelle in physische Adressen (siehe Abb. 5.11). Das Betriebssystem prüft bei jedem Zugriff auf eine virtuelle Adresse, ob sich deren zugeordnete physische Adresse im Hauptspeicher oder im Auslagerungsspeicher (meist auf einer SSD oder Festplatte) befindet. Befinden sich die Daten im Auslagerungsspeicher, muss das Betriebssystem die Daten in den Hauptspeicher einlesen. Ist der Hauptspeicher voll, muss das Betriebssystem andere Daten aus dem Hauptspeicher in den Auslagerungsspeicher verdrängen [95, 99].

Die durch die Hardwarearchitektur vorgegebene Seitengröße beeinflusst der Grad der internen Fragmentierung und die Länge der Seitentabellen. Kleine Seiten verursachen weniger interne

---

[9] Alle modernen Hauptprozessoren enthalten eine Memory Management Unit. Bei den gängigen Computersystemen in den 1980er Jahren war das aber nicht bei allen Prozessorfamilien der Fall. Einige Computersysteme konnten aber mit externen MMUs nachgerüstet werden und so ebenfalls einen virtuellen Speicher realisieren. Beispiele sind die Prozessoren 68010 und 68020 für die der Hersteller Motorola die externen MMUs 68451 (wurde u. a. in den Unix-Workstations der Generation Sun-2 von Sun Microsystems eingesetzt) und 68851 (wurde u. a. im Apple Macintosh II eingesetzt) anbot. Ein weiteres Beispiel ist die externe MMU 8722 von MOS Technology für den Commodore C128 Heimcomputer.

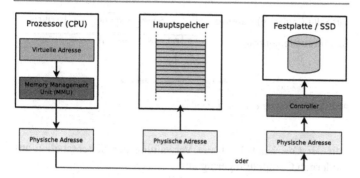

Abb. 5.11 Umwandung der virtuellen Speicheradressen in physische Adressen durch die Memory Management Unit [99]

Fragmentierung, aber dafür längere Seitentabellen und damit mehr Verwaltungsaufwand. Größere Seiten verursachen kürzere Seitentabellen, aber dafür mehr interne Fragmentierung in der letzten Seite jedes Prozesses.

Größe der Seitentabellen

Die maximale Größe der Seitentabellen gibt die folgende Formel an.

$$\text{Maximale Größe der Seitentabelle}$$
$$= \frac{\text{Größe des Virtuellen Adressraums}}{\text{Seitengröße}} * \text{Größe der Seitentabelleneinträge}$$

Dementsprechend ist die maximale Größe der Seitentabellen bei 32 Bit-Betriebssystemen auf einer Hardwarearchitektur mit 4 kB Seitengröße:

$$\frac{4\,\text{GB}}{4\,\text{kB}} * 4\,\text{Bytes} = \frac{2^{32}\,\text{Bytes}}{2^{12}\,\text{Bytes}} * 2^2\,\text{Bytes} = 2^{22}\,\text{Bytes} = 4\,\text{MB}$$

Bei 64 Bit-Betriebssystemen können die Seitentabellen der einzelnen Prozesse deutlich größer sein. Da aber die meisten im Alltag laufenden Prozesse nicht mehrere Gigabyte Speicher benötigen,

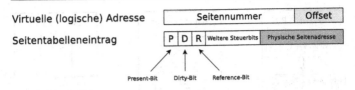

Abb. 5.12 Struktur der Seitentabellen

fällt der Overhead durch die Verwaltung der Seitentabellen auf modernen Computern gering aus.

Struktur der Seitentabellen und Adressumwandlung

Jeder Eintrag in einer Seitentabelle (siehe Abb. 5.12) enthält ein *Present-Bit,* das angibt, ob die Seite im Hauptspeicher liegt und ein *Dirty-Bit*[10], das anzeigt, ob die Seite verändert wurde. Zudem gibt es noch ein *Reference-Bit,* das angibt, ob es einen Zugriff auf die Seite gab. Dabei werden auch lesende Zugriffe berücksichtigt. Ein solches Bit ist für das Funktionieren einiger möglicher Seitenersetzungsstrategien wie zum Beispiel Clock bzw. Second Chance elementar (siehe Abschn. 5.3) [25]. Außer den beschrieben Bits enthält jeder Eintrag noch weitere Steuerbits. Diese definieren unter anderem, ob Prozesse im Benutzermodus nur lesend oder auch schreibend auf die Seite zugreifen dürfen *(Read/Write-Bit),* ob Prozesse im Benutzermodus auf die Seite zugreifen dürfen *(User/Supervisor-Bit),* ob Änderungen sofort *(Write-Through)* oder erst beim verdrängen *(Write-Back)* durchgeschrieben werden *(Write-Through-Bit)* und ob die Seite in den Cache geladen werden darf oder nicht *(Cache-Disable-Bit).* Schlussendlich enthält jeder Eintrag noch die physische Seitenadresse. Diese wird mit dem Offset der virtuellen Adresse verknüpft.

Das Prinzip der Adressumwandlung beim einstufigen Paging zeigt Abb. 5.13. Die Abbildung zeigt auch, dass es zwei Register im Hauptprozessor der Memory Management Unit ermöglichen, auf die Seitentabelle des laufenden Prozesses zuzugreifen. Dabei handelt es sich um das *Page-Table Base Register* (PTBR), das die

---

[10] Das Dirty-Bit heißt in der Literatur auch *Modified-Bit* [91,95,99].

physische Adresse enthält, wo die Seitentabelle im Hauptspeicher anfängt und das *Page-Table Length Register* (PTLR), das die Länge der Seitentabelle des laufenden Prozesses enthält.

Einstufiges Paging ist auf 16 Bit-Architekturen ausreichend, aber bereits auf 32 Bit-Architekturen realisieren die Betriebssysteme ein mehrstufiges Paging (siehe Abb. 5.14). Der Grund dafür ist die Größe der Seitentabellen beim Multitasking [91,99].

Zu Beginn dieses Abschnitts wurde berechnet, dass schon bei 32 Bit-Betriebssystemen mit 4 kB Seitengröße die Seitentabelle jedes Prozesses 4 MB groß sein kann. Bei modernen 64 Bit-Betriebssystemen können die Seitentabellen noch wesentlich größer sein. Um den Hauptspeicher zu schonen, realisieren moderne Betriebssysteme ein mehrstufiges Paging [102]. Die Seitentabelle wird dabei in mehrere kleinere Tabellen aufgespalten. Bei der Berechnung einer physischen Adresse durchläuft das Betriebssystem die Teilseiten Stufe für Stufe. Einzelne Teilseiten können bei Bedarf auf den Auslagerungsspeicher verdrängt werden, um Platz im Hauptspeicher zu schaffen.

Moderne Hardwarearchitekturen ermöglichen Betriebssystemen die Unterteilung der Seitentabelle in bis zu fünf kleinere Tabellen. Einige ausgewählte Architekturen und deren Art des Paging enthält Tab. 5.1.

Behandlung von Problemen beim Paging

Das Present-Bit in jedem Eintrag der Seitentabelle gibt an, ob sich die Seite im Hauptspeicher befindet oder nicht. Versucht ein Prozess auf eine Seite zuzugreifen, die nicht im physischen Hauptspeicher liegt, kommt es zu einer *Page Fault Ausnahme* (englisch: Page Fault Exception [91]), die in der deutschsprachigen Literatur häufig *Seitenfehler* [12,95] oder *harter Seitenfehler* [95] und seltener *Page Fault Interrupt* [28] heißt.

Den Ablauf eines Seitenfehlers und dessen Behandlung zeigt Abb. 5.15. In Schritt (1) versucht ein Prozess auf eine Seite in seinem virtuellen Speicher zuzugreifen. Das *Present-Bit* in jedem Eintrag der Seitentabelle gibt an, ob die Seite im Hauptspeicher ist oder nicht. Da die Seite nicht im Hauptspeicher ist, kommt es zum Seitenfehler. In Schritt (2) wird ein Software-Interrupt (Exception) ausgelöst, um vom Benutzermodus in den Kernelm-

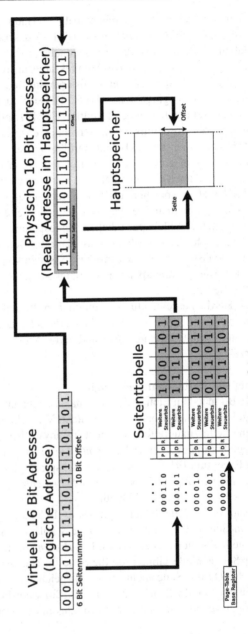

Abb. 5.13 Adressumwandlung beim Paging (einstufig)

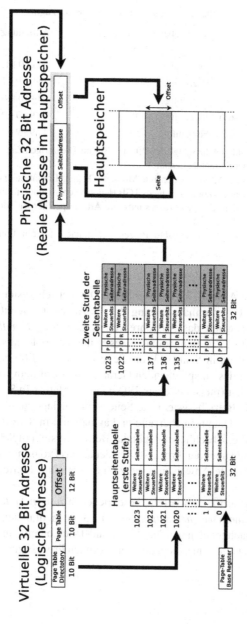

Abb. 5.14 Adressumwandlung beim Paging (zweistufig)

Tab. 5.1 Ausgewählte Architekturen und deren Art des Paging

Architektur	Seitentabelle	Virtuelle Adresslänge (Bits)	Aufteilung[a]
IA32 (x86-32)	Zweistufig	32	10+10+12
IA32 mit PAE[b]	Dreistufig	32	2+9+9+12
PPC64	Dreistufig	41	10+10+9+12
AMD64 (x86-64)	Vierstufig	48	9+9+9+9+12
Intel ab Ice Lake[c]	Fünfstufig	57	9+9+9+9+9+12

[a]Die letzte Zahl gibt die Länge des Offset in Bits an. Die übrigen Zahlen geben die Längen der Seitentabellen an

[b]PAE = Physical Address Extension. Mit dieser Paging-Erweiterung des Pentium Pro Prozessors können mehr als 4 GB Hauptspeicher vom Betriebssystem adressiert werden. Der pro Prozess nutzbare Arbeitsspeicher ist jedoch weiterhin auf 4 GB begrenzt

[c]Intel Ice Lake Xeon Scalable Prozessoren implementieren fünfstufiges Paging [43]

odus (siehe Abschn. 3.8) zu wechseln. Das Betriebssystem unterbricht die Programmausführung des Prozesses im Benutzermodus und erzwingt das Ausführen eines *Exception-Handlers* im Kernelmodus. Zur Behandlung eines Seitenfehlers lokalisiert das Betriebssystem in Schritt (3) die Seite zuerst mit Hilfe des Controllers und des entsprechenden Gerätetreibers auf dem Auslagerungsspeicher (meist auf einer SSD oder Festplatte). In Schritt (4) kopiert das Betriebssystem die Seite vom Auslagerungsspeicher in eine freie Hauptspeicherseite und aktualisiert in Schritt (5) die Seitentabelle. Abschließend gibt das Betriebssystem in Schritt (6) die Kontrolle über den Prozessor wieder an das Programm zurück. Dieses führt die Anweisung, die zum Seitenfehler führte, erneut aus [85].

Im Gegensatz zum bereits beschriebenen *harten Seitenfehler* muss bei einem *weichen Seitenfehler* die Seite nicht in den Hauptspeicher nachgeladen werden. Sie befindet sich bereits im Hauptspeicher, ist allerdings nicht dem anfragenden Prozess zugeordnet.

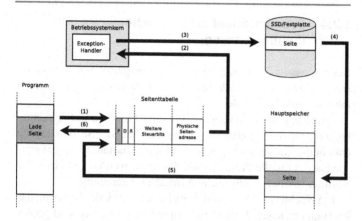

Abb. 5.15 Behandlung eines Seitenfehlers durch das Betriebssystem

Ein Beispiel für eine Situation, in der ein weicher Seitenfehler auftritt, ist wenn in einer Seite, die in den virtuellen Speicher eines weiteren Prozesses eingebunden ist, ein Schreibzugriff durchgeführt werden soll. In konkreten Fall kann die Seite nicht mehr zwischen mehreren Prozessen geteilt werden. Das Betriebssystem muss eine Kopie der Seite erstellen und den Seitentabelleneintrag anpassen. Im Gegensatz zu harten Seitenfehlern verlangsamen weiche Seitenfehler die Prozessabarbeitung nur geringfügig [95].

Eine andere Ausnahme, die das Betriebssystem im Zusammenhang mit dem Paging behandeln muss, ist die sogenannte *Schutzverletzung* (englisch: *Segmentation Fault* oder *Segmentation Violation*), die auch *Access Violation Ausnahme* oder *General Protection Fault Ausnahme* heißt. Trotz des Namens handelt es sich bei dieser Ausnahme um ein Paging-Problem, das nichts mit Segmentierung (siehe Abschn. 5.2.4) zu tun hat. Ausgelöst wird eine solche Ausnahme, wenn ein Prozess versucht (eventuell schreibend), auf eine virtuelle Speicheradresse zuzugreifen, auf die er nicht zugreifen darf. Bei einigen Windows-Betriebssystemen aus der Vergangenheit waren Schutzverletzungen häufig ein Grund für Systemabstürze und hatten einen *Blue Screen* zur Folge. Unter Linux wird als Ergebnis das Signal SIGSEGV erzeugt [36].

5.2.4 Segmentorientierter Speicher (Segmentierung)

Beim *segmentorientierten Speicher,* der sogenannten *Segmentierung,* besteht der virtuelle Speicher der Prozesse aus Segmenten unterschiedlicher Größe.

Das Betriebssystem verwaltet für jeden Prozess eine Segmenttabelle (englisch: *Segment Table*). Jeder Eintrag der Segmenttabelle enthält die Größe des Segments und seine Startadresse im Hauptspeicher. Virtuelle Adressen der Prozesse werden mit Hilfe der Segmenttabellen in physische Adressen umgerechnet.

Ein Nachteil der Segmentierung ist, dass für jedes Segment, das im Hauptspeicher abgelegt werden soll, ein entsprechend großer zusammenhängender Speicherbereich frei sein muss.

Interne Fragmentierung gibt es bei der Segmentierung nicht. Externe Fragmentierung entsteht wie beim Konzept der dynamischen Partitionierung (siehe Abschn. 5.1.2), ist aber nicht so deutlich ausgeprägt [91].

Struktur der Segmenttabellen und Adressumwandlung

Genau wie beim Paging enthält auch jeder Eintrag in einer Segmenttabelle ein *Present-Bit,* das angibt, ob die Seite im Hauptspeicher liegt (siehe Abb. 5.16). Versucht ein Programm auf ein Segment zuzugreifen, das nicht im Hauptspeicher liegt, löst das Betriebssystem eine *Segment not present*-Ausnahme aus.

Zudem enthält jeder Eintrag ein *Dirty-Bit,* das angibt, ob die Seite verändert wurde, und weitere Steuerbits, die unter anderem Zugriffsrechte definieren. Zudem enthält jeder Eintrag die Größe des Segments und die Segmentbasis. Diese wird mit dem Offset der virtuellen Adresse verknüpft. Das Prinzip der Adressumwandlung bei Segmentierung zeigt Abb. 5.17.

Virtuelle (logische) Adresse	Segmentnummer		Offset	
Segmenttabelleneintrag	P	D	Weitere Steuerbits	Länge	Segmentbasis

Abb. 5.16 Struktur der Segmenttabellen

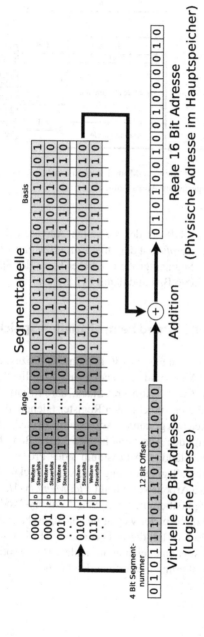

Abb. 5.17 Adressumwandlung bei Segmentierung

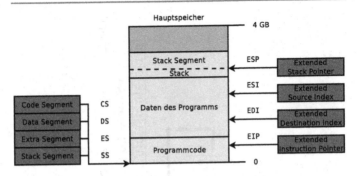

Abb. 5.18 Beim Flat Memory-Modell decken Daten-, Code-, Extra- und Stacksegment den gesamten Adressraum ab

Die Länge des Offsets der virtuellen Adressen definiert die *maximale Segmentgröße*. Ist der Offset zum Beispiel 12 Bits lang, ist die maximale Segmentgröße bei dieser Form der Speicherverwaltung $2^{12} = 4.096$ Bits und damit 512 Bytes.

5.2.5   Aktueller Stand beim virtuellen Speicher

Moderne Betriebssysteme (für x86-kompatible Prozessoren) arbeiten im Protected Mode und verwenden ausschließlich Paging. Die Segmente Data, Code, Extra und Stack, deren Startadressen im Hauptspeicher die entsprechenden Register (siehe Abschn. 5.2.1) definieren, decken den gesamten Adressraum ab (siehe Abb. 5.18). Das Beispiel zeigt den Adressraum eines 32 Bit-Betriebssystems. Damit ist der vollständige Adressraum jedes Prozesses über den Offset adressierbar. Segmentierung wird somit effektiv nicht mehr verwendet. Diese Arbeitsweise heißt *Flat Memory-Modell*.

Dass die Segmentierung beim Flat Memory-Modell keinen Speicherschutz mehr bietet wegen des nachgeschalteten Pagings kein Nachteil. Ein Vorteil dieser Form des Flat Memory-Modells ist, dass Betriebssysteme leichter auf andere Prozessorarchitekturen ohne Segmentierung portiert werden können.

5.2.6 Kernelspace und Userspace

Die Betriebssysteme unterteilen den virtuellen Adressraum jedes Prozesses in den *Kernelspace,* der auch *Kernel Address Space* heißt, und in den *Userspace,* der auch *User Address Space* heißt. Der Kernelspace ist der Bereich für den Betriebssystemkern und seine Erweiterungen/Module (Treiber). Der Userspace ist der Bereich für den aktuell ausgeführten Prozess, den das Betriebssystem um den Auslagerungsspeicher (Linux/Unix: *Swap,* Windows: *Page-File*) vergrößert.

Der virtuelle Adressraum (virtuelle Speicher) von 32 Bit-Prozessoren ist auf 4 GB pro Prozess beschränkt. Der Betriebssystemkern von Linux reserviert auf 32 Bit-Systemen standardmäßig 25 % für den Betriebssystemkern und 75 % für die Prozesse im Benutzermodus. Bei Windows auf 32 Bit-Systemen ist das Verhältnis standardmäßig 50:50 [12]. In diesem Zusammenhang spricht man auch vom sogenannten *3G/1G-* oder *2G/2G*-Split. Bei einem *3G/1G*-Split auf der Intel IA32-Architektur (x86-32) bilden die virtuellen Speicheradressen 0x00000000 bis 0xBFFFFFFF der Userspace. Diese Adressen stehen dem laufenden Prozess im Benutzermodus zur Verfügung. Auf diesen Bereich können Prozesse im Benutzermodus, aber auch im Kernelmodus zugreifen. Die virtuellen Speicheradressen 0xC0000000 bis 0xFFFFFFFF bilden der Kernelspace. Auf diese Adressen können nur Prozesse im Kernelmodus zugreifen.

64 Bit-Prozessoren mit einem 64 Bits breiten Adressbus könnten theoretisch 16 Exabyte Speicher adressieren. Bei den gängigen 64 Bit-Prozessoren ist der Adressbus aber nur 36, 44 oder 48 Bits breit (siehe Abschn. 4.1.3). Ein 48 Bits breiter Adressbus bei der Architektur AMD64 (x86-64) ermöglicht es immerhin, 256 TB Speicher zu adressieren. Diese Prozessoren arbeiten mit einem 64 Bits breiten Datenbus und die 64 Bit-Betriebssysteme zwar mit 64 Bits langen Speicheradressen, bei der Adressierung werden aber nur die 48 niederwertigsten Bits verwendet. Ist der Addressbus nur 36 oder 44 Bits breit, werden auch nur entsprechend viele niederwertigste Bits der Speicheradressen verwendet.

Wird ein 32 Bit-Prozess in einem 64 Bit-Betriebssystem ausgeführt, erhält es die ersten 4 GB des Userspace vollständig.

Einem 64 Bit-Prozess in einem 64 Bit-Betriebssystem bei
der Architektur AMD64 (x86-64), also bei einem 48 Bits
breiten Adressbus, steht die *untere Hälfte* des 256 TB großen
Addressraums im Benutzermodus zur Verfügung. Dabei handelt
es sich um die Speicheradressen 0x00000000 000000000
bis 0x00007FFF FFFFFFFF. Diese Adressen bilden nun
den Userspace. Die *obere Hälfte* des 256 TB großen Addressraums steht dem Betriebssystemkern als Kernelspace zur
Verfügung. Dabei handelt es sich um die Speicheradressen
0xFFFF8000 000000000 bis 0xFFFFFFFF FFFFFFFF.

5.3   Seitenersetzungsstrategien

Die Effizienz einer Speicherverwaltung für Hauptspeicher und
Cache zeigt sich dadurch, wie erfolgreich sie darin ist, diejenigen
Seiten im Speicher zu halten, auf die häufig zugegriffen wird. Da
schneller Speicher ein knappes Gut ist, muss die Speicherverwaltung versuchen, diejenigen Seiten im Speicher zu identifizieren,
auf die in naher Zukunft vermutlich nicht zugegriffen wird und
diese bei weiteren Speicheranforderungen zu verdrängen.

Bei einer Anfrage an einen Speicher sind prinzipiell zwei Ergebnisse möglich. Liegen die angefragten Daten im Speicher, handelt es sich um einen Treffer (englisch: *Hit*). Alternativ sind die
angefragten Daten nicht im Speicher vorhanden (englisch: *Miss*).
Darauf basierend kann die Effizienz einer Speicherverwaltung mit
Hilfe der beiden Kennzahlen *Hitrate* und *Missrate* bewerten werden.

Die Division der Anzahl der Anfragen an den Speicher mit dem
Ergebnis Hit durch die Anzahl aller Anfragen liefert als Ergebnis
einen Wert zwischen Null und Eins. Dabei handelt es sich um
die Hitrate. Je höher die Hitrate ist, desto effizienter arbeitet die
Speicherverwaltung im konkreten Anwendungsszenario.

Die Missrate ergibt sich aus der Division der Anzahl der Anfragen an den Speicher mit dem Ergebnis Miss durch die Anzahl aller
Anfragen oder alternativ: Missrate = 1 − Hitrate.

Die folgenden Unterabschnitte beschreiben die Arbeitsweise einiger Seitenersetzungsstrategien, deren Vor- und Nachteile sowie typische Einsatzbereiche. Dieses Buch präsentiert zu jeder Seitenersetzungsstrategie ein Beispiel mit einer bestimmten Anfragesequenz auf einen initial leeren Speicher mit endlicher Kapazität. Konkret stellen diese *Anfragen* Anforderungen an Seiten im virtuellen Adressraum eines Prozesses dar. Wenn eine angefragte Seite nicht schon im Cache ist, muss das Betriebssystem sie aus dem Hauptspeicher oder gar aus dem Auslagerungsspeicher (Swap) nachladen.

Die folgenden Abschnitte enthalten Beschreibungen und Beispiele der optimalen Strategie, von Least Recently Used und Least Frequently Used, FIFO, Clock bzw. Second Chance und Random. Es handelt sich hierbei um keine vollständige Liste der existierenden Seitenersetzungsstrategien. Weitere Verfahren wie Time To Live oder Most Frequently Used (MFU) werden aus Platzgründen – und weil sie in der Praxis eine untergeordnete Rolle spielen – in diesem Buch nicht weiter behandelt.

5.3.1 Optimale Strategie

Die *optimale Seitenersetzungsstrategie* verdrängt immer diejenige Seite, auf die am längsten in der Zukunft nicht zugegriffen wird. Ein offensichtlicher Nachteil dieses Verfahrens ist, dass es wegen der Unvorhersehbarkeit der Zukunft unmöglich zu implementieren ist. In der Praxis können die Betriebssysteme nur die Speicherzugriffe in der Vergangenheit auswerten und versuchen, daraus Rückschlüsse auf zukünftige Anforderungen zu ziehen [28]. Relevant ist die optimale Strategie einzig zum Vergleich mit anderen Seitenersetzungsstrategien und der Bewertung von deren Effizienz. Sie liefert ein Ergebnis, dem die Speicherverwaltung von Betriebssystemen in der Praxis möglichst nahe kommen sollen [102].

Abb. 5.19 zeigt, dass die angegebene Sequenz aus 12 Anfragen auf einen initial leeren Speicher mit einer Kapazität von nur drei Seiten unter Verwendung der optimalen Strategie zu sieben Miss-Ereignissen führt. Konsequenterweise ist die Hitrate $\approx 0{,}42$ und

Anfragen:	**1**	**2**	**3**	**4**	**1**	**2**	**5**	**1**	**2**	**3**	**4**	**5**
1. Seite:	1	1	1	1	1	1	1	1	1	3	3	3
2. Seite:		2	2	2	2	2	2	2	2	4	4	
3. Seite:			3	4	4	4	5	5	5	5	5	5

Abb. 5.19 Beispiel der optimalen Seitenersetzungsstrategie

die Missrate $\approx$ 0,58. Diejenigen Seiten, die in Abb. 5.19 grau hinterlegt sind, sind die neu in den Speicher geladenen Seiten, also die Miss-Ereignisse.

5.3.2 Least Recently Used

Die Seitenersetzungsstrategie *Least Recently Used* (LRU) verdrängt diejenige Seite, auf die am längsten nicht zugegriffen wurde. Dafür verwaltet das Betriebssystem eine Warteschlange (Queue), in der die Seitennummern eingereiht sind. Wird eine Seite in den Speicher geladen oder auf diese zugegriffen, wird sie am Anfang der Warteschlange eingereiht. Ist der Speicher voll und es kommt zum Miss, lagert das Betriebssystem die Seite am Ende der Warteschlange aus. Ein Nachteil dieses Verfahrens ist, dass es nicht die Zugriffshäufigkeit berücksichtigt.

Anfragen:	**1**	**2**	**3**	**4**	**1**	**2**	**5**	**1**	**2**	**3**	**4**	**5**
1. Seite:	1	1	1	4	4	4	5	5	5	3	3	3
2. Seite:		2	2	2	1	1	1	1	1	1	4	4
3. Seite:			3	3	3	2	2	2	2	2	2	5

Queue:	1	2 1	3 2 1	4 3 2	1 4 3	2 1 4	5 2 1	1 5 2	2 1 5	3 2 1	4 3 2	5 4 3

Abb. 5.20 Beispiel der Seitenersetzungsstrategie LRU

Anfragen:	1	2	3	4	1	2	5	1	2	3	4	5
1. Seite:	1_1	1_1	1_1	4_1	4_1	4_1	5_1	5_1	5_1	3_1	4_1	5_1
2. Seite:		2_1	2_2	2_2	1_1	1_1	1_2	1_2	1_2	1_2	1_2	1_2
3. Seite:			3_1	3_1	3_1	2_2	2_2	2_2	2_2	2_2	2_2	2_2

Abb. 5.21 Beispiel der Seitenersetzungsstrategie LFU

Abb. 5.20 zeigt, dass die aus Abschn. 5.3.1 bereits bekannte Anfragesequenz auf einen initial leeren Speicher mit einer Kapazität von drei Seiten bei Verwendung von LRU zu zehn Miss-Ereignissen führt. Die Hitrate ist somit $\approx 0,17$ und die Missrate $\approx 0,83$.

5.3.3 Least Frequently Used

Bei der Strategie *Least Frequently Used* (LFU) verdrängt das Betriebssystem diejenige Seite, auf die am wenigsten häufig zugegriffen wurde. Um diese Strategie zu realisieren, verwaltet das Betriebssystem für jede Seite in der Seitentabelle einen Referenzzähler, der die Anzahl der Zugriffe speichert.

Sind alle Speicherplätze in einem mit LFU verwalteten Speicher belegt und kommt es zum Miss, wird diejenige Seite aus dem Speicher verdrängt, deren Referenzzähler den niedrigsten Wert hat. Ein Vorteil dieses Verfahrens ist, dass es die Zugriffshäufigkeit der Seiten berücksichtigt. Ein sich daraus ergebender Nachteil ist allerdings, dass Seiten, auf die in der Vergangenheit häufig zugegriffen wurde, den Speicher blockieren können.

Abb. 5.21 zeigt, dass die aus Abschn. 5.3.1 bereits bekannte Anfragesequenz auf einen initial leeren Speicher mit einer Kapazität von drei Seiten bei Verwendung von LFU zu 10 Miss-Ereignissen führt. Die Hitrate in diesem Szenario ist $\approx 0,17$ und die Missrate $\approx 0,83$.

Anfragen:	1	2	3	4	1	2	5	1	2	3	4	5
1. Seite:	1	1	1	4	4	4	5	5	5	5	5	5
2. Seite:		2	2	2	1	1	1	1	1	3	3	3
3. Seite:			3	3	3	2	2	2	2	2	4	4

	1	2	3	4	1	2	5	1	2	3	4	5
1. Seite:	1	1	1	1	1	1	5	5	5	5	4	4
2. Seite:		2	2	2	2	2	2	1	1	1	1	5
3. Seite:			3	3	3	3	3	3	2	2	2	2
4. Seite:				4	4	4	4	4	4	3	3	3

Abb. 5.22 Beispiel der Seitenersetzungsstrategie FIFO mit einer Anfragesequenz, die Belady's Anomalie zeigt

5.3.4 First In First Out

Die Seitenersetzungsstrategie *First In First Out* (FIFO) verdrängt immer diejenige Seite, die sich am längsten im Speicher befindet. Eine logische Annahme bei der Verwendung von FIFO ist, dass wie bei allen anderen Seitenersetzungsstrategien eine Vergrößerung des Speichers bei gleichbleibender Anfragesequenz zu weniger oder schlechtestenfalls gleich vielen Miss-Ereignissen führt. Diese Annahme wurde für FIFO 1969 durch Laszlo Belady wiederlegt. Er zeigte, dass bei bestimmten Zugriffsmustern FIFO bei einem vergrößerten Speicher zu mehr Miss-Ereignissen führt [5]. Dieses Phänomen heißt in der Literatur *Belady's Anomalie*. Seit der Entdeckung von Belady's Anomalie wird FIFO, wenn es denn überhaupt noch verwendet wird, meist einer anderen Seitenersetzungsstrategie nachgeschaltet.

Abb. 5.22 zeigt ein Beispiel für FIFO, bei dem Belady's Anomalie sichtbar ist. Bei einem initial leeren Speicher mit einer Kapazität von vier Seiten führt die Verwendung von FIFO bei der gegebenen Anfragesequenz zu 10 Miss-Ereignissen. Bei einem kleineren Speicher mit einer Kapazität von drei Seiten führt die Anfragesequenz nur zu neun Miss-Ereignissen.

Anfragen:	1	2	3	4	1	2	5	1	2	3	4	5
1. Seite:	$_01^x$	$_01$	$_01$	$_04^x$	$_04$	$_04$	$_05^x$	$_05$	$_05$	$_03^x$	$_04^x$	$_04$
2. Seite:		$_02^x$	$_02$	$_02$	$_01^x$	$_01$	$_01$	$_11^x$	$_11$	$_11$	$_01$	$_05^x$
3. Seite:			$_03^x$	$_03$	$_03$	$_02^x$	$_02$	$_02$	$_12^x$	$_12$	$_02$	$_02$

Abb. 5.23 Beispiel der Seitenersetzungsstrategie Clock bzw. Second Chance

5.3.5 Clock/Second Chance

Bei *Clock,* das auch *Second Chance* heißt, berücksichtigt das Betriebssystem bei die Auswahl der nächsten zu ersetzenden Seite das *Reference-Bit* (siehe Abschn. 5.2.3) in der Seitentabelle [28,99]. Wird eine Seite in den Speicher geladen, hat das Reference-Bit den Wert Null. Wird auf eine Seite zugegriffen, ändert das Betriebssystem den Wert des Reference-Bits auf den Wert Eins.

Zudem verwaltet das Betriebssystem einen Zeiger, der auf die zuletzt zugegriffene Seite zeigt. Beim Miss wird der Speicher ab dem Zeiger nach der ersten Seite durchsucht, deren Reference-Bit den Wert Null hat. Diese Seite wird ersetzt. Bei allen bei der Suche durchgesehenen Seiten, bei denen das Reference-Bit den Wert Eins hat, wird der Wert auf Null zurückgesetzt. Beim Suchen nach einer geeigneten Seite zum Verdrängen erhalten also Seiten, auf die in der Vergangenheit nach dem Laden in den Speicher mindestens ein weiteres Mal zugegriffen wurde, eine zweite Chance.

Abb. 5.23 zeigt, dass die aus Abschn. 5.3.1 bereits bekannte Anfragesequenz auf einen initial leeren Speicher mit einer Kapazität von drei Seiten bei Verwendung von Clock bzw. Second Chance zu 10 Miss-Ereignissen führt. Die Hitrate ist somit $\approx 0,17$ und die Missrate $\approx 0,83$.

Beispiele für Betriebssysteme, die diese Ersetzungsstrategie oder Varianten davon verwenden, sind Linux, BSD-Unix, VAX/VMS (ursprünglich von der Digital Equipment Corporation) und Microsoft Windows NT 4.0 auf Uniprozessor-Systemen [84,86].

5.3.6 Random

Bei der Seitenersetzungsstrategie Random werden zufällige Seiten
verdrängt. Da dieses Verfahren ohne zusätzliche Verwaltungsinformationen in der Seitentabelle auskommt, ist es ressourcenschonen-
der als andere Strategien. Zudem muss nicht wie zum Beispiel bei
Second Chance langwierig nach einer Seite gesucht werden, die
verdrängt werden kann. Nachteilig ist dafür, dass unter Umständen
häufig verwendete Seiten aus dem Speicher verdrängt werden, was
wiederum durch das spätere Nachladen zu Geschwindigkeitsver-
lusten führt.

Beispiele für Betriebssysteme, die die Ersetzungsstrategie Random einsetzen, sind IBM OS/390 und Windows NT 4.0 auf
Multiprozessor-Systemen [59,84]. Ein weiteres Einsatzbeispiel
ist der Intel i860 RISC-Prozessor. Dieser verwendet Random als
Ersetzungsstrategie für den Cache [80].

Dateisysteme

Neben der Verwaltung des Hauptspeichers und des Cache (siehe Kap. 5) gehört auch die Verwaltung des Massenspeichers (zum Beispiel Solid State Drives und Festplatten) mit Dateisystemen zu den Aufgaben der Betriebssysteme. Dateisysteme organisieren die Ablage von Dateien[1] auf Datenspeichern. Dateisysteme verwalten die Namen und Attribute (Metadaten) der Dateien und bilden einen Namensraum, also eine Hierarchie von Verzeichnissen und Dateien.

Dateisysteme abstrahieren die Komplexität der Datenhaltung auf Massenspeicher dahingehend, dass die Prozesse und Benutzer auf Dateien abstrakt über deren Dateinamen ansprechen können und nicht direkt auf die einzelnen Speicheradressen der Dateien zugreifen müssen. Diesen Zugewinn an Komfort sollen die Dateisysteme mit möglichst wenig Aufwand (Overhead) für Verwaltungsinformationen realisieren.

Zu Beginn dieses Kapitels erfolgt eine Beschreibung der technischen Grundlagen der Linux-Dateisysteme, gefolgt von einer Beschreibung der technischen Grundlagen der Dateisysteme von MS-DOS und Windows. Abschließend enthält das Kapitel eine

---

[1] Dateien sind Folgen von Bytes, die inhaltlich zusammengehörende Daten repräsentieren.

© Springer-Verlag GmbH Deutschland, ein Teil von
Springer Nature 2022
C. Baun, *Betriebssysteme kompakt*, IT kompakt,
https://doi.org/10.1007/978-3-662-64718-9_6

Tab. 6.1 Vor- und Nachteile einer Vergrößerung bzw. Verkleinerung der Cluster in Dateisystemen

	Je kleiner die Cluster, desto…	Je größer die Cluster desto…
Vorteil	Weniger Kapazitätsverlust durch interne Fragmentierung	Weniger Verwaltungsaufwand für große Dateien
Nachteil	Mehr Verwaltungsaufwand für große Dateien	Mehr Kapazitätsverlust durch interne Fragmentierung

Auseinandersetzung mit den Themen Journaling, Extents, Copy-on-Write, Dateisystem-Cache und Defragmentierung.

6.1   Technische Grundlagen der Dateisysteme

Dateisysteme adressieren *Cluster* und nicht Blöcke des Datenträgers. Jede Datei belegt eine ganzzahlige Anzahl von Clustern. In der Literatur heißen die Cluster häufig *Blöcke* [91, 95] und seltener *Zonen* [98]. Das führt leicht zu Verwechslungen mit den Sektoren der Laufwerke, die in der Literatur auch manchmal Blöcke heißen. Die Clustergröße[2] ist wichtig für die Effizienz des Dateisystems (siehe Tab. 6.1). Je größer die Cluster sind, desto mehr Speicher geht durch interne Fragmentierung verloren.

---

[2] Ein einfaches Beispiel zeigt die Konsequenzen der unterschiedlichen Clustergrößen. Soll beispielsweise eine 1 kB große Datei auf einem Dateisystem mit 4 kB großen Clustern gespeichert werden, gehen 3 kB durch interne Fragmentierung verloren. Soll die gleiche Datei auf einem Dateisystem mit 64 kB großen Clustern gespeichert werden, gehen 63 kB verloren. Die Clustergröße kann mit gewissen Einschränkungen beim Anlegen des Dateisystems definiert werden. Unter Linux gilt: Clustergröße ≤ Seitengröße. Wie in Abschn. 5.1.3 beschrieben, hängt die Seitengröße von der verwendeten Hardwarearchitektur ab und ist meist 4 kB.

6.2 Blockadressierung bei Linux-Dateisystemen

Wird in einem Linux-Dateisystem eine *Datei* angelegt, wird immer auch ein *Indexknoten,* genannt *Inode (Index Node),* angelegt. Dieser speichert alle Verwaltungsdaten *(Metadaten)* einer Datei außer den Dateinamen. Metadaten sind unter anderem Dateigröße, Benutzerzugehörigkeit (User-ID = UID), Gruppenzugehörigkeit (Group-ID = GID), Zugriffsrechte und Datum einer Datei. Jeder Inode wird über seine im Dateisystem eindeutige Inode-Nummer[3] identifiziert. Neben der wohldefinierten Ablage der Verwaltungsdaten verweist der Inode jeder Datei auch auf Cluster, welche die eigentlichen Daten der Datei enthalten.

Alle Linux-Dateisysteme basieren auf dem Funktionsprinzip der Inodes. Auch ein *Verzeichnis* ist nichts anderes als eine Datei, die als Inhalt für jede dem Verzeichnis zugewiesene Datei den Dateinamen und die zugehörigen Inode-Nummer enthält [12,39].

Linux-Dateisysteme arbeiten traditionell nach dem Prinzip der *Blockadressierung.* Eigentlich ist dieser Begriff irreführend, da die Dateisysteme immer *Cluster* adressieren und nicht Blöcke (des Datenträgers), wie bereits erwähnt. Weil der Begriff aber seit Jahrzehnten in der Literatur etabliert ist, wird er auch in diesem Buch verwendet. Linux-Dateisystemen, die Blockadressierung verwenden, sind unter anderem Minix und ext2/3.

Abb. 6.1 zeigt die Blockadressierung am Beispiel der Linux-Dateisysteme ext2/3. Jeder Inode speichert außer den Metadaten der Datei (mit Ausnahme des Dateinamens) bis zu 12 Clusternummern direkt. Benötigt eine Datei mehr Cluster, wird indirekt adressiert mit Clustern, deren Inhalt die weiteren Clusternummern der Datei sind.

---

[3] Da jeder Inode eine eindeutige Inode-Nummer hat, und der Adressraum endlich ist, kann es vorkommen, dass in einem Dateisystem, das viele kleine Dateien speichert, keine Inode-Nummern mehr frei sind. Im Ergebnis können dann keine weiteren Dateien im Dateisystem erstellt werden, obwohl noch freie Speicherkapazität vorhanden ist. Hilfreich ist bei solchen Situationen das Kommando df -i. Dieses zeigt, wie groß der Adressraum an Inodes in den eingebunden Dateisystemen des Linux-Systems ist und wie viele Inode-Nummern auf den einzelnen Dateisystemen noch verfügbar sind.

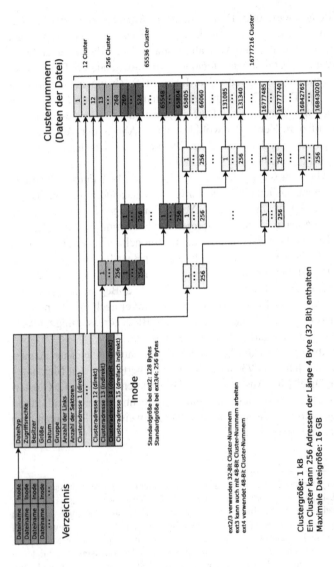

Abb. 6.1 Blockadressierung bei den Dateisystemen ext2/3

In Abb. 6.1 ist zu sehen, dass bei einer Clustergröße im Dateisystem von 1 kB jeder Inode nur 12 kB einer Datei direkt adressieren kann. Benötigt eine Datei mehr Speicherplatz, müssen weitere Cluster indirekt adressiert werden. Die Dateisysteme ext2 und ext3 verwenden 32 Bit (= 4 Byte) lange Clusternummern. Jeder 1 kB große Cluster kann also maximal 256 Adressen weiterer Cluster speichern [39]. Somit muss ein ext2/3-Dateisystem mit 1 kB großen Clustern für alle Dateien mit einer Dateigröße von > 12 kB und ≤ 268 kB einen weiten Cluster zur Speicherung von Clusternummern verwalten. Bei noch größeren Dateien muss das Dateisystem entsprechend zweifach-indirekt oder sogar dreifach-indirekt adressieren. Auf diese Weise kann ein ext2/3-Dateisystem mit 1 kB große Clustern eine maximale Dateigröße von 16 GB realisieren. Bei derart grossen Dateien ist allerdings auch der Verwaltungsaufwand enorm. Man bedenke, wie viele Cluster angepasst werden müssen, wenn sich die Größe einer mehrere Gigabyte großen Datei ändert oder wenn eine große Datei gar auf ein anderes Dateisystem mit Blockadressierung verschoben wird.

An dieser Stelle wird auch deutlich, wie groß der Einfluss der Clustergröße auf den Verwaltungsaufwand ist. Bei 2 kB bzw. 4 kB Clustergröße können bei Dateien bis zu einer Dateigröße von 24 kB bzw. 48 kB alle Cluster direkt adressiert werden. Dafür steigt der Kapazitätsverlust durch interne Fragmentierung, weil es in der Praxis auch immer Dateien im Dateisystem gibt, die kleiner als die Clustergröße sind.

Die folgenden beiden Abschnitte beschreiben die Funktionsweise der Dateisysteme Minix und ext2/3, die nach dem Prinzip der Blockadressierung arbeiten und in der Entwicklungsgeschichte von Linux eine große Rolle gespielt haben.

6.2.1 Minix

Der Name *Minix* steht in erster Linie für das Unix-ähnliche Betriebssystem, das seit Mitte der 1980er Jahre federführend von Andrew Tanenbaum ursprünglich als Lehrsystem entwickelt wurde. Gleichzeitig bezeichnet Minix aber auch das Minix-Dateisystem, das bis 1992 das Standard-Dateisystem von Linux war.

Das Minix-Dateisystem zeichnet sich besonders durch seinen geringen Verwaltungsaufwand aus. Auch wenn es in der Praxis unter Linux heute kaum noch eine Rolle mehr spielt, ist eine Beschreibung seiner gut verständlichen Struktur und seiner Eigenschaften für einen Einstieg in das Thema Dateisysteme sinnvoll.

Ein Minix-Dateisystem enthält nur sechs Bereiche und der Datenspeicher wird bei Minix als lineare Kette gleichgroßer Cluster (1–8 kB) dargestellt.

Abb. 6.2 zeigt die Struktur eines Minix-Dateisystems. Der *Bootblock* enthält den Boot-Loader, der das Betriebssystem startet. Der *Superblock* enthält Informationen über das Dateisystem. Zum Beispiel ist hier die Anzahl der Inodes und Cluster angegeben. Die *Inodes-Bitmap* enthält eine Liste aller Inodes mit der Information, ob der Inode belegt (Wert: 1) oder frei (Wert: 0) ist. Das *Cluster-Bitmap* enthält eine Liste aller Cluster mit der Information, ob der Cluster belegt (Wert: 1) oder frei (Wert: 0) ist. Der darauf folgende Bereich enthält die Inodes mit den Metadaten der gespeicherten Dateien. Abschließend folgt der Bereich, der die Inhalte der Dateien und Verzeichnisse enthält. Dies ist der mit Abstand größte Bereich im Dateisystem.

Die Anfang der 1990er Jahre aktuelle Version des Minix-Dateisystems arbeitete mit 16 Bits langen Clusternummern und 1 kB großen Clustern. Aus diesem Grund konnten pro Dateisystem $2^{16} = 65.536$ Inodes (also Dateien) angelegt werden. Die maximale Dateisystemgröße waren 64 MB. Diese Limitierung ergibt sich aus der Anzahl der möglichen Clusternummern und der Clustergröße.

$$2^{16} \text{ Clusternummern} * 1 \text{ kB Clustergröße} = 65.536 \text{ kB} = 64 \text{ MB}$$

Bereich 1	Bereich 2	Bereich 3	Bereich 4	Bereich 5	Bereich 6
Bootblock (1 Cluster)	Superblock (1 Cluster)	Inodes-Bitmap (1 Cluster)	Cluster-Bitmap (1 Cluster)	Inodes (15 Cluster)	Daten (Restliche Cluster)

Abb. 6.2 Struktur eines Minix-Dateisystems

Die Versionen 2 und 3 des Minix-Dateisystems haben großzügigere Parameter, spielten zum Zeitpunkt ihres Erscheinens aber unter Linux schon keine signifikante Rolle mehr.

Das freie Betriebssystem Minix war die allermeiste Zeit während seiner Entwicklung nur im akademischen Kontext relevant, konnte aber seit ca. 2015 einen erstaunlichen Zuwachs an Nutzung verzeichnen. Es wird intensiv auf den meisten Desktops und Server-Systemen mit Intel-Prozessoren eingesetzt, auch wenn deren Benutzer und Administratoren davon nichts mitbekommen. Der Grund dafür ist, das in Intel-Chipsätzen (bis ca. 2008 in der Northbridge, danach im Platform Controller Hub – siehe Abschn. 4.1.3) mit der sogenannten Management Engine (ME) ab Version 11 intern das Betriebssystem Minix 3 als Firmware mit dem Namen Intel Active Management Technology (AMT) läuft. Dieser Umstand ist durchaus kritisch zu sehen, da es sich hierbei um einen Co-Prozessor mit dauerhaft laufendem Betriebssystem handelt [26]. Das System hat vollständigen Zugriff auf den Hauptspeicher und einen großen Teil der Hardware inklusive der Ethernet-Schnittstellen. Zudem kann die Management Engine von den Benutzern und Administratoren auf den allermeisten Systemen weder kontrolliert, noch entfernt werden, und läuft solange der Computer am Strom ist, also auch wenn der Hauptprozessor abgeschaltet ist [16]. Die Management Engine wird von Intel als kryptografisch signierte Binärdatei ausgeliefert und ist kaum dokumentiert. Welches Dateisystem das von Intel eingesetzte und vermutlich stark veränderte Minix 3 in der Management Engine verwendet, ist allerdings nicht bekannt.

6.2.2 ext2/3/4

Bei den Dateisystemen ext2 *(Second Extended Filesystem)*, ext3 *(Third Extended Filesystem)* und ext4 *(Fourth Extended Filesystem)* werden die Cluster des Dateisystems in sogenannten *Blockgruppen* (siehe Abb. 6.3) gleicher Größe zusammengefasst. Die Informationen über die Metadaten und freien Cluster jeder Blockgruppe werden in der jeweiligen Blockgruppe verwaltet. Ein Vorteil der Blockgruppen ist, dass die Inodes, und damit die Meta-

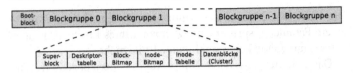

Abb. 6.3 Bei den Dateisystemen ext2, ext3 und ext4 liegen dank Blockgruppen die Inodes, und damit die Metadaten, physisch nahe bei den Clustern, die sie adressieren

daten, physisch nahe bei den Clustern liegen, die sie adressieren. Diese Form der Datenorganisation kann besonders auf Festplatten (siehe Abschn. 4.4.4) vorteilhaft sein, weil somit Suchzeiten und *Fragmentierung* reduziert werden [15].

Bei Flash-Speicher, zum Beispiel bei einer SSD (siehe Abschn. 4.4.5), verteilt der interne Controller die Daten anhand eines *Wear Leveling*-Algorithmus auf die vorhandenen Speicherzellen. Darum sind bei einer SSD auch mit den Dateisystemen ext2/3/4 die Metadaten nicht zwingend physisch nahe bei den Clustern, die sie adressieren. Das spielt aber keine Rolle, weil die Position der Daten in den einzelnen Speicherzellen eines Flash-Speichers für die Zugriffsgeschwindigkeit irrelevant ist und darum Fragmentierung bei Flash-Speichern generell keine negativen Auswirkungen hat.

Die maximale Größe einer Blockgruppe entspricht der achtfachen Clustergröße in Bytes. Beträgt beispielsweise so wie in Abb. 6.1 die Clustergröße eines Dateisystems 1024 Bytes, kann jede Blockgruppe maximal 8192 Cluster umfassen. Die Standardmäßige Clustergröße ist 4096 Bytes. In einem solchen Fall kann jede Blockgruppe maximal 32.768 Cluster umfassen und die maximale Blockgröße ist 32.768 Cluster * 4096 Bytes Clustergröße = 128 MB.

Vor der ersten Blockgruppe (siehe Abb. 6.3) befindet sich der 1 kB große *Bootblock*. Dieser enthält den Bootmanager, der das Betriebssystem startet.

Jede Blockgruppe enthält zu Beginn eine *Kopie des Superblocks*. Der Superblock enthält Informationen über das Dateisystem wie zum Beispiel die Anzahl der Inodes und Cluster im Dateisystem und die Anzahl der freien Inodes und Cluster in jeder

Blockgruppe. Die Kopien des Superblocks erlauben im Fehlerfall eine Reparatur des Original-Superblocks.

Jede *Deskriptor-Tabelle* enthält Informationen über die jeweilige Blockgruppe, in der sie sich befindet. Zu diesen Informationen gehören unter anderem die Clusternummern der Bereiche *Block-Bitmap* und *Inode-Bitmap*, sowie die Anzahl der freien Cluster und Inodes in der Blockgruppe. Die *Block-Bitmap* und der *Inode-Bitmap* sind jeweils einen Cluster groß. Diese beiden Bereiche enthalten die Information, welche Cluster und welche Inodes in der jeweiligen Blockgruppe belegt sind. Am Anschluss an die beiden Bitmaps folgt in jeder Blockgruppe ein Bereich mit der Inode-Tabelle, die die Inodes der Blockgruppe enthält. Die restlichen Cluster jeder Blockgruppe sind für die Inhalte der Dateien[4] nutzbar.

Das Dateisystem ext2 löste 1992/1993 Minix als Standard-Dateisystem unter Linux ab und wurde selbst erst um das Jahr 2001 von ext3 abgelöst. Der einzige Unterschied zwischen den beiden Dateisystemen ist, dass ext3 ein sogenanntes Journal (siehe Abschn. 6.4) führt, in dem die Schreibzugriffe vor ihrer Ausführung gesammelt werden. Die maßgebliche Weiterentwicklung von ext4 ist die Extent-basierte Adressierung (siehe Abschn. 6.5.1).

Gegenüber seinen Nachfolgern ext3/4 sowie gegenüber anderen, modernen Dateisystem wirkt ext2 veraltet. Dennoch kann seine Verwendung zum Beispiel auf Flash-Speichern (z. B. USB-Sticks) mit wenigen Gigabyte Kapazität sinnvoll sein, weil das Fehlen eines Journals und der geringe Aufwand für Verwaltungsinformationen sich positiv auf die Lebensdauer der Speicherzellen auswirkt [71].

---

[4] Wie zu Beginn von Abschn. 6.2 bereits beschrieben, ist ein Verzeichnis auch nichts anderes als eine (Text-)Datei, die als Inhalt für jede dem Verzeichnis zugewiesene Datei den Dateinamen und die zugehörige Inode-Nummer enthält.

Tab. 6.2 Maximale
Dateigröße und
Dateisystemgröße von
ext2 und ext3 bei
unterschiedlich großen
Clustern

Clustergröße	Maximale Dateigröße	Maximale Dateisystemgröße
1 kB	16 GB	4 TB
2 kB	256 GB	8 TB
4 kB	2 TB	16 TB

Tab. 6.2 enthält die maximale Dateigröße und Dateisystemgröße[5] bei unterschiedlich großen Clustern unter Linux. Bei ext4 (siehe Abschn. 6.5.1) gelten wegen der Extent-basierten Adressierung andere Grenzen.

6.3   Dateisysteme mit Dateizuordnungstabellen

Das Dateisystem *File Allocation Table* (FAT) basiert auf der gleichnamigen Datenstruktur, deren deutsche Bezeichnung *Dateizuordnungstabelle* ist. Die FAT ist eine Tabelle fester Größe, die für jeden Cluster des Dateisystems einen Eintrag enthält, der angibt ob der Cluster frei, das Medium an dieser Stelle beschädigt oder der Cluster von einer Datei belegt ist. Im letzten Fall speichert der FAT-Eintrag die Adresse des nächsten Clusters, der zu dieser Datei gehört oder er zeigt das Ende der Datei mit dem Eintrag EOF *(End-Of-File)* an. Die Cluster einer Datei bilden in der FAT somit eine verkettete Liste, die sogenannte *Clusterkette*.

---

[5] Wie in Abschn. 6.2 schon beschrieben wurde, hängt die maximale Dateigröße von der Clustergröße ab. Das gleiche gilt auch für die maximale Dateisystemgröße. Dort wurde auch schon rechnerisch gezeigt, wie sich die maximale Dateigröße für 1 kB große Cluster ergibt. Die maximale Dateisystemgröße berechnet sich genau wie bei Minix in Abschn. 6.2 aus der Anzahl der möglichen Clusternummern und der Clustergröße. Bei 32 Bits langen Clusternummern und 1 kB großen Clustern berechnet sich die maximale Dateisystemgröße wie folgt: $2^{32} * 1$ kB Clustergröße = 4.294.967.296 kB = 4.194.304 MB = 4.096 GB = 4 TB

Bereich 1	Bereich 2	Bereich 3	Bereich 4	Bereich 5	Bereich 6
Bootsektor	Reservierte Sektoren	FAT1	FAT2	Stamm-verzeichnis	Daten

Abb. 6.4 Struktur eines Dateisystems mit einer File Allocation Table (FAT)

Es existieren verschiedene Versionen des FAT-Dateisystems, wovon besonders FAT12, FAT16, FAT32 eine signifikante Verbreitung hatten, da Sie über Jahrzehnte die Standard-Dateisysteme der Betriebssystemfamilien DOS und Windows waren. Die jüngeren FAT-Versionen sind nach wie vor Standard bei mobilen Flash-Speichern wie USB-Sticks und SD-Karten. Die Zahl im Versionsnamen eines FAT-Dateisystems gibt die Länge der Clusternummern an.

Abb. 6.4 zeigt die Struktur eines Dateisystems mit (mindestens) einer FAT. Im *Bootsektor* liegen ausführbarer x86-Maschinencode, der das Betriebssystem starten soll, und Informationen über das Dateisystem. Zu diesen Informationen gehören:

- die Blockgröße[6] des Speichermediums (512, 1024, 2048 oder 4096 Bytes),
- die Anzahl der Blöcke pro Cluster,
- die Anzahl der Blöcke (Sektoren) auf dem Speichermedium,
- eine Beschreibung des Speichermediums und
- eine Angabe der FAT-Version.

Zwischen Bootsektor und (erster) FAT können sich optionale *reservierte Sektoren,* z. B. für den Bootmanager, befinden. In der FAT sind alle Cluster im Dateisystem, inklusive der Angabe, ob der Cluster frei, belegt oder defekt ist, erfasst. Die Konsistenz der FAT ist für die Funktionalität des Dateisystems elementar. Darum

---

[6] Insbesondere bei magnetischen, rotierenden Datenträgern wie Festplatten (siehe Abschn. 4.4.4) und Disketten werden die Blocks meist als Sektoren bezeichnet. In diesem Fall wäre der Begriff Sektorgröße anstatt Blockgröße passender.

existiert üblicherweise[7] eine Kopie der FAT, um bei Datenverlust
noch eine vollständige FAT als Backup zu haben. Im Anschluss
an die FAT befindet sich das *Stammverzeichnis* (Wurzelverzeichnis). Dort ist jede Datei und jedes Verzeichnis durch einen Eintrag
repräsentiert.

Bei den Dateisystemen FAT12 und FAT16 befindet sich das
Stammverzeichnis direkt hinter der FAT und hat eine feste Größe.
Die maximale Anzahl an Verzeichniseinträgen ist somit begrenzt.
Bei FAT32 kann sich das Stammverzeichnis an einer beliebigen
Position im Datenbereich befinden und hat eine variable Größe.
Der letzte und mit Abstand größte Bereich im Dateisystem enthält
die eigentlichen Daten.

Abb. 6.5 zeigt die Struktur des Stammverzeichnisses. Das Beispiel (für ein Dateisystem mit 1 kB großen Clustern) zeigt einen
Ausschnitt mit den Einträgen von drei Dateien. Neben den Dateinamen enthält das Stammverzeichnis für jede Datei einen Datum-
seintrag sowie die Dateigröße und die Nummer des ersten Clusters
der Datei. Die erste Datei CODE.C ist 1240 Bytes groß und benötigt somit zwei Cluster. Der Eintrag im Stammverzeichnisses verweist auf den ersten Cluster (401) der Datei und in der FAT ist im
Eintrag dieses ersten Clusters die Nummer des nächsten Clusters
(402) angegeben. Der zweite Cluster der Datei ist auch gleichzeitig der letzte Cluster. Aus diesem Grund enthält in der FAT der
Eintrag für Cluster 402 den Wert EOF *(End-Of-File)*. Die Realisierung der zweiten Datei OS.DAT ist analog zur ersten Datei.
Die dritte Datei FILE.TXT ist deutlich kleiner als ein Cluster und
darum steht im Eintrag ihres Clusters (581) in der FAT auch der
Wert EOF.

Aus Gründen der Verständlichkeit wurde beim Beispiel in
Abb. 6.5 auf eine Fragmentierung (siehe Abschn. 6.8) der Dateien
verzichtet. Dass die Cluster der Dateien in der korrekten Reihenfolge direkt nebeneinander liegen, kommt in der Praxis selten vor.

---

[7] Bei der Anlage eines neuen FAT-Dateisystems kann angegeben werden, ob
die FAT nur ein- oder zweimal vorgehalten werden soll. Im Zeitalter der Disketten war der Verzicht auf eine Kopie der FAT eine einfache Möglichkeit,
um die Speicherkapazität der Datenträger (wenn auch nur geringfügig) zu
erhöhen.

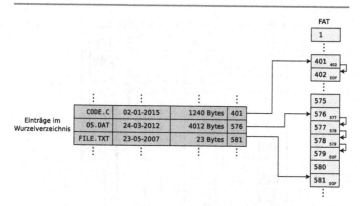

Abb. 6.5 Stammverzeichnis (Wurzelverzeichnis) und FAT

Eine detailliertere Übersicht über die Struktur der Einträge im Stammverzeichnis enthält Abb. 6.6. Deutlich erkennbar ist die Konvention zur Benennung der Dateien im Schema 8.3. Dabei stehen acht Zeichen für den Dateinamen und drei Zeichen für die Dateinamenserweiterung zur Verfügung.

Typische Probleme von Dateisystemen, die auf einer FAT basieren, sind verlorene Cluster (englisch: *lost clusters*) und querverbundene Cluster (englisch: *cross-linked clusters*). Abb. 6.7 zeigt

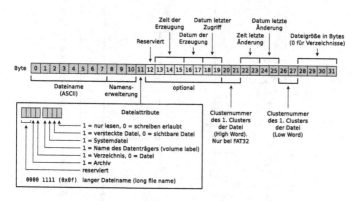

Abb. 6.6 Struktur der Einträge im Stammverzeichnis

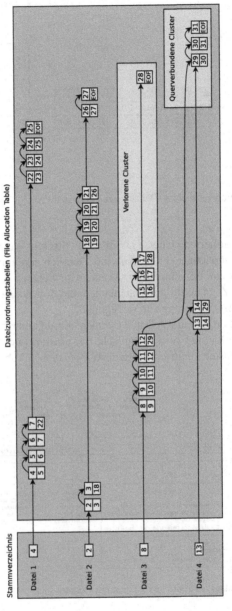

Abb. 6.7 Verlorene und querverbundene Cluster sind typische Probleme von FAT-Dateisystemen [10]

vier Dateien im Stammverzeichnis. Jeder Eintrag verweist auf den ersten Cluster der jeweiligen Datei. Mit Hilfe der FAT und den Clusternummern zum jeweils nächsten Cluster ergibt sich die Clusterkette mit den Inhalten der Dateien. Bei den Dateien 1 und 2 in Abb. 6.7 gibt es keine Probleme. Hier sind die Clusterketten vom ersten Cluster bis zum Cluster mit dem Eintrag EOF korrekt. Beim Eintrag von Cluster 12 in der FAT gibt es einen Fehler. Der Wert des Eintrags ist 29 und nicht 15. Dadurch sind einige Cluster von Datei 3 nicht mehr angebunden. Der Verweis auf Cluster 29 hat zudem negative Auswirkungen auf eine weitere Datei, denn Cluster 29 ist bereits ein Teil der Clusterkette von Datei 4. Ein Lesezugriff auf Datei 3 würde in der Praxis meist zu falschen Ergebnissen führen. Schreibzugriffe auf Datei 3 würden in den meisten Fällen auch ungewollt Inhalte von Datei 4 verändern. Je länger solche verlorenen und querverbundenen Cluster im Dateisystem existieren, umso größer ist die Gefahr eines Datenverlusts. Zur Behebung solcher Fehler existieren Dienstprogramme wie chkdsk unter DOS und Windows sowie fsck.fat unter Linux.

6.3.1 FAT12

Bei FAT12, das 1980 mit dem Betriebssystem QDOS (Quick and Dirty Operating System), später umbenannt in MS-DOS, erschienen ist, sind die Clusternummern 12 Bits lang. Damit können maximal $2^{12} = 4096$ Cluster adressiert werden. Mögliche Clustergrößen sind 512 Bytes, 1 kB, 2 kB und 4 kB. Die maximale Dateisystemgröße[8] beträgt 16 MB.

---

[8] Bei 12 Bits langen Clusternummern und 4 kB großen Clustern berechnet sich die maximale Dateisystemgröße wie folgt: 2^{12} Clusternummern $*$ 4 kB Clustergröße $= 16.384$ kB $= 16$ MB

6.3.2   FAT16

Aufgrund der Einschränkungen von FAT12, besonders im Hinblick auf die maximale Dateisystemgröße von nur 16 MB, erschien schon 1983 FAT16, mit dem $2^{16} = 65.536$ Cluster pro Dateisystem adressiert werden können. Weil 12 Cluster reserviert sind, sind effektiv nur 65.524 Cluster verfügbar [13]. Die Cluster können zwischen 512 Bytes und 256 kB groß sein.

Tab. 6.3 enthält die Standard-Clustergrößen[9] unter Windows 2000/XP/Vista/7/8/10 bei unterschiedlich großen Dateisystemgrößen. Die Clustergröße kann beim Erzeugen des Dateisystems festgelegt werden. Somit können auch auf kleinen Partitionen große Cluster realisiert werden. In der Praxis ist das aber nur selten sinnvoll. Das primäre Einsatzgebiet von FAT16 sind mobile Datenträger wie USB-Sticks oder Partitionen auf diesen Datenträgern mit einer Kapazität von bis zu 2 GB. Bei größeren Dateisystemen ist ein Einsatz wegen des Speicherverlustes bei großen Clustern durch interne Fragmentierung nicht sinnvoll.

6.3.3   FAT32

Als Reaktion auf steigende Festplattenkapazitäten und weil Cluster ≥ 32 kB viel Speicher verschwenden, erschien 1997 das Dateisystem FAT32. Bei diesem sind die Clusternummern 32 Bits lang. Da allerdings 4 Bits reserviert sind, können nur $2^{28} = 268.435.456$ Cluster adressiert werden. Die Cluster können zwischen 512 Bytes und 32 kB groß sein. Tab. 6.4 enthält die Standard-Clustergrößen unter Windows 2000/XP/Vista/7/8/10 bei unter-

---

[9] Kurioserweise unterstützten auch nicht alle Betriebssysteme alle Clustergrößen bei FAT16. MS-DOS und Windows 95/98/Me beispielsweise unterstützen keine Cluster > 32 kB. Damit ist auch die maximale Dateisystemgröße bei diesen Betriebssystemen auf 2 GB beschränkt. Windows 2000/XP/7/8/10 beispielsweise unterstützen keine Cluster > 64 kB. Bei diesen Betriebssystemen ist somit die maximale Dateisystemgröße auf 4 GB beschränkt. 128 kB und 256 kB große Cluster unterstützt ausschließlich Windows NT 4.0 auf Datenspeichern mit einer Blockgröße (Sektorgröße) > 512 Bytes [62].

Tab. 6.3 Maximale Dateisystemgröße von FAT16 bei unterschiedlich großen Clustern

Partitionsgröße	Clustergröße
bis 31 MB	512 Bytes
32 MB – 63 MB	1 kB
64 MB – 127 MB	2 kB
128 MB – 255 MB	4 kB
256 MB – 511 MB	8 kB
512 MB – 1 GB	16 kB
1 GB – 2 GB	32 kB
2 GB – 4 GB	64 kB
4 GB – 8 GB	128 kB
8 GB – 16 GB	256 kB

Tab. 6.4 Standardmäßige Clustergröße von FAT32 bei unterschiedlich großen Partitionen [68]

Partitionsgröße	Clustergröße
bis 63 MB	512 Bytes
64 MB – 127 MB	1 kB
128 MB – 255 MB	2 kB
256 MB – 8 GB	4 kB
8 GB – 16 GB	8 kB
16 GB – 32 GB	16 kB
32 GB – 2 TB	32 kB

schiedlich großen Dateisystemgrößen. Genau wie bei den anderen FAT-Dateisystemen kann die Clustergröße beim Erzeugen des Dateisystems festgelegt werden.

Die maximale Dateigröße unter FAT32 ist 4 GB. Der Grund dafür ist, dass nur 4 Bytes für die Angabe der Dateigröße zur Verfügung stehen (siehe Abb. 6.6). Das primäre Einsatzgebiet von FAT32 sind mobile Datenträger wie USB-Sticks oder Partitionen darauf mit einer Kapazität > 2 GB.

6.3.4 VFAT

Eine 1997 erschienene Erweiterung für die Dateisysteme
FAT12/16/32, die längere Dateinamen ermöglicht, ist *Virtual File
Allocation Table* (VFAT). Damit wurden unter Windows erstmals
Dateinamen unterstützt, die nicht dem Schema 8.3 folgen. Mit
VFAT können Dateinamen bis zu einer Länge von 255 Zeichen
realisiert werden. Die Kodierung der Zeichen erfolgt via Unicode
(siehe Abschn. 2.4.2).

VFAT ist ein interessantes Beispiel für die Realisierung einer
neuen Funktionalität unter Beibehaltung der Abwärtskompatibi-
lität. Lange Dateinamen verteilt VFAT auf maximal 20 Pseudo-
Verzeichniseinträge. Bei einem VFAT-Eintrag in der FAT, haben
die ersten vier Bits im Feld *Dateiattribute* den Wert 1 (siehe
Abb. 6.6). Eine Besonderheit ist, dass Groß-/Kleinschreibung zwar
angezeigt, aber wie traditionell unter den Betriebssystemfamilien
DOS und Windows üblich, ignoriert wird.

VFAT speichert für jede Datei einen eindeutigen Dateinamen im
Format 8.3. Betriebssysteme ohne die VFAT-Erweiterung ignorie-
ren die Pseudo-Verzeichniseinträge und zeigen nur den verkürzten Dateinamen an. Dadurch können Microsoft-Betriebssysteme
ohne VFAT auf Dateien mit langen Dateinamen zugreifen. Allerdings müssen die kurzen Dateinamen eindeutig sein. Dies wird
durch die Art und Weise der Erzeugung der verkürzten Dateinamen gewährleistet. Dafür werden alle Sonderzeichen und Punkte
innerhalb des Dateinamens gelöscht, alle Kleinbuchstaben werden in Großbuchstaben umgewandelt und es werden nur die ersten sechs Buchstaben beibehalten. Danach folgt die Zeichenkette ~1 vor dem Punkt. Die ersten drei Zeichen hinter dem
Punkt werden beibehalten und der Rest gelöscht. Existiert schon
eine Datei gleichen Namens, wird ~1 zu ~2, usw. So wird beispielsweise die Datei mit dem Dateinamen `Ein ganz langer
Dateiname.test.pdf` unter MS-DOS als `EINGAN~1.pdf`
dargestellt. Dies ist zumindest dann der Fall, wenn noch keine
Dateimit dem gleichen verkürzten Dateinamen im Dateisystem
existiert. Wenn doch, wird entsprechend hochgezählt.

6.3.5 exFAT

Das jüngste und modernste auf dem Konzept der FAT basierende Dateisystem ist das 2006 erschienene *Extended File Allocation Table* (exFAT). Dieses wurde von der Firma Microsoft speziell für den Einsatz auf Flash-Speichermedien entwickelt. Aus diesem Grund verwendet es kein Journal (siehe Abschn. 6.4). Ein Journal würde die Anzahl der Schreibzugriffe erhöhen, was die Lebensdauer von Flashspeicher verkürzt.

Wie bei FAT32 sind auch in exFAT die Clusternummern 32 Bits lang. Da aber im Gegensatz zu FAT32 keine reservierten Bits enthalten sind, können auch bis zu $2^{32} = 4.294.967.296$ Cluster adressiert werden. Die Cluster können zwischen 512 Bytes und 32 MB groß sein. Tab. 6.5 enthält die Standard-Clustergrößen unter Windows XP/Vista/7/8/10 bei unterschiedlich großen Dateisystemgrößen. Die Clustergröße kann beim Erzeugen des Dateisystems festgelegt werden. Die maximale Dateigröße bei exFAT ist 16 EB (2^{64} Bytes).

Zahlreiche Fähigkeiten moderner Dateisysteme wie z. B. integrierte Kompression und Verschlüsselung, Software-RAID und Kontingente *(Quotas)* fehlen bei exFAT. Zur Verbesserung der Datensicherheit enthält das Dateisystem aber eine automatische Fehlerkorrektur der Metadaten mit Prüfsummen [65].

Abb. 6.8 zeigt die Struktur eines exFAT-Dateisystems. Der erste Bereich, der sogenannte *Volume Boot Record* (VBR), der 12 Blöcke auf dem Datenträger umfasst, enthält die wichtigsten Metadaten des Dateisystems. Dazu gehören der Bootsektor und eine Prüfsumme über die übrigen 11 Blöcke des VBR.

Im Bootsektor liegen ausführbarer x86-Maschinencode, der das Betriebssystem starten soll, und Informationen über das Dateisystem. Zu diesen Informationen gehören:

Tab. 6.5
Standardmäßige
Clustergröße von exFAT
bei unterschiedlich
großen Partitionen [68]

Partitionsgröße	Clustergröße
bis 256 MB	4 kB
256 MB - 32 GB	32 kB
32 GB - 256 TB	128 kB

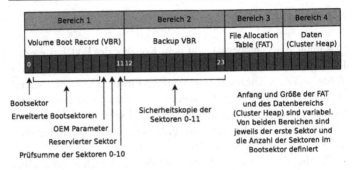

Abb. 6.8 Struktur des Dateisystems exFAT

- die Position des ersten Blocks (Sektors) der FAT und deren Größe (Anzahl der Sektoren),
- die Position des ersten Blocks des Datenbereichs *(Cluster Heap)* und dessen Größe und
- die Position des ersten Blocks des Stammverzeichnisses.

Anschließend an den VBR folgt eine Sicherheitskopie des VBR. Darauf folgen die FAT und der Datenbereich (Cluster Heap). Die Clusternummern des ersten Clusters der FAT und der Datenbereichs sowie deren Größe (Anzahl der Sektoren) sind im Bootsektor definiert [64].

Das Stammverzeichnis (Wurzelverzeichnis) hat im Gegensatz zu den übrigen FAT-Dateisystemversionen keine feste Position. Es befindet sich innerhalb des Datenbereichs und liegt dort üblicherweise nicht am Stück vor, sondern fragmentiert [90].

Das exFAT verglichen mit FAT32 mit VFAT eine deutlich geringere Verbreitung hat, liegt u. a. daran, dass der Quellcode bis 2013 nicht vorlag. Zudem erfolgte die vollständige patentrechtliche Freigabe durch den Hersteller erst 2019. Bis zu diesem Zeitpunkt waren die patentrechtliche Situation für freie (Re-)Implementierungen und deren Einsatz in Teilen ungeklärt.

Unterstützung für dieses Dateisystem ist Bestandteil von modernen Windows-Versionen seit Windows 7. Für einige ältere Windows-Versionen (u. a. XP und Vista) existieren offizielle Updates. In Mac OS X sind exFAT-Dateisystemtreiber seit Version 10.6.4 und im Linux-Kernel seit Version 5.4 enthalten.

6.4 Journaling-Dateisysteme

Sollen Dateien (oder Verzeichnisse, die ja auch nichts anderes sind als Dateien) erstellt, verschoben, umbenannt, gelöscht oder einfach verändert werden, sind Schreibzugriffe im Dateisystem nötig. Schreibzugriffe sollen Daten von einem konsistenten Zustand in einen neuen konsistenten Zustand überführen. Kommt es während eines Schreibzugriffs zum Ausfall, muss die Konsistenz des Dateisystems überprüft werden. Ist ein Dateisystem mehrere Gigabyte groß, kann die Konsistenzprüfung mehrere Stunden oder Tage dauern. Die Konsistenzprüfung zu überspringen ist keine sinnvolle Alternative, weil so das Risiko von Datenverlust steigt.

Um bei der Konsistenzprüfung die zu überprüfenden Daten einzugrenzen, führen moderne Dateisysteme ein sogenanntes *Journal* (in der deutschsprachigen Literatur heißt es manchmal *Logbuch*[2]), in dem die Schreibzugriffe vor ihrer Durchführung gesammelt werden. Konsequenterweise heißen solche Dateisysteme auch *Journaling-Dateisysteme*. Der Vorteil, dass nach einem Absturz nur diejenigen Dateien (Cluster) und Metadaten überprüft werden müssen, die im Journal stehen, wird durch den Nachteil zusätzlicher Schreibzugriffe erkauft. Ein Journal erhöht die Anzahl der Schreibzugriffe, weil Änderungen erst ins Journal geschrieben und danach durchgeführt werden.

Es existieren verschiedene Journaling-Konzepte. Das *Metadaten-Journaling* arbeitet nach der Cache-Schreibstrategie *Write-Back* (siehe Abschn. 4.4.2). Das Dateisystem erfasst im Journal nur Änderungen an den Metadaten (Inodes). Änderungen an den Clustern der Dateien führt der Linux-Kernel erst nur im *Page Cache* (siehe Abschn. 6.7) im Hauptspeicher durch. Nach einer bestimmten Zeit oder nach einer manuellen Anweisung durch den Benutzer überträgt der Systemaufruf sync die Änderungen im Page Cache auf den Datenspeicher. Vorteilhaft bei dieser Form des Journalings ist, dass eine Konsistenzprüfung nur wenige Sekunden dauert. Nachteilig ist, dass nur die Konsistenz der Metadaten nach einem Absturz garantiert ist. Datenverlust durch einen Systemabsturz ist weiterhin möglich. Diese Form des Journalings ist optional bei den Dateisystemen ext3/4.

NTFS (siehe Abschn. 6.5.2) und XFS[10] bieten ausschließlich
Metadaten-Journaling.

Beim *vollständigen Journaling* erfasst das Dateisystem alle
Änderungen an den Metadaten und alle Änderungen an den Clus-
tern der Dateien im Journal. Dadurch ist im Gegensatz zum
Metadaten-Journaling auch die Konsistenz der Dateien garantiert.
Nachteilig ist, dass alle Schreibzugriffe doppelt ausgeführt werden.
Auch diese Form des Journalings ist optional bei den Dateisyste-
men ext3/4.

Die meisten Linux-Dateisysteme verwenden standardmäßig einen Kompromiss aus den beiden bislang besprochenen
Journaling-Konzepten, nämlich das *Ordered-Journaling*. Dabei
erfasst das Dateisystem im Journal nur Änderungen an den Metadaten. Änderungen an den Clustern von Dateien werden erst im
Dateisystem durchgeführt und danach die Änderungen an den
betreffenden Metadaten ins Journal geschrieben. Ein Vorteil dieses Konzepts ist, dass so wie beim Metadaten-Journaling die
Konsistenzprüfungen nur wenige Sekunden dauert. Zudem werden ähnlich hohe Schreibgeschwindigkeit wie beim Metadaten-
Journaling erreicht. Allerdings ist auch bei diesem Konzept nur die
Konsistenz der Metadaten ist garantiert. Beim Systemabsturz mit
nicht abgeschlossenen Transaktionen im Journal sind neue Dateien
und Dateianhänge verloren, da die Cluster noch nicht den Inodes zugeordnet sind. Überschriebene Dateien haben nach einem
Absturz möglicherweise einen inkonsistenten Inhalt und können
nicht mehr repariert werden, da die ursprüngliche Version nicht
gesichert wurde. Trotz dieser Kompromisse bei der Datensicherheit ist Ordered-Journaling das standardmäßig verwendete Konzept bei den Dateisystemen ext3/4 und es ist das einzige von JFS[11]
unterstützte Journaling-Konzept.

---

[10] XFS ist ein ursprünglich von der Firma Silicon Graphics (SGI) entwickeltes
Dateisystem, das seit 2000 freie Software und seit 2001 im Linux-Kernel
enthalten ist. Allgemein gilt XFS als sehr leistungsfähig und ausgereift.
[11] Das Journaled File System (JFS) ist ein ursprünglich von IBM entwickeltes
Dateisystem, das seit 1999 freie Software und seit 2002 im Linux-Kernel
enthalten ist.

6.5   Extent-basierte Adressierung

Ein Problem von Dateisystemen, die nach dem Adressierungs-
schema der Blockadressierung (siehe Abschn. 6.2) arbeiten, ist der
Aufwand für die Verwaltungsinformationen. Dieses Problem ver-
schärft sich durch die steigende Speicherkapazität der Datenspeicher.

Da jeder Inode bei Blockadressierung nur eine sehr geringe
Anzahl Clusternummern direkt adressiert, belegen große Dateien
zahlreiche zusätzliche Cluster zur indirekten Adressierung.
Abb. 6.9 zeigt am Beispiel von ext3 das Problem der Blockadressierung, nämlich dass jeder Inode bei diesem Dateisystem (mit
4 kB großen Clustern) maximal 48 kB direkt adressieren kann.

Eine Lösung, um den zunehmendem Verwaltungsaufwand für
die Adressierung trotz steigender Datei- und Dateisystemgrößen
zu reduzieren, sind *Extents*.

Bei Extent-basierter Adressierung adressieren die Inodes nicht
einzelne Cluster. Stattdessen bilden sie möglichst große Dateibe-
reiche auf zusammenhängende Bereiche (die sogenannten Extents)
auf dem Datenspeicher ab (siehe Abb. 6.10). Statt vieler einzelner
Clusternummern erfordert diese Form der Adressierung nur drei
Werte:

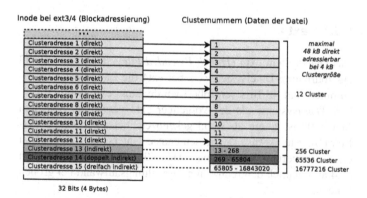

Abb. 6.9 Blockadressierung am Beispiel von ext3. Jeder Inode kann maximal
48 kB direkt adressieren

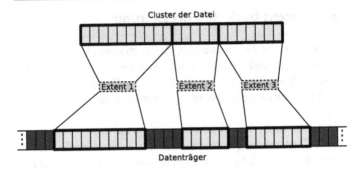

Abb. 6.10 Mit Extents adressieren die Inodes nicht einzelne Cluster, sondern zusammenhängende Bereiche auf dem Datenspeicher

- Die erste Clusternummer des Bereichs (Extents) in der Datei
- Die Größe des Bereichs in der Datei (in Clustern)
- Die Nummer des ersten Clusters auf dem Speichergerät

Beispiele für Dateisysteme, die via Extents die Cluster der Dateien adressieren, sind JFS, XFS, Btrfs, NTFS und ext4. Aus Platzgründen geht dieses Buch in den folgenden Abschnitten nur auf ext4 und NTFS und später auch auf Btrfs ein.

6.5.1 ext4

Das Dateisystem ext4 *(Fourth Extended Filesystem)* ist wie ext3 ein Journaling-Dateisystem. Da bei ext4 die Länge der Clusternummern auf 48 Bits vergrößert wurde, kann ext4 deutlich größere Dateisysteme als der Vorgänger ext3 verwalten. Seit dem Jahr 2008 ist es ein als stabil gekennzeichneter Teil des Linux-Betriebssystemkerns. Der bedeutendste Unterschied zu ext3 ist die Adressierung mit Extents. Abb. 6.9 zeigt am Beispiel von ext4 anschaulich den reduzieren Verwaltungsaufwand bei großen Dateien.

Bei Blockadressierung mit ext2/3 (siehe Abb. 6.9) sind in jedem Inode 15 je vier Bytes große Felder, also insgesamt 60 Bytes, zur

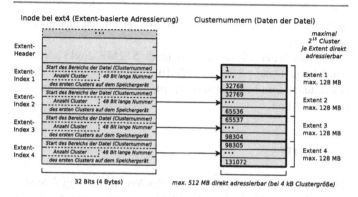

Abb. 6.11 Adressierung mit Extents am Beispiel von ext4. Jeder Inode kann maximal 512 MB direkt adressieren

Adressierung von Clustern verfügbar. Im Gegensatz dazu verwendet ext4 (siehe Abb. 6.11) diese 60 Bytes für einen Extent-Header (12 Bytes) und zur Adressierung von vier Extents (jeweils 12 Bytes).

Für jeden Extent wird im Inode der Datei...

- in einem 4 Bytes langen Datenfeld die erste Clusternummer des Bereichs in der Datei gespeichert,
- in einem 2 Bytes langen Datenfeld die Anzahl der Cluster des Bereichs, und
- in einem 6 Bytes langen Datenfeld die Nummer des ersten Clusters auf dem Speichergerät.

Extents können nicht größer als 128 MB (2^{15} Bits) sein, weil ext4, genau wie seine Vorgänger ext2 und ext3, die Cluster des Dateisystems in sogenannten Blockgruppen (siehe Abschn. 6.2.2) mit einer maximalen Größe von 128 MB organisiert. Das übrig gebliebene sechzehnte Bit (es ist das Bit mit dem höchsten Stellenwert) im Datenfeld das die Anzahl der Cluster des Extents definiert, gibt an, ob der Extent bereits mit Daten beschrieben ist. Mit dieser Information kann das Dateisystem mit Hilfe der sogenannten *Persistent Preallocation* Speicherkapazität vorbelegen, um spätere Schreibzugriffe zu beschleunigen sowie um zukünftige Engpässe

bzgl. Speicherkapazität für einzelne Anwendungen auszuschlie-
ßen [27,57].

Mit vier Extents kann ein ext4-Inode 512 MB direkt adressieren. Ist eine Datei größer als 512 MB, realisiert ext4 einen Baum
aus Extents. Das Funktionsprinzip ist analog zur indirekten Blockadressierung.

6.5.2 NTFS

Ab Anfang der 1990er Jahre wurde das *New Technology File System* (NTFS) als Nachfolger der FAT-Dateisysteme von Microsoft
für die Betriebssystemfamilie Windows NT entwickelt. Seit dieser
Zeit sind folgende Versionen von NTFS erschienen:

- NTFS 1.0: Bestandteil von Windows NT 3.1
- NTFS 1.1: Bestandteil von Windows NT 3.5/3.51
- NTFS 2.x: Bestandteil von Windows NT 4.0 bis SP3
- NTFS 3.0: Bestandteil von Windows NT 4.0 ab SP3/2000
- NTFS 3.1: Bestandteil von Windows XP/2003/Vista/7/8/10

Neuere Versionen sind zu früheren Versionen abwärtskompatibel
und bieten im Gegensatz zu den FAT-Dateisystemen einen vergrößerten Funktionsumfang. Dazu gehörten transparente Kompression und Verschlüsselung via Triple-DES[12] und AES[13] ab Version
2.x und die Unterstützung für Kontingente *(Quota)* ab Version 3.x.

---

[12] Triple-DES ist eine Verbesserung des symmetrischen Verschlüsselungsver-
fahrens Data Encryption Standart (DES). Beide Verfahren gehören zur Gruppe
der Blockchiffren. Dabei werden zu verschlüsselnde Daten zuerst in Blöcke
gleicher Größe unterteilt. Danach wird ein Block nach dem anderen verschlüs-
selt. Triple-DES basiert auf der mehrfachen Ausführung von DES mit drei verschiedenen Schlüsseln. Zuerst wird jeder Datenblock mit dem ersten Schlüssel
chiffriert, dann mit dem zweiten Schlüssel dechiffriert und abschließend mit
dem dritten Schlüssel chiffriert. Die Schlüssellänge ist mit 168 Bit dreimal so
groß wie bei DES (56 Bit).
[13] Das symmetrische Verschlüsselungsverfahren Advanced Encryption Standard (AES) gehört auch zur Gruppe der Blockchiffren und ist der Nachfolger von DES und Triple-DES. Die Schlüssellänge bei AES ist 128, 192 oder

Weitere Verbesserungen von NTFS im Vergleich zu seinem Vorgänger FAT sind unter anderem eine maximale Dateigröße von 16 TB und eine maximale Dateisystemgröße von 256 TB. Genau wie VFAT (siehe Abschn. 6.3.4) speichert NTFS Dateinamen bis zu einer Länge von 255 Unicode-Zeichen und genau wie VFAT realisiert NTFS eine Kompatibilität zur Betriebssystemfamilie MS-DOS, indem es für jede Datei einen eindeutigen Dateinamen im Format 8.3 speichert.

Charakteristisch für den Aufbau von NTFS ist die *Hauptdatei* (englisch: *Master File Table* – MFT). Diese enthält Referenzen, die Extents und Cluster zu Dateien zuordnen. Zudem befinden sich die Metadaten der Dateien in der MFT. Dazu gehören die Dateigröße, das Datum der Erstellung, das Datum der letzten Änderung, der Dateityp und eventuell auch der Dateiinhalt. Der Inhalt kleiner Dateien ≤ 900 Bytes wird direkt in der MFT gespeichert [66].

Beim Formatieren einer Partition wird für die MFT ein fester Bereich reserviert. Üblicherweise sind das 12,5 % der Partitionsgröße. Ist der Bereich voll, verwendet das Dateisystem zusätzlichen freien Speicher in der Partition für die MFT. Dabei kommt es meist zu einer Fragmentierung der MFT, was aber bei Flash-Speicher (siehe Abschn. 4.4.5) keine negativen Auswirkungen hat.

Die Cluster können zwischen 512 Bytes und 64 kB groß sein. Tab. 6.6 enthält die Standard-Clustergrößen unter Windows 2000/XP/Vista/7/8/10 bei unterschiedlich großen Dateisystemgrößen. Genau wie bei den FAT-Dateisystemen kann die Clustergröße beim Erzeugen des Dateisystems festgelegt werden.

Abb. 6.12 zeigt die Struktur des Dateisystems NTFS mit der MFT und dem standardmäßig reservierten Bereich für die MFT. Ab der logischen Mitte der Partition befindet sich eine Sicherheitskopie der wichtigsten Metadaten in der MFT. Die Abbildung zeigt auch die Struktur von MFT-Einträgen für Dateien, deren Inhalt direkt in der MFT gespeichert werden kann, sowie für Dateien, deren Inhalte in Extents gespeichert sind. Die Extents heißen bei NTFS auch *Data Runs*. Bei der Adressierung mit Extents in NTFS

---

256 Bit. Je nach Schlüssellänge sieht das Verfahren 10, 12 oder 14 Verschlüsselungsrunden vor.

Tab. 6.6
Standardmäßige
Clustergröße von NTFS
bei unterschiedlich
großen Partitionen [68]

Partitionsgröße	Clustergröße
bis 16 TB	4 kB
16 TB – 32 TB	8 kB
32 TB – 64 TB	16 kB
64 TB – 128 TB	32 kB
128 TB – 256 TB	64 kB

Struktur des Dateisystems

MFT-Eintrag einer Datei (≤ 900 Bytes)

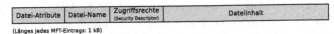

(Länges jedes MFT-Eintrags: 1 kB)

MFT-Eintrag einer Datei mit Extents

Datenträger

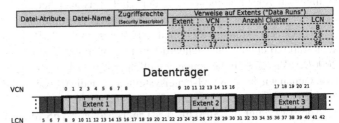

Abb. 6.12 Struktur des Dateisystems NTFS mit der Master File Table (MFT)

bezeichnet *Virtual Cluster Number* (VCN) die erste Clusternummer eines Extents, und *Logical Cluster Number* (LCN) steht für die Nummer des ersten Clusters eines Extents auf dem Speichergerät.

Auch Verzeichnisse sind bei NTFS Dateien (MFT-Einträge), deren Dateiinhalt die Nummern der MFT-Einträge (Dateien) sind, die dem jeweiligen Verzeichnis zugeordnet sind.

6.6 Copy-on-Write

Arbeitet ein Dateisystem nach dem Prinzip *Copy-on-Write* (CoW) ändert es bei einem Schreibzugriff nicht den Inhalt der Originaldatei, sondern schreibt den veränderten Inhalt als neue Datei in freie Cluster (siehe Abb. 6.13). Anschließend werden die Metadaten auf die neue Datei angepasst. Bis die Metadaten angepasst sind, bleibt die Originaldatei erhalten und kann nach einem Systemabsturz weiter verwendet werden. Zwei Vorteile von CoW sind eine bessere Datensicherheit im Vergleich zu Journaling-Dateisystemen und dass ältere Versionen geänderter Dateien vom Dateisystem vorgehalten werden, die für den Benutzer zur Verfügung stehen. Beispiele für Dateisysteme, die CoW unterstützen, sind ZFS, Btrfs und ReFS.

6.6.1 ZFS

Das Dateisystem ZFS wurde ursprünglich von Sun Microsystems entwickelt und war von 2005 bis zur Übernahme durch Oracle 2009 freie Software unter der Lizenz Common Development and Distribution License (CDDL). Deren Inkompatibilität zur Softwarelizenz GNU General Public License (GPL) verhinderte allerdings eine Integration in den Linux-Kernel und eine Verbreitung außerhalb der UNIX-Betriebssysteme Solaris bzw. OpenSolaris und FreeBSD. Ab 2010 wurde ZFS als proprietäre Software durch Oracle weiterentwickelt und vertrieben. Gleichzeitig entstanden

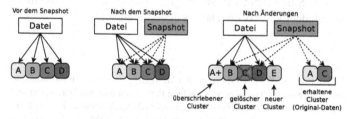

Abb. 6.13 Bei Copy-on-Write bleiben ältere Dateiversionen erhalten und können wiederhergestellt werden

verschiedene Ansätze (z. B. zfs-fuse, ein prototypischer Dateisys-
temtreiber für die FUSE-Schnittstelle – Filesystem in Userspace –
des Linux-Kernels) und Projekte zur Nutzbarmachung bzw. Reim-
plementierung von ZFS unter Linux und anderen freien Betriebssystemen. Die am weitesten fortgeschrittenen Projekte haben sich
2013 im Projekt OpenZFS zusammengetan. Das Resultat ist eine
Portierung und Weiterentwicklung der letzten freien Version des
ZFS-Quellcodes von Sun/Oracle mit dem Fokus auf Linux und
FreeBSD, das aber prinzipiell auch unter weiteren Betriebssystemen lauffähig ist.

Außer CoW implementiert ZFS mehrere moderne Funktionen. Mehrere physische Datenträger können zu logischen Einheiten (sogenannten Pools) zusammengefasst und verschiedene
RAID-Level via eingebautem Software-RAID (siehe Abschn. 4.5)
zur Erhöhung der Ausfallsicherheit realisiert werden. ZFS enthält
somit auch die Funktionalität eines Logical Volume Managers[14].

Zusätzlich implementiert ZFS u. a. integrierte Datenkompression und Verschlüsselung, automatische Fehlerkorrektur mit Prüfsummen und platzsparende Schnappschüsse (englisch: *Snapshots*). Mit dem sogenannten ZFS Intent Log (ZIL) implementiert
ZFS auch eine zum Journaling (siehe Abschn. 6.4) vergleichbare
Funktionalität. Das ZIL kann sich innerhalb eines Pools befinden
oder auf einem eigenen schnellen Laufwerk. Bei Verwendung des
ZIL werden Daten zuerst in das ZIL geschrieben und dann in das
Dateisystem. Es werden also wie beim Journaling auch Daten doppelt geschrieben.

Die maximale Dateigröße bei ZFS ist 16 EB (2^{64} Bytes). Der
gleiche Wert gilt für die maximale Dateisystemgröße. Dadurch,
dass ZFS intern mit 128 Bits langen Adressen arbeitet, sind theoretisch deutlich größere Dateisysteme möglich [9].

---

[14] Ein Logical Volume Manager (LVM) realisiert eine Abstraktionsebene
zwischen Speicherlaufwerken, einzelnen Partitionen und den Dateisystemen.
Durch einen LVM können virtuelle Partitionen *(logische Volumes)* erzeugt und
während der Laufzeit verändert werden. Die logischen Volumes können sich
über mehrere Speicherlaufwerke erstrecken und ermöglichen Software-RAID.
Die allermeisten modernen Betriebssysteme enthalten einen LVM.

6.6.2 Btrfs

Btrfs ist ein freies Dateisystem, das seit 2007 als freie Software unter der Softwarelizenz GPL entwickelt wird und seit 2013 im Linux-Kernel enthalten ist. Zu den modernen Fähigkeiten dieses Dateisystems gehören Copy-on-Write, platzsparende Snapshots, integrierte Datenkompression und automatische Fehlerkorrektur mit Prüfsummen. Auch Btrfs enthält die Funktionalität eines Logical Volume Managers und bietet integriertes Software-RAID (siehe Abschn. 4.5).

Wegen der genannten positiven Eigenschaften, der nahtlosen Integration in den Linux-Kernel, der aktiven Unterstüzung der Entwicklung durch zahlreiche Unternehmen und der Integration als Standarddateisystem in mehrere Linux-Distributionen (z. B. Fedora und openSUSE) und kommerzielle Server- und Speichersysteme (z. B. die NAS-Server der Firma Synology verwenden meist Btrfs) könnte es in Zukunft das nächste Standard-Dateisystem werden. Die Adressierung der Cluster geschieht bei Btrfs mit Hilfe von Extents.

Die Größe der Cluster in Btrfs entspricht standardmäßig der Seitengröße (meist 4 kB) [83]. Auch größere Cluster bis maximal 64 kB sind möglich. Es muss sich allerdings um ein Vielfaches der Blockgröße (Sektorgröße) auf dem Datenträger und eine Zweierpotenz handeln. Die maximale Dateigröße bei Btrfs ist 16 EB (2^{64} Bytes). Der gleiche Wert gilt für die maximale Dateisystemgröße.

6.6.3 ReFS

Windows 8/10 und Windows Server 2012/2016/2019 enthalten das *Re*silient *F*ile *S*ystem (ReFS). Die Betriebssysteme erlauben die Verwendung von ReFS aber bislang nur für wenige Anwendungszwecke, wie zum Beispiel Software-RAID. Dennoch gilt ReFS als zukünftiges Standard-Dateisystem der Windows-Betriebssystemfamilie und als Nachfolger von NTFS. Die Cluster können entweder 4 kB oder 64 kB groß sein. Die maximale Dateigröße ist 35 PB. Der gleiche Wert gilt für die maximale

Dateisystemgröße. Dateien und Verzeichnisse speichert ReFS als
Objekte in Schlüssel-Wert-Tabellen, die als B+ Bäume realisiert
sind [73].

6.7   Datenzugriffe mit einem Cache beschleunigen

Moderne Betriebssysteme beschleunigen Dateizugriffe mit einem
Cache im Hauptspeicher, der *Page Cache* oder *Buffer Cache*
genannt wird [54,99]. Wird eine Datei lesend angefragt, schaut
der Betriebssystemkern zuerst, ob die Datei im Page Cache vorliegt. Bei einem negativem Ergebnis wird sie in diesen geladen.
Der Page Cache ist nie so groß, wie die Menge der gespeicherten Dateien auf den Speicherlaufwerken des Computersystems.
Darum müssen selten nachgefragte Dateien aus dem Page Cache
verdrängt werden. Wurde eine Datei im Cache verändert, müssen
die Änderungen spätestens beim Verdrängen in der Speicherhierarchie nach unten durchgereicht (zurückgeschrieben) werden. Ein
optimales Verwenden des Page Cache ist nicht möglich, da Daten-
zugriffe nicht *deterministisch*, also nicht vorhersagbar sind.

Zahlreiche bekannte Betriebssystemen geben Schreibzugriffe
nicht direkt weiter. Sie arbeiten nach dem Funktionsprinzip des
Write-Back (siehe Abschn. 4.4.2). Die Betriebssystemfamilien
MS-DOS und Windows bis einschließlich Version 3.11 verwenden
beispielsweise das Programm *Smartdrive*, um einen Page Cache
zu realisieren. Auch all späteren Versionen von Windows enthalten einen *Cache Manager,* der einen Page Cache verwaltet [63].
Linux puffert automatisch so viele Dateien im Page Cache wie
Platz im Hauptspeicher frei ist. Das Kommando `free -m` gibt
im Kommandozeileninterpreter *(Shell)* unter Linux eine Übersicht
der Speicherbelegung aus und informiert darüber, wie viel Speicherkapazität des Hauptspeichers gegenwärtig für den Page Cache
verwendet wird.

Ein Vorteil, der durch den Einsatz eines Page Cache entsteht, ist die höhere System-Geschwindigkeit bei Dateizugriffen. Ein Nachteil ist, dass bei einem Systemabsturz Dateiänderungen verloren gehen.

6.8 Defragmentierung

Wie in Abschn. 6.1 beschrieben, darf jeder Cluster im Dateisystem nur einer Datei zugeordnet sein. Ist eine Datei größer als ein Cluster, wird sie auf mehrere verteilt. Zwangsläufig kommt es über die Zeit in jedem Dateisystem zur *Fragmentierung*. Das heißt, dass logisch zusammengehörende Cluster, also die Cluster einer Datei, nicht räumlich beieinander sind. Im Zeitalter der Festplatten und geringer Caches konnte sich die Fragmentierung der Daten negativ auf die Leistungsfähigkeit eines Computers auswirken, denn liegen die Cluster einer Datei über die Festplatte verteilt, müssen die Festplattenköpfe (siehe Abschn. 4.4.4) bei Zugriffen auf die Datei eine höhere Anzahl zeitaufwendiger Positionswechsel durchführen. Darum war es bei der Entwicklung mancher Dateisysteme wie zum Beispiel ext2 (siehe Abschn. 6.2.2) ein Ziel, häufige Bewegungen der Schwungarme durch eine geschickte Anordnung der Metadaten zu vermeiden. Bei Solid State Drives (siehe Abschn. 4.4.5) spielt die Position der Cluster keine Rolle für die Zugriffsgeschwindigkeit.

Auch bei Festplatten führt Defragmentierung in der Praxis nur selten zu einer besseren Gesamtleistung des Computers. Der Grund dafür ist, dass eine zusammenhängende Anordnung der Cluster einer Datei nur das *fortlaufende Vorwärtslesen* eben dieser Datei beschleunigen würde, da in einem solchen Fall keine Suchzeiten mehr vorkommen würden.

Überhaupt ist das Defragmentieren eines Datenspeichers nur dann sinnvoll, wenn die Suchzeiten groß sind. Bei Betriebssystemen, die keinen Page Cache verwenden, wirken sich hohe Suchzeiten besonders negativ aus.

Bei Betriebssystemen mit Einzelprogrammbetrieb (siehe Abschn. 3.4.2) wie zum Beispiel MS-DOS kann immer nur eine Anwendung laufen. Wenn bei solchen Betriebssystemen der laufende Prozess *hängt,* weil er auf die Ergebnisse von Lese- und Schreibanforderungen wartet, verringert dies die Systemgeschwindigkeit signifikant. Aus diesem Grund kann bei Betriebssystemen mit Einzelprogrammbetrieb das regelmäßige Defragmentieren der angeschlossenen Festplatten sinnvoll sein.

Bei modernen Betriebssystemen mit Mehrprogrammbetrieb laufen immer mehrere Programme parallel oder zumindest quasiparallel ab. In der Praxis können Prozesse fast nie große Datenmengen am Stück lesen, ohne dass durch das Scheduling (siehe Abschn. 8.6) des Betriebssystems andere Anwendungen ihre Lese- und Schreibanweisungen *„dazwischenschieben".* Damit sich gleichzeitig laufende Programme nicht zu sehr gegenseitig behindern, lesen Betriebssysteme bei jeder Leseanweisung mehr Daten ein als angefordert und sie halten einen Vorrat an Daten im Page Cache (siehe Abschn. 6.7). Die auf die Gesamtleistung des Systems positive Wirkung des Page Cache überwiegt bei weitem die kurzzeitigen[15] Vorteile einer Defragmentierung. Das Defragmentieren der Festplatten hat bei solchen Betriebssystemen primär einen *Benchmark-Effekt,* der für die Praxis nicht relevant ist. Aus diesem Grund ist bei Betriebssystemen mit Mehrprogrammbetrieb das Defragmentieren der Festplatten im Hinblick auf die Gesamtleistung des Systems und auf die Lebensdauer der Datenspeicher nicht sinnvoll.

---

[15] Durch das Schreiben von Daten auf einen Datenträger kommt es zwangsläufig zu Fragmentierung.

Systemaufrufe

7

Wie in Abschn. 5.2.2 beschrieben, dürfen alle Prozesse außerhalb des Betriebssystemkerns ausschließlich auf ihren eigenen virtuellen Speicher zugreifen. Will ein Prozess im Benutzermodus eine höher privilegierte Aufgabe wie zum Beispiel einen Hardwarezugriff durchführen, einen Prozess oder eine Datei erzeugen oder verwalten, muss er dies dem Betriebssystemkern durch einen *Systemaufruf* (englisch: *System Call*) mitteilen.

Zu Beginn dieses Kapitels erfolgt eine Beschreibung des Benutzermodus und des Kernelmodus und wie diese realisiert sind. Anschließend folgt eine Einführung in das Thema Systemaufrufe und wie diese direkt oder indirekt via Bibliotheksfunktionen aufgerufen werden.

7.1 Benutzermodus und Kernelmodus

x86-kompatible Prozessoren enthalten vier *Privilegienstufen,* die auch *Ringe* heißen (siehe Abb. 7.1). Die Privilegienstufen sollen die Stabilität und Sicherheit verbessern. Jeder Prozess wird in einem Ring ausgeführt und kann sich nicht selbstständig aus diesem befreien. Die Realisierung der Ringe geschieht mit Hilfe

© Springer-Verlag GmbH Deutschland, ein Teil von Springer Nature 2022
C. Baun, *Betriebssysteme kompakt,* IT kompakt,
https://doi.org/10.1007/978-3-662-64718-9_7

Abb. 7.1 Die vier
Privilegienstufen
(Ringe) x86-kompatibler
Prozessoren

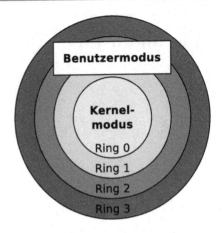

des Registers *Current Privilege Level* (CPL). Dieses speichert die
Ringnummer des aktuell laufenden Prozesses [42].

Im Ring 0, dem sogenannten *Kernelmodus,* läuft der Betriebssystemkern (siehe Abschn. 3.8). Prozesse, die im Kernelmodus laufen, haben vollen Zugriff auf die Hardware. Der Kern kann auch
physischen Speicher direkt im Real Mode (siehe Abschn. 5.2.1)
adressieren. Im Ring 3, dem sogenannten *Benutzermodus,* laufen
die übrigen Prozesse. Diese arbeiten ausschließlich mit virtuellem
Speicher (siehe Abschn. 5.2.2).

Moderne Betriebssysteme verwenden ausschließlich zwei Privilegienstufen. Ein Grund dafür ist, dass einige vormals populäre
Hardware-Architekturen wie zum Beispiel der Alpha-Prozessor,
die PowerPC-Architektur und die MIPS-Architektur, nur zwei Stu-
fen enthalten.

7.2   Systemaufrufe und Bibliotheken

Ein Systemaufruf kann direkt oder über den Umweg einer Bibliothek aufgerufen werden (siehe Abb. 7.2). Bei einem Systemaufruf
handelt es sich um einen Funktionsaufruf im Betriebssystemkern,

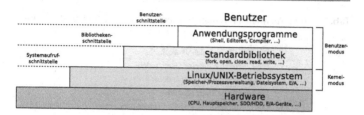

Abb. 7.2 Systemaufrufe (System Calls) sind die Schnittstelle, die das Betriebssystem den Prozessen im Benutzermodus zur Verfügung stellt

der einen Sprung vom Benutzermodus in den Kernelmodus auslöst. In diesem Kontext spricht man vom sogenannten *Moduswechsel*.

Beim Moduswechsel gibt ein Prozess die Kontrolle über den Hauptprozessor an den Betriebssystemkern ab und ist so lange unterbrochen, bis die Anfrage bearbeitet ist. Nach dem Systemaufruf gibt der Kern den Prozessor wieder an den Prozess im Benutzermodus ab. Der Prozess führt daraufhin seine Abarbeitung an der Stelle fort, an der er den Moduswechsel zuvor angefordert hat. Die Leistung eines Systemaufrufs wird immer im Kern und damit außerhalb des Adressraums des aufrufenden Prozesses erbracht.

Ein Beispiel für einen Systemaufruf ist `ioctl`. Damit realisieren Prozesse unter Linux gerätespezifische Anweisungen. Dieser Systemaufruf ermöglicht Prozessen die Kommunikation und Steuerung von zeichenorientierten Geräten (z. B. Maus, Tastatur, Drucker und Terminals) sowie blockorientierten Geräten (z. B. SSD/Festplatte und CD-/DVD-Laufwerk). Die Syntax von `ioctl` ist:

```
ioctl (File-Deskriptor, Aktionsanforderung,
       Integer-Wert oder Zeiger auf Daten);
```

Einige typische Einsatzszenarien dieses Systemaufrufs sind das Formatieren einer Diskettenspur, das Initialisieren eines Modems oder einer Soundkarte, das Auswerfen einer CD auf dem Laufwerk, das Auslesen von Status- und Verbindungsinformationen der WLAN-Schnittstelle oder der Zugriff auf Sensoren und Aktoren

Tab. 7.1 Eine Auswahl an Systemaufrufen des Linux-Betriebssystemkerns

Systemaufruf	Funktion
chdir	Das aktuelle Verzeichnis wechseln
chmod	Die Dateirechte für eine Datei ändern
chown	Den Besitzer einer Datei ändern
close	Eine geöffnete Datei schließen
execve	Den aufrufenden Prozess durch einen neuen ersetzen und dabei die Prozessnummer beibehalten
exit	Den aufrufenden Prozess beenden
fork	Einen neuen Kindprozess erzeugen
getpid	Die Prozessnummer des anfragenden Prozesses erfragen und ausgeben
getppid	Die Prozessnummer des Elternprozesses erfragen und ausgeben
kill	Ein Signal an einen Prozess senden
link	Einen neuen Verzeichniseintrag (Link) auf eine Datei erzeugen
lseek	Den Dateipositionszeiger setzen
mkdir	Ein neues Verzeichnis erzeugen
mount	Ein Dateisystem in die hierarchische Verzeichnisstruktur einhängen
open	Eine Datei zum Lesen/Schreiben öffnen
read	Daten aus einer Datei in den Puffer einlesen
rmdir	Ein leeres Verzeichnis entfernen
stat	Den Status einer Datei ermitteln
umount	Ein eingehängtes Dateisystem aushängen
uname	Informationen über den aktuellen Betriebssystemkern erfragen und ausgeben
unlink	Einen Verzeichniseintrag löschen
time	Die Anzahl der Sekunden seit dem 1. Januar 1970 *(Unixzeit)* ausgeben
waitpid	Auf die Beendigung eines Kindprozesses warten
write	Daten aus dem Puffer in eine Datei schreiben

über einen Bus wie den seriellen Datenbus Inter-Integrated Circuit (I^2C).

Die Kerne moderner Betriebssysteme bieten mehrere hundert Systemaufrufe an [53, 104]. Eine Auswahl unter anderem aus den Aufgabenbereichen Prozess-, Datei- und Verzeichnisverwaltung enthält Tab. 7.1.

Eine Liste mit den Namen der Systemaufrufe unter Linux befindet sich in den Quellen des Linux-Kerns. Bei Kernel-Version 2.6.x ist die Liste in der Datei arch/x86/kernel/syscall_ table_32.S. Beim Linux-Kernel 3.x, 4.x und 5.x befinden

sich die Systemaufrufe in den Dateien `arch/x86/syscalls/`
`syscall_[64|32].tbl`   oder   `arch/x86/entry/`
`syscalls/syscall_[64|32].tbl`.

Aus eigenen Programmen Systemaufrufe direkt aufrufen ist in
der Praxis meist nicht empfehlenswert. Der Grund dafür ist, dass
solche Software schlecht portabel ist, da nicht alle Systemaufrufe bei den verschiedenen Betriebssystemfamilien identisch sind.
Zudem ist nicht garantiert, dass eine neue Version des Betriebssystemkerns nicht auch Veränderungen an einzelnen Systemaufrufen enthält. Aus diesem Grund sollte bei der Entwicklung eigener
Software lieber auf die Funktionen einer Bibliothek zurückgegrif-
fen werden, die sich logisch zwischen den Benutzerprozessen und
dem Betriebssystemkern befindet. Diese Funktionen heißen in der
Literatur auch *Wrapper-Funktionen* [25]. Alle modernen Betriebssysteme enthalten solche Bibliotheken.

Die Bibliothek ist zuständig für die Vermittlung der Kommunikation zwischen den Benutzerprozessen mit dem Betriebssystemkern und für das Anweisen der Moduswechsel zwischen
Benutzer- und Kernelmodus. Beispiele für solche Bibliotheken
sind die UNIX C Standard Library, die Linux GNU C-Bibliothek
glibc und die Native API `ntdll.dll` von Windows.

Das Programmbeispiel in Listing 7.1 zeigt anhand eines einfachen C-Quellcodes und des Systemaufrufs `getpid`, wie einfach
es ist, anstatt des Systemaufrufs die gleichnamige Bibliotheksfunktion zu verwenden.

```
1  #include <syscall.h>
2  #include <unistd.h>
3  #include <stdio.h>
4  #include <sys/types.h>
5
6  int main(void) {
7    unsigned int ID1, ID2;
8
9    // Systemaufruf
10   ID1 = syscall(SYS_getpid);
11   printf ("Ergebnis des Systemaufrufs: %
       d\n", ID1);
12
13   // Von der glibc aufgerufener
       Systemaufruf
```

```
14    ID2 = getpid();
15    printf ("Ergebnis der
         Bibliotheksfunktion: %d\n", ID2);
16
17    return(0);
18 }
```

Listing 7.1 Der Aufruf einer Bibliotheksfunktion ist nicht komplizierter als der direkte Aufruf eines Systemaufruf

Das Übersetzen dieses Quellcodes mit dem GNU C Compiler (gcc) unter Linux und anschließende Ausführen führt beim Systemaufruf und der Bibliotheksfunktion zum gleichen Ergebnis, nämlich der Ausgabe der Prozessnummer des laufenden Prozesses:

```
$ gcc SysCallBeispiel.c -o SysCallBeispiel
$ ./SysCallBeispiel
Ergebnis des Systemaufrufs: 3452
Ergebnis der Bibliotheksfunktion: 3452
```

7.3   Ablauf eines Systemaufrufs

Zum besseren Verständnis, wie der Betriebssystemkern einen durch eine Bibliotheksfunktion gekapselten Systemaufruf abarbeitet, enthält dieser Abschnitt eine Beschreibung der einzelnen Arbeitsschritte. Das folgende Beispiel und seine Beschreibung ist aus [95] entnommen. Abb. 7.3 zeigt die Abarbeitung des Systemaufrufs read, wenn er durch die gleichnamige Bibliotheksfunktion aufgerufen wird. read liest eine bestimmte Menge (nbytes) von Bytes aus der Datei (fd) und schreibt sie in einen Puffer (buffer).

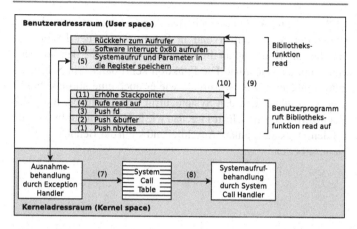

Abb. 7.3 Übersicht der Schritte bei der Abarbeitung eines Systemaufrufs [95]

In den Schritten 1–3 legt der Benutzerprozess die Parameter auf den Stack (siehe Abschn. 8.3) und in Schritt 4 ruft er die Bibliotheksfunktion für `read` auf. Die Bibliotheksfunktion speichert in Schritt 5 die Nummer des Systemaufrufs im *Akkumulator Register* EAX (bzw. im entsprechenden 64 Bit-Register RAX). Die Parameter das Systemaufrufs speichert die Bibliotheksfunktion in den Registern EBX, ECX und EDX (bzw. in den entsprechenden 64 Bit-Registern RBX, RCX und RDX).

In Schritt 6 wird der Softwareinterrupt (englisch: *Exception*) 0×80 (dezimal: 128) ausgelöst, um vom Benutzermodus in den Kernelmodus zu wechseln. Der Softwareinterrupt unterbricht die Programmausführung im Benutzermodus und erzwingt das Ausführen eines Exception-Handlers im Kernelmodus.

Der Betriebssystemkern verwaltet die *System Call Table,* eine Liste mit allen Systemaufrufen. Jedem Systemaufruf ist dort eine eindeutige Nummer und eine Kernel-interne Funktion zugeordnet.

Der aufgerufene Exception-Handler ist eine Funktion im Kern, die den Inhalt des Registers EAX (bzw. im 64 Bit-Register RAX) ausliest. Die Exception-Handler-Funktion ruft in Schritt 7 die entsprechende Funktion im Kern aus der System Call Table mit den in den Registern EBX, ECX und EDX (bzw. in den 64 Bit-Registern

RBX, RCX und RDX) gespeicherten Argumenten auf. In Schritt 8 startet der Systemaufruf und in Schritt 9 gibt der Exception-Handler die Kontrolle an die Bibliothek zurück, die den Softwareinterrupt ausgelöst hat. Die Funktion kehrt danach in Schritt 10 zum Benutzerprozess so zurück, wie es auch eine normale Funktion getan hätte. Um den Systemaufruf abzuschließen, muss der Benutzerprozess in Schritt 11 genau wie nach jedem Funktionsaufruf den Stack aufräumen. Anschließend kann der Benutzerprozess weiterarbeiten.

Prozessverwaltung

8

Wie in Abschn. 3.8 bereits beschrieben wurde, ist die Prozessverwaltung eine der grundlegenden Funktionalitäten eines Betriebssystems.

Jeder *Prozess* im Betriebssystem ist eine Instanz eines Programms, das ausgeführt wird. Zudem sind Prozesse dynamische Objekte und sie repräsentieren sequentielle Aktivitäten im Computer.

Auf einem modernen Computersystem sind immer mehrere Prozesse in Ausführung. Der Hauptprozessor wird beim Mehrprogrammbetrieb im raschen Wechsel zwischen den Prozessen hin- und hergeschaltet.

Jeder Prozess umfasst außer dem Programmcode noch seinen *Prozesskontext*, der von den Kontexten anderer Prozesse unabhängig ist. Betriebssysteme verwalten drei Arten von Kontextinformationen: *Hardwarekontext, Systemkontext* und *Benutzerkontext.*

© Springer-Verlag GmbH Deutschland, ein Teil von
Springer Nature 2022
C. Baun, *Betriebssysteme kompakt,* IT kompakt,
https://doi.org/10.1007/978-3-662-64718-9_8

8.1   Prozesskontext

Der *Hardwarekontext* sind die Inhalte der Register im Hauptprozessor zum Zeitpunkt der Prozessausführung. Einige dieser Register wurden bereits in Abschn. 4.4.1 vorgestellt. Register, deren Inhalt das Betriebssystem bei einem Prozesswechsel sichern muss, sind unter anderem:

- Befehlszähler (*Program Counter*, *Instruction Pointer*) – enthält die Speicheradresse des nächsten auszuführenden Befehls
- Stackpointer – enthält die Speicheradresse am Ende des Stacks
- Basepointer – zeigt auf eine Adresse im Stack
- Befehlsregister (*Instruction Register*) – speichert den aktuellen Befehl
- Akkumulator – speichert Operanden für die ALU und deren Resultate
- Page-Table Base Register – enthält die Adresse, bei der die Seitentabelle des laufenden Prozesses anfängt (siehe Abschn. 5.2.3)
- Page-Table Length Register – enthält die Länge der Seitentabelle des laufenden Prozesses (siehe Abschn. 5.2.3)

Der *Systemkontext* sind die Informationen, die das Betriebssystem über einen Prozess speichert. Beispiele sind:

- Eintrag in der Prozesstabelle
- Prozessnummer (PID)
- Prozesszustand
- Information über Eltern- oder Kindprozesse
- Priorität
- Zugriffsrechte auf Ressourcen
- Erlaubte Nutzungsmengen (englisch: *Quotas*) einzelner Ressourcen
- Laufzeit
- Geöffnete Dateien
- Zugeordnete Geräte

Prozesstabelle　　　　**Prozesskontrollblöcke**

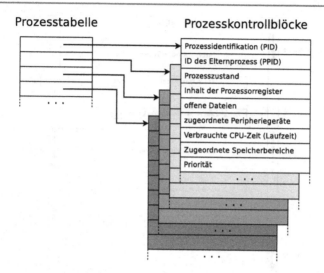

Abb. 8.1 Die Prozesstabelle enthält Zeiger auf die Prozesskontrollblöcke

Der *Benutzerkontext* sind die Seiten im zugewiesenen Adressraum des virtuellen Speichers (siehe Abschn. 5.2.2).

Zur Verwaltung der Prozesse führt das Betriebssystem mit der *Prozesstabelle* eine Liste aller existierenden Prozesse. Diese enthält für jeden Prozess einen Eintrag, den *Prozesskontrollblock* (siehe Abb. 8.1). Dort speichert das Betriebssystem beim Prozesswechsel den Hardwarekontext und den Systemkontext des jeweiligen Prozesses. Erhält ein Prozess Zugriff auf den Hauptprozessor, wird sein Kontext mit dem Inhalt des Prozesskontrollblocks wiederhergestellt (siehe Abb. 8.2).

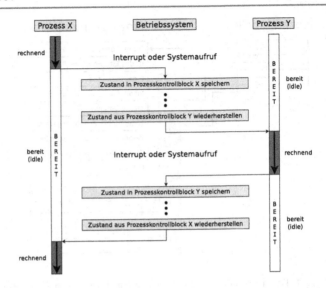

Abb. 8.2 Erhält ein Prozess Zugriff auf die CPU, wird sein Kontext mit dem Inhalt des Prozesskontrollblocks wiederhergestellt

8.2   Prozesszustände

Jeder Prozess befindet sich zu jedem Zeitpunkt in einem bestimmten *Zustand*. Wie viele unterschiedliche Zustände es gibt, hängt vom Zustands-Prozessmodell des verwendeten Betriebssystems ab. Prinzipiell genügen der Prozesszustand *rechnend* (englisch: *running*) für den Prozess, dem der Hauptprozessor zugeteilt ist und der Zustand *untätig* (englisch: *idle*) für die Prozesse, die auf die Zuteilung des Prozessors warten (siehe Abb. 8.3) [91].

Um ein in Abb. 8.3 gezeigtes *2-Zustands-Prozessmodell* zu realisieren, müssen die Prozesse im Zustand *untätig* in einer Warteschlange (siehe Abb. 8.4) gespeichert werden, in der sie auf ihre Ausführung warten. Die Liste wird nach einem Algorithmus

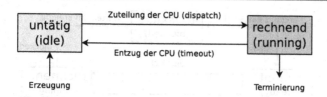

Abb. 8.3 Prinzipiell genügen zwei Prozesszustände für eine einfache Prozessverwaltung

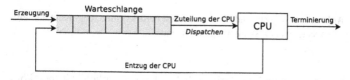

Abb. 8.4 Die Prozesse im Zustand *untätig* werden in einer Warteschlange gespeichert

sortiert, der sinnvollerweise die Prozesspriorität[1] und/oder die Wartezeit berücksichtigt.

Das Modell in Abb. 8.4 zeigt auch die Arbeitsweise des *Dispatchers*. Dessen Aufgabe ist die Umsetzung der Zustandsübergänge. Die Ausführungsreihenfolge der Prozesse legt der *Scheduler* fest, der einen *Scheduling-Algorithmus* (siehe Abschn. 8.6) verwendet.

Das 2-Zustands-Prozessmodell hat zweifellos den Vorteil, dass es sehr einfach realisierbar ist, es hat aber auch einen konzeptionellen Fehler. Dieser besteht in der Annahme, dass alle Prozesse jederzeit zur Ausführung bereit sind. In der Praxis ist das allerdings nicht der Fall, denn es gibt in einem Betriebssystem mit Mehrprogrammbetrieb auch immer Prozesse, die *blockiert* sind,

---

[1] Die Priorität (anteilige Rechenleistung) hat unter Linux einen Wert von −20 bis +19 (in ganzzahligen Schritten). Der Wert −20 ist die höchste Priorität und 19 die niedrigste Priorität [54]. Die Standardpriorität ist 0. Normale Benutzer können Prioritäten von 0 bis 19 vergeben. Der Systemverwalter (`root`) darf Prozessen auch negative Werte zuweisen. Die Priorität eines Prozesses kann unter Linux beim Start des Prozesses mit dem Kommando `nice` angeben werden. Die Veränderung der Priorität eines bereits existierenden Prozesses ist mit dem Kommando `renice` möglich.

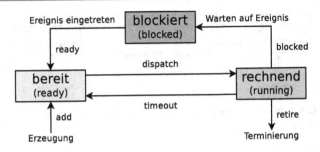

Abb. 8.5 Das 3-Zustands-Prozessmodell berücksichtigt, dass nicht alle Prozesse jederzeit zur Ausführung bereit sind

was unterschiedliche Gründe haben kann. Mögliche Gründe können zum Beispiel sein, dass ein Prozess auf die Ein-/Ausgabe eines Geräts, das Ergebnis eines anderen Prozesses, das Eintreten eines Synchronisationsereignisses oder die Reaktion des Benutzers wartet. Darum ist es sinnvoll, die untätigen Prozesse in zwei Gruppen zu unterscheiden, nämlich in diejenigen Prozesse, die im Zustand *bereit* (englisch: *ready*) sind und diejenigen im Zustand *blockiert* (englisch: *blocked*). Abb. 8.5 zeigt das resultierende *3-Zustands-Prozessmodell*.

Eine Möglichkeit, um ein 3-Zustands-Prozessmodell wie in Abb. 8.5 zu realisieren, ist die Verwendung von zwei Warteschlangen. Eine Warteschlange würde die Prozesse im Zustand *bereit* aufnehmen und die andere die Prozesse im Zustand *blockiert* (siehe Abb. 8.6).

Sinnvoller ist allerdings so wie in Abb. 8.7 dargestellt die Verwendung mehrerer Warteschlangen für die blockierten Prozesse. Nach diesem Konzept arbeiten moderne Betriebssysteme wie zum Beispiel Linux in der Praxis. Für jedes Ereignis, auf das mindestens ein Prozess wartet, legt das Betriebssystem eine Warteschlange an. Tritt ein Ereignis ein, werden alle in der entsprechenden Warteschlange befindlichen Prozesse in die Warteschlange mit den Prozessen im Zustand *bereit* überführt. Ein Vorteil dieses Konzepts ist, dass das Betriebssystem nicht für alle existierenden Prozesse im Zustand *blockiert* überprüfen muss, ob ein eingetretenes Ereignis auf sie zutrifft [91].

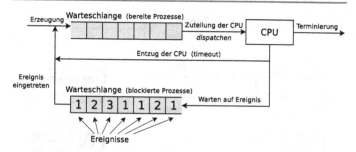

Abb. 8.6 Zwei Warteschlangen sind im Prinzip ausreichend, um das 3-Zustands-Prozessmodell zur realisieren [91]

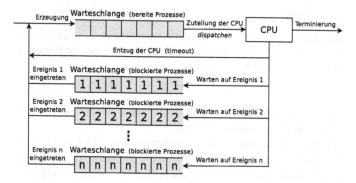

Abb. 8.7 In der Praxis verwenden moderne Betriebssysteme mehrere Warteschlangen für die blockierten Prozesse [91]

Beim Zustandsübergang wird der Prozesskontrollblock des betreffenden Prozesses aus der alten Zustandsliste entfernt und in die neue Zustandsliste eingefügt. Für Prozesse im Zustand rechnend existiert keine Liste.

Weil es auf Computern mit geringer Ressourcenausstattung sinnvoll sein kann, die Anzahl der ausführbaren Prozesse zu limitieren, um Speicher zu sparen und den Grad des Mehrprogrammbetriebs festzulegen, ist es sinnvoll, das 3-Zustands-Prozessmodell um zwei weitere Prozesszustände zum *5-Zustands-Prozessmodell* zu erweitern. Im Zustand *neu* (englisch: *new*) sind diejenigen Prozesse, deren Prozesskontrollblock das Betriebssystem zwar bereits

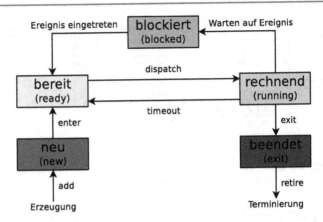

Abb. 8.8 Das 5-Zustands-Prozessmodell ermöglicht es den Grad des Mehrprogrammbetriebs zu definieren und berücksichtigt Prozesse, die fertig abgearbeitet, aber noch nicht entfernt sind

erzeugt hat, die aber noch nicht in die Warteschlange für Prozesse im Zustand *bereit* eingefügt sind.

Ein Prozess im Zustand *beendet* (englisch: *exit*) ist bereits fertig abgearbeitet oder wurde abgebrochen, sein Eintrag in der Prozesstabelle und damit sein Prozesskontrollblock wurden aus verschiedenen Gründen aber noch nicht entfernt (Abb. 8.8).

Ist nicht genügend physischer Hauptspeicher für alle Prozesse verfügbar, müssen Teile von Prozessen auf den Auslagerungsspeicher (*Swap*) ausgelagert werden. Soll das Betriebssystem in der Lage sein, bei Bedarf Prozesse auszulagern, die im Zustand *blockiert* sind, muss das 5-Zustands-Prozessmodell um einen weiteren Prozesszustand, *suspendiert* (englisch: *suspended*), zum *6-Zustands-Prozessmodell* (siehe Abb. 8.9) erweitert werden. Dadurch steht den Prozessen in den Zuständen *rechnend* und *bereit* mehr Hauptspeicher zur Verfügung.

Wurde ein Prozess suspendiert, ist es besser, den frei gewordenen Platz im Hauptspeicher zu verwenden, um einen ausgelagerten Prozess zu aktivieren, als ihn einem neuen Prozess zuzuweisen. Das ist aber nur dann sinnvoll, wenn der aktivierte Prozess nicht mehr blockiert ist. Im 6-Zustands-Prozessmodell fehlt die

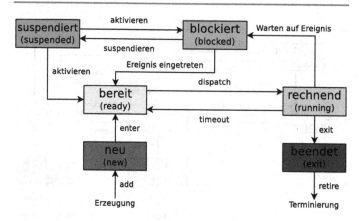

Abb. 8.9 Mit dem 6-Zustands-Prozessmodell ist es möglich, Teile von Prozessen auf den Auslagerungsspeicher auszulagern

Möglichkeit, die ausgelagerten Prozesse in blockierte und nicht-blockierte ausgelagerte Prozesse zu unterscheiden. Darum ist es sinnvoll, das 6-Zustands-Prozessmodell um einen weiteren Prozesszustand zum *7-Zustands-Prozessmodell* zu erweitern (siehe Abb. 8.10).

Das Prozessmodell von Linux (siehe Abb. 8.11) kommt dem in diesem Abschnitt entwickelten 7-Zustands-Prozessmodell in Abb. 8.10 schon sehr nahe. Der offensichtlichste Unterschied ist, dass der Zustand *rechnend* in der Praxis in die beiden Zustände *benutzer rechnend* (englisch: *user running*) für Prozesse im Benutzermodus und *kernel rechnend* (englisch: *kernel running*) für Prozesse im Kernelmodus unterteilt ist. Zudem heißt der Zustand *beendet* unter Linux *Zombie*. Ein *Zombie-Prozess* ist zwar fertig abgearbeitet (via Systemaufruf `exit`), aber sein Eintrag in der Prozesstabelle existiert noch so lange, bis der Elternprozess den Rückgabewert (via Systemaufruf `wait`) abgefragt hat.

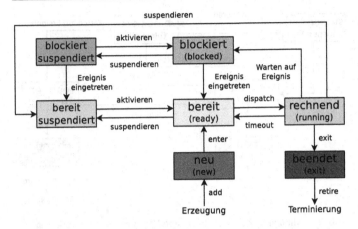

Abb. 8.10 Das 7-Zustands-Prozessmodell unterscheidet blockierte und nicht-blockierte ausgelagerte Prozesse

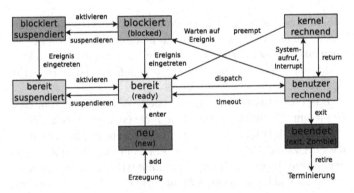

Abb. 8.11 Prozessmodell von Linux mit acht Prozesszuständen

8.3 Struktur eines Prozesses im Speicher

Die Struktur von Prozessen im Hauptspeicher (siehe Abb. 8.12) beschreibt dieser Abschnitt anhand des Betriebssystems Linux. Bei der standardmäßigen Aufteilung des virtuellen Adressraums

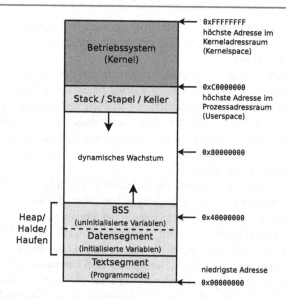

Abb. 8.12 Struktur eines Linux-Prozesses auf einem 32 Bit-Systemen im Speicher

auf einem 32 Bit-System reserviert Linux standardmäßig 25 % für den Betriebssystemkern (Kernelmodus) und 75 % für die Prozesse im Benutzermodus. Auf solch einem System kann jeder laufende Prozess damit bis zu 3 GB Speicher verwenden. In Abschn. 5.2.6 wurden bereits die Grenzen von 64 Bit-Systemen beschrieben. Die Struktur von Prozessen auf 64 Bit-Systemen unterscheidet sich nicht von 32 Bit-Systemen. Einzig der Adressraum ist größer und damit die mögliche Ausdehnung der Prozesse im Speicher.

Der Userspace in der dargestellten Speicherstruktur der Prozesse (siehe Abb. 8.12) entspricht dem Benutzerkontext (siehe Abschn. 8.1). Das ist der vom Betriebssystem zugewiesene virtuelle Adressraum bzw. virtuelle Speicher (siehe Abschn. 5.2.2).

Das *Textsegment* enthält den ausführbaren Programmcode (Maschinencode). Es kann von mehreren Prozessen geteilt werden und muss somit nur einmal im physischen Speicher vorgehalten werden [36, 95]. Darum ist es üblicherweise nur lesbar (englisch:

read only) [99]. Den Inhalt des Textsegments liest der Systemaufruf `exec` (siehe Abschn. 8.5) bei der Prozesserzeugung aus der Programmdatei.

Der *Heap* wächst dynamisch und besteht aus den beiden Teilen *Datensegment* und *BSS* (*Block Started by Symbol*). Das Datensegment enthält die initialisierten Variablen und Konstanten. Es enthält alle Daten, die ihre Werte in globalen Deklarationen[2], also außerhalb von Funktionen zugewiesen bekommen. Auch den Inhalt des Datensegments liest `exec` bei der Prozesserzeugung aus der Programmdatei.

Der Bereich BSS enthält die nicht initialisierten Variablen [39]. Dabei handelt es sich um diejenigen Variablen, die ihre Werte in globalen Deklarationen[3] zugewiesen bekommen und denen kein Anfangswert zugewiesen wird. Zudem kann hier der Prozess dynamisch zur Laufzeit Speicher allokieren. Unter C geschieht das mit der Funktion `malloc` [99]. Der Bereich BSS kann also im Gegensatz zum Datensegment während der Laufzeit eines Programms wachsen. Alle Variablen im BSS initialisiert `exec` mit dem Wert 0 [95].

Der *Stack* enthält die Kommandozeilenargumente des Programmaufrufs und die Umgebungsvariablen. Er ermöglicht die Realisierung geschachtelter Funktionsaufrufe und arbeitet nach dem Prinzip *Last In First Out* (LIFO). Mit jedem Funktionsaufruf wird eine Datenstruktur auf den Stack gelegt, die die Aufrufparameter, die Rücksprungadresse und einen Zeiger auf die aufrufende Funktion im Stack enthält. Die Funktionen legen auch ihre lokalen Variablen auf den Stack. Beim Rücksprung aus einer Funktion wird die Datenstruktur der Funktion aus dem Stack entfernt. Der Stack kann also während der Laufzeit eines Programms wachsen. Auch wenn es aus Abb. 8.12 nicht hervor geht, existieren für den Benutzermodus und für den Kernelmodus zwei voneinander getrennte Stacks [99].

Da die Bereiche Textsegment, Datensegment und BSS (zumindest im Zustand, dass alle globalen und nicht initialisierten Varia-

---

[2] Ein Beispiel für eine solche Deklaration ist `int summe = 0;`
[3] Ein Beispiel für eine solche Deklaration ist `int i;`

blen initial den Wert 0 haben) beim Start eines Prozesses aus der Programmdatei gelesen werden, steht deren Größe schon vor dem Start eines Prozesses fest. Das Kommando `size` gibt unter Linux die Größe (in Bytes) von Textsegment, Datensegment und BSS von Programmdateien aus [36].

```
$ size /bin/c*
   text    data     bss     dec       hex filename
  46480     620    1480   48580      bdc4 /bin/cat
   7619     420      32    8071      1f87 /bin/chacl
  55211     592     464   56267      dbcb /bin/chgrp
  51614     568     464   52646      cda6 /bin/chmod
  57349     600     464   58413      e42d /bin/chown
 120319     868    2696  123883      1e3eb /bin/cp
 131911    2672    1736  136319      2147f /bin/cpio
```

In Abb. 8.12 erscheint die Struktur der Prozesse klar und aufgeräumt. In der Praxis hingegen sind die Seiten, die Teil eines Prozesses sind, wie in Abb. 8.13 zu sehen, durch den virtuellen Speicher in unzusammenhängender Weise im Hauptspeicher und eventuell auch im Auslagerungsspeicher (Swap) verteilt.

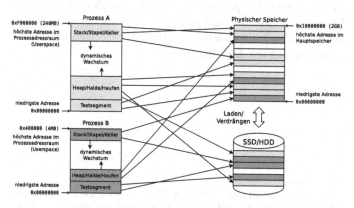

Abb. 8.13 Die Ablage der Prozesse im (hier 2 GB großen) physischen Speicher erfolgt durch den virtuellen Speicher nicht in fortlaufender Weise und auch nicht zwangsläufig ständig im Hauptspeicher [92]

8.4   Prozesse erzeugen mit fork

Der Systemaufruf `fork` ist unter Linux und anderen Unix-(ähnlichen) Betriebssystemen die üblicherweise[4] verwendete Möglichkeit, einen neuen Prozess zu erzeugen. Ruft ein Prozess `fork` auf, erzeugt das Betriebssystem eine identische Kopie dieses Prozesses. Der aufrufende Prozess heißt in diesem Kontext *Elternprozess* (englisch: *Parent Process*) und in der deutschsprachigen Literatur manchmal *Vaterprozess* [25,82]. Der neu erzeugte Prozess heißt *Kindprozess* und er hat nach der Erzeugung den gleichen Programmcode wie der Elternprozess. Auch die Befehlszähler haben den gleichen Wert, verweisen also auf die gleiche Zeile im Programmcode. Die Speicherbereiche von Kindprozess und Elternprozess sind, wie bei allen anderen Prozessen auch, streng voneinander getrennt. Kurz gesagt: Kindprozess und Elternprozess besitzen ihren eigenen Prozesskontext (siehe Abschn. 8.1).

Ein Prozess, der auf dem C-Quellcode in Listing 8.1 basiert, ruft die Standard-Bibliotheksfunktion für den Systemaufruf `fork` auf. Dadurch wird eine exakte Kopie des Prozesses erzeugt. Im Quellcode ist eine Unterscheidung der beiden Prozesse nur anhand des Rückgabewerts von `fork` möglich. Ist der Rückgabewert negativ, gab es beim Versuch der Prozesserzeugung einen Fehler. Ist der Rückgabewert eine positive ganze Zahl, handelt es sich um den Elternprozess und der Rückgabewert entspricht der Prozessnummer (PID) des Kindprozesses. Hat der Rückgabewert den Wert 0, handelt es sich um den Kindprozess.

---

[4] Mit `vfork` existiert eine Variante von `fork`, die nicht den Adressraum des Elternprozesses kopiert, und somit weniger Verwaltungsaufwand als `fork` verursacht. Die Verwendung von `vfork` ist sinnvoll, wenn der Kindprozess direkt nach seiner Erzeugung durch einem anderen Prozess ersetzt werden soll (siehe Abschn. 8.5) [36].

```
 1 #include <stdio.h>
 2 #include <unistd.h>
 3 #include <stdlib.h>
 4
 5 void main() {
 6   int rueckgabewert = fork();
 7
 8   if (rueckgabewert < 0) {
 9     // Rückgabewert von fork = negativ --> Fehler!
10     // Speicher oder Prozesstabelle sind evtl. voll
11     ...
12   }
13   if (rueckgabewert > 0) {
14     // Rückgabewert von fork = positiv --> Elternprozess
15     // Rückgabewert = PID des neuen Kindprozesses
16     ...
17   }
18   if (rueckgabewert == 0) {
19     // Rückgabewert von fork = 0 --> Kindprozess
20     ...
21   }
22 }
```

Listing 8.1 Der Systemaufruf fork und die gleichnamige Standard-Bibliotheksfunktion erzeugen eine Kopie des aufrufenden Prozesses

Durch das Erzeugen immer neuer Kindprozesse mit `fork` entsteht ein beliebig tiefer Baum von Prozessen. Eine Übersicht über diese *Prozesshierarchie* ermöglicht das Kommando `pstree`. Dieses gibt die laufenden Prozesse unter Linux entsprechend ihrer Eltern-/Kind-Beziehungen aus. Ein weiteres hilfreiches Kommando ist `ps -ef`. Dieses gibt alle laufenden Prozesse im System inklusive der Spalten PID (Process ID) und PPID (Parent Process ID) aus, die Aufschluss über die Eltern-/Kind-Beziehungen geben.

Das Beispiel in Listing 8.2 in der Programmiersprache C demonstriert, dass Eltern- und Kindprozess immer unabhängig voneinander sind und unterschiedliche Speicherbereiche verwenden. Wird das Programm übersetzt und ausgeführt, erzeugt es mit Hilfe der Standard-Bibliotheksfunktion für den Systemaufruf `fork` eine identische Kopie als Kindprozess. Elternprozess und Kindprozess zählen jeweils mit Hilfe einer `for`-Schleife eine Zählvariable i vom Wert 0 bis zum Wert 5.000.000 hoch.

```
 1 #include <stdio.h>
 2 #include <unistd.h>
 3 #include <stdlib.h>
 4
 5 void main() {
 6   int i;
 7   if (fork()) {
 8     // Hier arbeitet der Vaterprozess
 9     for (i = 0; i < 5000000; i++) {
10       printf("\n Vater: %i", i);
11     }
12   } else {
13     // Hier arbeitet der Kindprozess
14     for (i = 0; i < 5000000; i++) {
15       printf("\n Kind : %i", i);
16     }
17   }
18 }
```

Listing 8.2 Eltern- und Kindprozesse sind unabhängig voneinander

An der Ausgabe des Programms sind die Prozesswechsel zu sehen. Der Wert der Schleifenvariablen i beweist, dass Eltern- und Kindprozess unabhängig voneinander sind. Zudem ist das Ergebnis der Ausführung nicht reproduzierbar, da die genauen Zeitpunkte der Prozesswechsel von verschiedenen Faktoren wie der Anzahl

der laufenden Prozesse, der Prozessprioritäten und der Anzahl der
Rechenkerne abhängen und somit unvorhersehbar sind.

```
Kind : 0
Kind : 1
...
Kind : 21019
Vater: 0
...
Vater: 50148
Kind : 21020
...
Kind : 129645
Vater: 50149
...
Vater: 855006
Kind : 129646
...
```

Um auf einem System mit einem Mehrkernprozessor eine vergleichbare Ausgabe zu erhalten, ist es nötig die Ausführung von
Listing 8.2 auf einem einzelnen Prozessorkern zu erzwingen. Dieses ist unter Linux-Betriebssystemen mit dem Kommando taskset
möglich, das es u. a. erlaubt den CPU-Bezug von Prozessen zu
definieren. Das folgende Kommando weist den aus Listing 8.2
resultierenden Prozess dem Prozessorkern mit der Nummer 1 zu.

```
$ taskset --cpu-list 1 ./Listing_8.2_fork
```

Die bisherigen Beispiele zur Prozesserzeugung haben gezeigt, dass
jeder Kindprozess einen Elternprozess hat. Zudem ist anhand des
Prozesszustands *Zombie* in Abschn. 8.2 ersichtlich, dass ein Prozess erst dann endgültig beendet ist, wenn sein Elternprozess den
Rückgabewert abgefragt hat. Jeder Prozess im Betriebssystem ist
also ein Kindprozess, dem zu jedem Zeitpunkt exakt einen Elternprozess zugewiesen sein muss. Das wirft die Frage auf, was ein
Betriebssystem machen muss, wenn ein Elternprozess vor einem

Kindprozess terminiert. Die Antwort darauf liefert das Programmbeispiel in Listing 8.3, das wie die vorherigen in der Programmiersprache C realisiert ist.

```
 1  #include <stdio.h>
 2  #include <unistd.h>
 3  #include <stdlib.h>
 4
 5  void main() {
 6    int pid_des_Kindes;
 7
 8    pid_des_Kindes = fork();
 9
10    // Es kam zu einem Fehler --> Programmabbruch
11    if (pid_des_Kindes < 0) {
12      printf("\n Es kam beim fork zu einem Fehler!");
13      exit(1);
14    }
15
16    // Elternprozess
17    if (pid_des_Kindes > 0) {
18      printf("\n Elternprozess: PID: %i", getpid());
19      printf("\n Elternprozess: PPID: %i", getppid());
20    }
21
22    // Kindprozess
23    if (pid_des_Kindes == 0) {
24      printf("\n Kindprozess: PID: %i", getpid());
25      printf("\n Kindprozess: PPID: %i", getppid());
26    }
27  }
```

Listing 8.3 Eltern- und Kindprozesse sind unabhängig voneinander

In Listing 8.3 erzeugt der laufende Prozess mit fork einen Kindprozess. Elternprozess und Kindprozess erfragen mit den Bibliotheksfunktionen für die Systemaufrufe getpid und getppid
die eigene Prozessnummer (PID) und die Prozessnummer (PPID)
des jeweiligen Elternprozesses. Die Ausgabe hat in den meisten
Fällen die folgende Form:

```
Elternprozess: PID: 20952
Elternprozess: PPID: 3904
Kindprozess: PID: 20953
Kindprozess: PPID: 20952
```

Wie zu erwarten zeigt die Ausgabe, dass die PPID (in diesem Fall hat sie den Wert 20952) des Kindprozesses der PID des Elternprozesses entspricht. In seltenen Fällen hat die Ausgabe die folgende Form:

```
Elternprozess: PID: 20954
Elternprozess: PPID: 3904
Kindprozess: PID: 20955
Kindprozess: PPID: 1
```

In einem solchen Fall wurde der Elternprozess vor dem Kindprozess beendet und wie üblich[5] wurde dem Kindprozess der Prozess init als neuer Elternprozess zugeordnet. Der init-Prozess ist der erste Prozess unter Linux und verwandten Betriebssystemen. Er *adoptiert* elternlose Prozesse automatisch.

Eine potentielle Gefahr des Systemaufrufs fork sind *Forkbomben*. Eine Forkbombe ist ein Schadprogramm, das den Systemaufruf fork oder eine entsprechende Bibliotheksfunktion in einer Endlosschleife aufruft. Das Programm wird so lange Kopien des aufrufenden Prozesses erzeugen, bis kein Speicher im Betriebssystem mehr frei ist und der Computer unbenutzbar ist. Der Quellcode in Listing 8.4 realisiert eine Forkbombe in der Programmiersprache C.

```
1 #include <unistd.h>
2
3 int main(void)
4 {
5   while(1)
6     fork();
7 }
```

Listing 8.4 Beispiel für eine Forkbombe

Forkbomben sind besonders dort eine potentielle Gefahr, wo eine große Zahl von Benutzern gleichzeitig auf einen Computer zugreift.

---

[5] Seit Linux Kernel 3.4 (2012) und Dragonfly BSD 4.2 (2015) können zumindest bei diesen Betriebssystemen auch andere Prozesse als init neue Elternprozesse eines verweisten Kindprozesses werden.

Die einfachste Möglichkeit, um mit dieser Gefahr umzugehen ist
die maximale Anzahl an Prozessen pro Benutzer und den maximalen Speicherverbrauch pro Benutzer einzuschränken.

8.5   Prozesse ersetzen mit exec

Mit dem Systemaufruf `fork` ist es möglich, einen Kindprozess als
identische Kopie des aufrufenden Prozesses zu erzeugen. Soll aber
ein ganz neuer Prozess und keine Kopie erstellt werden, muss der
Systemaufruf `exec` verwendet werden, um einen Prozess durch
einen anderen zu ersetzen. In diesem Fall erbt der neue Prozess die
PID des aufrufenden Prozesses (siehe Abb. 8.14).

Soll aus einem Prozess wie beispielsweise aus einem Kommandozeileninterpreter (*Shell*) heraus ein Programm gestartet werden, muss zuerst mit `fork` ein neuer Prozess erzeugt und dieser
anschließend mit `exec` ersetzt werden. Wird vor einem Aufruf
von `exec` kein neuer Prozess mit `fork` erzeugt, geht der Elternprozess verloren. Abb. 8.15 fasst die existierenden Möglichkeiten
der Prozesserzeugung unter Linux zusammen [28]:

- Die *Prozessvergabelung* (englisch: *Process forking*): Ein laufen-
  der Prozess erzeugt mit `fork` einen neuen, identischen Prozess.
- Die *Prozessverkettung* (englisch: *Process chaining*): Ein laufen-
  der Prozess erzeugt mit `exec` einen neuen Prozess und beendet
  (terminiert) sich damit selbst, weil der neue Prozess ihn ersetzt.
- Die *Prozesserzeugung* (englisch: *Process creation*): Ein laufen-
  der Prozess erzeugt mit `fork` einen neuen, identischen Prozess,
  der sich selbst mit `exec` durch einen neuen Prozess ersetzt.

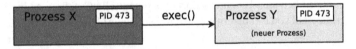

Abb. 8.14 Durch einen Aufruf von `exec` wird ein Prozess durch einen anderen ersetzt

Abb. 8.15 Ohne die Systemaufrufe `fork` und `exec` ist keine Prozesserzeugung unter Linux möglich

Das folgende Beispiel zeigt die Auswirkungen eines Aufrufs von exec im Kommandozeileninterpreter. Der erste Aufruf des Kommandos ps -f zeigt zwei Prozesse. Einmal die UNIX-Shell Bash mit der Prozessnummer 26756 und das aufgerufene Kommando selbst, dessen PPID 26756 ist, und wie erwartet mit der PID der Bash übereinstimmt. Im nächsten Schritt wird eine weitere Bash innerhalb der bereits laufenden gestartet. Die neue Ausgabe des Kommandos ps -f zeigt nun die ursprüngliche Bash, das ps-Kommando und die neue Instanz der Bash an. Die PPID 26756 der neuen Bash stimmt mit der PID der ursprünglichen Bash überein und die PPID 1278 des ps-Kommandos stimmt wie erwartet mit der PID der neuen Bash-Instanz überein.

Der anschließende Aufruf des Kommandos exec mit dem Kommando ps -f als Argument führt dazu, dass die neue Bash durch das Kommando ps -f ersetzt wird. Dieses Kommando hat nun auch die PID 1278 der ersetzten Bash und deren Elternbeziehung (PPID 26756) geerbt. Sobald der Elternprozess des ps-Kommandos dessen Rückgabewert abgefragt hat, wird es terminieren. Danach existiert einstweilen im Betriebssystem kein Prozess mehr, der die Prozessnummer 1278 hat.

```
$ ps -f
UID          PID   PPID  C STIME TTY              TIME CMD
bnc         1265  26756  0 13:25 pts/1        00:00:00 ps -f
bnc        26756   1694  0 10:17 pts/1        00:00:00 bash
$ bash
$ ps -f
UID          PID   PPID  C STIME TTY              TIME CMD
```

```
bnc        1278 26756   1 13:25 pts/1     00:00:00 bash
bnc        1293  1278   0 13:25 pts/1     00:00:00 ps -f
bnc       26756  1694   0 10:17 pts/1     00:00:00 bash
$ exec ps -f
UID         PID  PPID   C STIME TTY            TIME CMD
bnc        1278 26756   0 13:25 pts/1     00:00:00 ps -f
bnc       26756  1694   0 10:17 pts/1     00:00:00 bash
```

Ein weiteres Beispiel zur Arbeitsweise mit dem Systemaufruf
exec ist das Programm in Listing 8.5. Der Aufbau hat eine große
Ähnlichkeit mit den vorangegangenen Beispielen zu fork. Im
Programmbeispiel erzeugt der laufende Prozess mit der Bibliotheksfunktion für den Systemaufruf fork einen Kindprozess.
Den Rückgabewert speichert das Programm in der Integer-Variable
pid. Wie bei den vorherigen Beispielen wird anhand des Rückgabewerts von fork im Quellcode erkannt, ob es sich jeweils um
den Elternprozess oder den Kindprozesses handelt. Der Elternprozess gibt seine eigene Prozessnummer und die Prozessnummer
des Kindes aus. Die eigene Prozessnummer erfährt er mit Hilfe der
Bibliotheksfunktion für den Systemaufruf getpid. Die Prozessnummer des Kindes erfährt er durch den Wert der Integer-Variable
pid. Bevor sich der Elternprozess beendet, erfragt er noch einmal
seine eigene Prozessnummer.

Der Kindprozess gibt seine eigene Prozessnummer und die des
Elternprozesses aus, die er mit Hilfe der Bibliotheksfunktionen
für die Systemaufrufe getpid und getppid vom Betriebssystem erfragt. Abschließend ersetzt sich der Kindprozess selbst
durch einen Aufruf von execl mit dem Kommando date als
Argument. Im Beispiel wurde die Bibliotheksfunktion execl
verwendet, weil der Systemruf exec nicht als Bibliotheksfunktion existiert, aber dafür mehrere Varianten, von der eine execl
ist [39,82].

```
 1  #include <stdio.h>
 2  #include <unistd.h>
 3  #include <stdlib.h>
 4
 5  int main () {
 6    int pid;
 7    pid = fork();
 8
 9    // Es kam zu einem Fehler --> Programmabbruch
10    if (pid < 0) {
```

```
11      printf("Es kam beim fork zu einem Fehler!\n");
12      exit(1);
13   }
14
15   // Elternprozess
16   if (pid > 0) {
17      printf("[Eltern] Eigene PID:      %d\n", getpid());
18      printf("[Eltern] PID des Kindes: %d\n", pid);
19   }
20
21   // Kindprozess
22   if (pid == 0) {
23      printf("[Kind]   Eigene PID:      %d\n", getpid());
24      printf("[Kind]   PID des Vaters: %d\n", getppid());
25
26      // Aktuelles Programm durch "date" ersetzen
27      // "date" wird der Prozessname in der Prozesstabelle
28      execl("/bin/date", "date", "-u", NULL);
29   }
30
31   printf("[Eltern] Programmende.\n");
32   return 0;
33 }
```

Listing 8.5 Die Bibliotheksfunktion `execl` ruft den Systemaufruf `exec` auf und ersetzt dadurch einen Prozess durch einen neuen

Die Ausgabe hat in den meisten Fällen die folgende Form:

```
[Eltern] Eigene PID:      3985
[Eltern] PID des Kindes: 3986
[Eltern] Programmende.
[Kind]   Eigene PID:      3986
[Kind]   PID des Vaters: 3985
Fr 4. Nov 16:38:19 UTC 2016
```

In seltenen Fällen wird auch bei diesem Programmbeispiel der Elternprozess vor dem Kind-Prozess beendet und dem Kindprozess der Prozess `init` mit der Prozessnummer 1 als neuer Elternprozess zugeordnet.

```
[Eltern] Eigene PID:      3988
[Eltern] PID des Kindes: 3989
[Eltern] Programmende.
[Kind]   Eigene PID:      3989
[Kind]   PID des Vaters: 1
Fr 4. Nov 16:38:26 UTC 2016
```

8.6   Prozesswechsel und Scheduling von Prozessen

Zu den Aufgaben von Betriebssystemen mit Mehrprogrammbetrieb gehört das *Dispatching* und das *Scheduling*. Dispatching ist das Umschalten des Hauptprozessors beim Prozesswechsel. Scheduling ist das Festlegen des Zeitpunkts des Prozesswechsels und der Ausführungsreihenfolge der Prozesse.

Beim Prozesswechsel entzieht der Dispatcher im Betriebssystemkern dem rechnenden Prozess den Prozessor und teilt ihn dem Prozess zu, der in der Warteschlange an erster Stelle steht. Bei Übergängen zwischen den Zuständen `bereit` und `blockiert` werden vom Dispatcher die entsprechenden Prozesskontrollblöcke aus den Zustandslisten entfernt und neu eingefügt. Übergänge aus oder in den Zustand `rechnend` bedeuten immer einen Wechsel des gegenwärtig rechnenden Prozesses auf dem Prozessor. Beim Prozesswechsel in oder aus dem Zustand `rechnend` muss der Dispatcher den Prozesskontext, also die Registerinhalte des gegenwärtig ausgeführten Prozesses im Prozesskontrollblock speichern (retten), danach den Prozessor einem anderen Prozess zuteilen und den Prozesskontext (Registerinhalte) des jetzt auszuführenden Prozesses aus seinem Prozesskontrollblock wieder herstellen.

Der Scheduler im Betriebssystemkern legt die Ausführungsreihenfolge der Prozesse im Zustand `bereit` fest. Allerdings ist kein Verfahren für jedes System optimal geeignet und kein Schedulingverfahren kann alle Scheduling-Kriterien wie Prozessor-Auslastung, Antwortzeit (*Latenz*), Durchlaufzeit (*Turnaround Time*), Durchsatz, Effizienz, Echtzeitverhalten (Termineinhaltung), Wartezeit, Verwaltungsaufwand (*Overhead*), Fairness, Berücksichtigen von Prioritäten und gleichmäßiger Ressourcenauslastung optimal berücksichtigen. Bei der Auswahl eines Schedulingverfahrens muss immer ein Kompromiss zwischen den Scheduling-Kriterien gefunden werden. Die existierenden Schedulingverfahren werden in zwei Klassen unterschieden:

- *Nicht-präemptives (nicht-verdrängendes) Scheduling* bzw. *kooperatives Scheduling.* Dabei behält ein Prozess, der vom Scheduler den Hauptprozessor zugewiesen bekommen hat, die

Kontrolle über diesen bis zu seiner vollständigen Fertigstellung oder bis er die Kontrolle freiwillig wieder abgibt. Problematisch bei solchen Schedulingverfahren ist, dass ein Prozess den Prozessor so lange belegen kann wie er will. Beispiele für Betriebssysteme, die diese Form des Schedulings verwenden sind Windows 3.x und Mac OS. 8/9.

- *Präemptives (verdrängendes) Scheduling.* Dabei kann einem Prozess der Prozessor vor seiner Fertigstellung entzogen werden. In einem solchen Fall pausiert der Prozess so lange, bis der Scheduler ihm erneut den Prozessor zuteilt. Ein Nachteil des verdrängenden Schedulings ist der höhere Verwaltungsaufwand. Allerdings überwiegen die Vorteile des präemptivem Schedulings, weil Betriebssysteme damit auf Ereignisse reagieren und Prozesse mit einer höheren Priorität berücksichtigen können. Beispiele für Betriebssysteme, die diese Form des Schedulings verwenden sind Linux, Mac OS X, Windows 95 und neuere Versionen.

Wie groß der Einfluss des verwendeten Schedulingverfahrens auf die Gesamtleistung eines Computers sein kann, zeigt das folgende Beispiel. Zwei Prozesse P_A und P_B sollen nacheinander und ohne Unterbrechung ausgeführt werden. Prozess P_A benötigt den Hauptprozessor 27 ms und Prozess P_B benötigt ihn nur 3 ms. Der Scheduler des Betriebssystems muss die Reihenfolge festlegen, in der die beiden Prozesse ausgeführt werden. Die Tab. 8.1 und 8.2 zeigen die beiden möglichen Szenarien und deren Auswirkungen.

Tab. 8.1 Auswirkung der Ausführungsreihenfolge auf die durchschnittliche Laufzeit

Reihenfolge	Laufzeit		Durchschnittliche Laufzeit
	P_A	P_B	
P_A, P_B	27 ms	30 ms	$\frac{27+30}{2} = 28,5$ ms
P_B, P_A	30 ms	3 ms	$\frac{30+3}{2} = 16,5$ ms

Tab. 8.2 Auswirkung der Ausführungsreihenfolge auf die durchschnittliche Wartezeit

Reihenfolge	Wartezeit		Durchschnittliche Wartezeit
	P_A	P_B	
P_A, P_B	0 ms	27 ms	$\frac{0+27}{2} = 13,5$ ms
P_B, P_A	3 ms	0 ms	$\frac{3+0}{2} = 1,5$ ms

Die Ergebnisse in den Tab. 8.1 und 8.2 zeigen, dass sich Laufzeit und Wartezeit[6] des Prozesses mit hohem Ressourcenaufwand nur wenig verschlechtern, wenn ein Prozess mit kurzer Laufzeit zuvor ausgeführt wird. Läuft ein Prozess mit einer langen Laufzeit aber vor einem Prozess mit kurzer Laufzeit, verschlechtern sich die Laufzeit und die Wartezeit des Prozesses mit geringem Ressourcenbedarf deutlich.

Die folgenden Abschnitte und Tab. 8.3 stellen einige klassische und moderne Schedulingverfahren und deren Eigenschaften vor.

8.6.1 Prioritätengesteuertes Scheduling

Beim prioritätengesteuerten Scheduling bekommt immer der Prozess mit der höchsten Priorität im Zustand `bereit` als nächstes den Prozessor zugewiesen. Die Prozesse werden somit nach ihrer Wichtigkeit bzw. Dringlichkeit abgearbeitet. Die Priorität kann von verschiedenen Kriterien abhängen, zum Beispiel benötigte Ressourcen, Rang des Benutzers, geforderte Echtzeitkriterien usw.

Prioritätengesteuertes Scheduling kann verdrängend (*präemptiv*) oder nicht-verdrängend (*nicht-präemptiv*) realisiert sein und die Vergabe der Prioritäten kann statisch oder dynamisch erfolgen. Statische Prioritäten ändern sich während der gesamten Lebensdauer eines Prozesses nicht und werden häufig in Echtzeitsystemen (siehe Abschn. 3.6) verwendet. Dynamische Prioritäten wer-

---

[6] Die *Wartezeit* eines Prozesses ist die Zeit, die der Prozess in der `bereit`-Liste auf die Zuteilung des Prozessors gewartet hat.

Tab. 8.3 Übersicht über klassische und moderne Schedulingverfahren

	Scheduling		Fair[c]	Laufzeit muss bekannt sein	Berück-sichtigt Prioritäten
	NP[a]	P[b]			
Prioritätengesteuertes Scheduling	X	X	nein	nein	ja
First Come First Served	X		ja	nein	nein
Round Robin		X	ja	nein	nein
Shortest Job First	X		nein	ja	nein
Shortest Remaining Time First		X	nein	ja	nein
Longest Job First	X		nein	ja	nein
Longest Remaining Time First		X	nein	ja	nein
Highest Response Ratio Next	X		ja	ja	nein
Earliest Deadline First	X	X	ja	nein	nein
Fair-Share		X	ja	nein	nein
Statisches Multilevel-Scheduling		X	nein	nein	ja
Multilevel-Feedback-Scheduling		X	ja	nein	ja
O(1)-Scheduler		X	ja	nein	ja
Completely Fair Scheduler		X	ja	nein	ja

[a] NP = Nicht-präemptives (nicht-verdrängendes) Scheduling.
[b] P = Präemptives (verdrängendes) Scheduling.
[c] Ein Schedulingverfahren ist fair, wenn kein Prozess verhungern kann, weil er endlos lange auf die Zuteilung des Prozessors wartet, weil immer wieder Prozesse mit einer höheren Priorität in der `bereit`-Liste ankommen.

den von Zeit zu Zeit angepasst. In diesem Fall heißt das verwendete Schedulingverfahren *Multilevel-Feedback Scheduling* (siehe Abschn. 8.6.11).

Eine Gefahr beim statischen prioritätengesteuertem Scheduling ist, dass Prozesse mit niedriger Priorität verhungern können [12]. Sie warten also endlos lange auf die Zuteilung des Prozessors, weil immer wieder Prozesse mit einer höheren Priorität in der `bereit`-Liste ankommen. Das statische prioritätengesteuerte Scheduling ist somit nicht fair.

Abb. 8.16 zeigt eine mögliche Realisierung für das prioritätengesteuerte Scheduling. Hierbei existiert für jede mögliche Priorität eine Warteschlange.

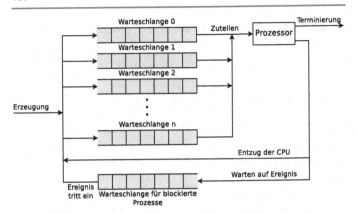

Abb. 8.16 Das prioritätengesteuerte Scheduling kann mit mehreren Warteschlangen für die unterschiedlichen Prioritäten realisiert werden [91]

8.6.2 First Come First Served

Das Schedulingverfahren *First Come First Served* (FCFS) funktioniert nach dem Prinzip *First In First Out* (FIFO). Die Prozesse bekommen den Prozessor entsprechend ihrer Ankunftsreihenfolge zugewiesen. Laufende Prozesse werden bei FCFS nicht unterbrochen. Es handelt sich somit um nicht-verdrängendes Scheduling.

Da alle Prozesse entsprechend ihrer Ankunftsreihenfolge berücksichtigt werden, ist das Verfahren fair. Allerdings kann die mittlere Wartezeit unter Umständen hoch sein, da Prozesse mit kurzer Abarbeitungszeit eventuell eine lange Zeit warten müssen, wenn vor ihnen Prozesse mit langer Abarbeitungszeit eingetroffen sind. FCFS eignet sich unter anderem für Stapelverarbeitung (siehe Abschn. 3.4.1) [95].

8.6.3 Round Robin

Bei *Round Robin* (RR), das in der Literatur auch *Zeitscheibenverfahren* [12,99] heißt, werden Zeitscheiben (englisch: *Time Slices*) mit einer festen Dauer definiert. Die Prozesse werden in einer

Abb. 8.17 Beim Zeitscheibenverfahren Round Robin werden die Prozesse werden in einer zyklischen Warteschlange eingereiht

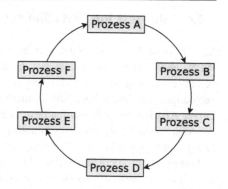

zyklischen Warteschlange eingereiht und nach dem Prinzip FIFO abgearbeitet (siehe Abb. 8.17). Der erste Prozess der Warteschlange erhält für die Dauer einer Zeitscheibe Zugriff auf den Prozessor. Nach dem Ablauf der Zeitscheibe wird dem Prozess der Zugriff auf den Prozessor wieder entzogen und er wird am Ende der Warteschlange eingereiht. Bei Round Robin handelt sich somit um verdrängendes Scheduling. Wird ein Prozess erfolgreich beendet, wird er aus der Warteschlange entfernt. Neue Prozesse werden am Ende der Warteschlange eingereiht.

Die Zugriffszeit auf den Prozessor verteilt dieses Verfahren fair auf die Prozesse. Round Robin mit der Zeitscheibengröße ∞ verhält sich wie FCFS.

Round Robin bevorzugt Prozesse mit kurzer Abarbeitungszeit, denn je länger die Bearbeitungsdauer eines Prozesses ist, desto mehr Runden sind für seine vollständige Ausführung nötig. Die Größe der Zeitscheiben ist wichtig für die Systemgeschwindigkeit. Sie liegt üblicherweise im ein- oder zweistelligen Millisekundenbereich [99]. Je kürzer die Zeitscheiben sind, desto mehr Prozesswechsel müssen stattfinden und jeder Prozesswechsel verursacht einen Verwaltungsaufwand (*Overhead*). Je länger die Zeitscheiben sind, desto mehr geht die „gefühlte Parallelität" verloren. Das System hängt[7]. Dieses Schedulingverfahren eignet sich unter anderem für interaktive Systeme [95].

---

[7] Bei einem interaktiven System würden man sagen: „es ruckelt".

8.6.4 Shortest Job First / Shortest Process Next

Bei *Shortest Job First* (SJF), das auch *Shortest Process Next* (SPN) heißt, erhält der Prozess mit der kürzesten Abarbeitungszeit als erster Zugriff auf den Prozessor. Es handelt sich um nichtverdrängendes Scheduling. SJF ist nicht fair, denn Prozesse mit kurzer Abarbeitungszeit werden bevorzugt und Prozesse mit langer Abarbeitungszeit erhalten eventuell erst nach einer langen Wartezeit Zugriff auf den Prozessor oder sie verhungern.

Das größte Problem von SJF ist, dass für jeden Prozess bekannt sein muss, wie lange er bis zu seiner Terminierung braucht, also wie lange seine Abarbeitungszeit ist. Das ist in der Praxis praktisch nie der Fall [99]. In Szenarien, wo die Abarbeitungszeit der Prozesse, eventuell durch die Erfassung und Analyse vorheriger Prozesse abgeschätzt werden kann, eignet sich SJF für Stapelverarbeitung (siehe Abschn. 3.4.1) oder für interaktive Prozesse, die generell eine kurze Abarbeitungszeit haben [12, 28, 95].

8.6.5 Shortest Remaining Time First

Verdrängendes SJF heißt *Shortest Remaining Time First* (SRTF). Wird ein neuer Prozess erstellt, wird die Restlaufzeit des aktuell rechnenden Prozesses mit jedem Prozess in der Liste der wartenden Prozesse verglichen. Hat der gegenwärtig rechnende Prozesses die kürzeste Restlaufzeit, darf er weiterrechnen. Haben ein oder mehr Prozesse in der Liste der wartenden Prozesse eine kürzere Abarbeitungszeit bzw. Restlaufzeit, erhält der Prozess mit der kürzesten Restlaufzeit Zugriff auf den Prozessor. Die Prozesse in der Liste der wartenden Prozesse werden nur dann mit dem aktuell rechnenden Prozess verglichen, wenn ein neuer Prozess erstellt wird. Solange kein neuer Prozess eintrifft, wird auch kein rechnender Prozess unterbrochen.

Die Nachteile von SJF gelten auch für die verdrängenden Variante. Die (Rest-)laufzeit der Prozesse muss bekannt sein oder abgeschätzt werden, was in der Praxis in den allermeisten Fällen unrealistisch ist. Das Verfahren ist nicht fair, da Prozesse mit langer Abarbeitungszeit verhungern können.

8.6.6 Longest Job First

Bei *Longest Job First* (LJF) erhält der Prozess mit der längsten Abarbeitungszeit als erster Zugriff auf den Prozessor. Es handelt sich um nicht-verdrängendes Scheduling. LJF ist nicht fair, da Prozesse mit langer Abarbeitungszeit bevorzugt werden und Prozesse mit kurzer Abarbeitungszeit möglicherweise erst nach sehr langer Wartezeit Zugriff auf den Prozessor erhalten oder verhungern.

Genau wie bei SJF und SRTF muss auch bei LJF für jeden Prozess bekannt sein, wie lange er den Prozessor bis zu seiner Abarbeitung benötigt. Wenn die Abarbeitungszeit der Prozesse abgeschätzt werden kann, eignet sich LJF genau wie SJF für Stapelverarbeitung (siehe Abschn. 3.4.1).

8.6.7 Longest Remaining Time First

Verdrängendes LJF heißt *Longest Remaining Time First* (LRTF). Wird ein neuer Prozess erstellt, wird genau wie bei SRTF die Restlaufzeit des gegenwärtig rechnenden Prozesses mit jedem Prozess in der Liste der wartenden Prozesse verglichen. Hat der rechnende Prozess die längste Restlaufzeit, darf er weiterrechnen. Haben ein oder mehr Prozesse in der Liste der wartenden Prozesse eine längere Abarbeitungszeit bzw. Restlaufzeit, erhält der Prozess mit der längsten Restlaufzeit Zugriff auf den Prozessor. Die Prozesse in der Liste der wartenden Prozesse werden nur dann mit dem rechnenden Prozess verglichen, wenn ein neuer Prozess erstellt wird. Solange kein neuer Prozess eintrifft, wird auch kein rechnender Prozess unterbrochen.

Die Nachteile von LJF gelten auch für die verdrängende Variante. Die (Rest-)laufzeit der Prozesse muss bekannt sein oder abgeschätzt werden, was in der Praxis in den allermeisten Fällen unrealistisch ist. Das Verfahren ist nicht fair, da Prozesse mit kurzer Abarbeitungszeit verhungern können.

8.6.8 Highest Response Ratio Next

Das Schedulingverfahren *Highest Response Ratio Next* (HRRN)
ist eine faire Variante von SJF/SRTF/LJF/LRTF, denn es berücksichtigt das Alter der Prozesse, um ein Verhungern zu vermeiden.
Das für die Ausführungsreihenfolge der Prozesse entscheidende
Kriterium ist ein *Antwortquotient* (englisch: *Response Ratio*), den
der Scheduler für jeden Prozess mit Hilfe der folgenden Formel
berechnet:

$$\text{Antwortquotient} = \frac{\text{geschätzte Rechenzeit [s]} + \text{Wartezeit [s]}}{\text{geschätzte Rechenzeit [s]}}$$

Der Antwortquotienten hat bei der Erzeugung eines Prozesses den
Wert 1 und steigt bei kurzen Prozessen schnell an. Das Scheduling-
verfahren arbeitet dann effizient, wenn der Antwortquotient aller
Prozesse im System niedrig ist. Nach der Beendigung oder bei der
Blockade eines Prozesses bekommt der Prozess mit dem höchsten
Antwortquotient den Prozessor zugewiesen. Damit ist sicherge-
stellt, dass kein Prozess verhungert. Das macht HRRN zu einem
fairen Verfahren.

Da bei HRRN genau wie bei SJF/SRTF/LJF/LRTF die Laufzeiten der Prozesse durch statistische Erfassungen der Vergangenheit
abgeschätzt werden müssen, ist das Verfahren in der Praxis meist
nicht einsetzbar [12].

8.6.9 Earliest Deadline First

Der Fokus beim Schedulingverfahren *Earliest Deadline First*
(EDF) ist, dass die Termine zur Fertigstellung (*Deadlines*) der
Prozesse eingehalten werden. Die Prozesse im Zustand `bereit`
werden anhand ihrer jeweiligen Deadline geordnet. Der Prozess,
dessen Deadline am nächsten ist, bekommt als nächstes den Prozessor zugewiesen. Eine Überprüfung und gegebenenfalls Neuor-
ganisation der Warteschlange findet immer dann statt, wenn ein
neuer Prozess in den Zustand `bereit` wechselt oder ein aktiver
Prozess terminiert.

EDF kann verdrängend oder nicht-verdrängend realisiert werden. Verdrängendes EDF eignet sich unter anderem für Echtzeitbetriebssysteme (siehe Abschn. 3.6), nicht-verdrängendes EDF eignet sich unter anderem für Stapelverarbeitung (siehe Abschn. 3.4.1).

8.6.10 Fair-Share-Scheduling

Das Schedulingverfahren *Fair-Share* verteilt die verfügbaren Ressourcen zwischen Gruppen von Prozessen in einer fairen Art und Weise. Die Rechenzeit wird den Benutzern und nicht den Prozessen zugeteilt. Das führt dazu, dass die Rechenzeit die ein Benutzer erhält, unabhängig von der Anzahl seiner Prozesse ist (siehe Abb. 8.18). Die Ressourcenanteile, die die Benutzer erhalten, heißen *Shares* [46].

Fair-Share wird häufig in verteilten Systemen als Schedulingverfahren vom verwendeten Job-Scheduler eingesetzt. Die Aufgabe eines Job-Schedulers (z. B. Maui Cluster Scheduler, Moab Cluster Suite, Oracle Grid Engine, Slurm Workload Manager) ist die Verteilung der Rechenaufträge auf Ressourcen innerhalb eines Standorts. Verteilt ein Job-Scheduler Aufgaben zwischen den Standorten eines verteilten Systems, heißt dieser *Meta-Scheduler* [8].

Ein Beispiel für ein Betriebssystem, das einen Fair-Share-Scheduler enthält, ist Oracle Solaris Version 9 und 10 [60,75].

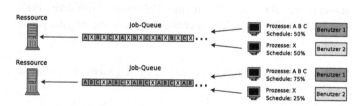

Abb. 8.18 Fair-Share verteilt die Ressourcen fair zwischen Gruppen von Prozessen

8.6.11 Multilevel-Scheduling

Einige der bislang vorgestellten Schedulingverfahren (SJF, SRTF, LJF, LRTF und HRRN) sind in der Praxis meist untauglich, weil die Laufzeiten der Prozesse im Voraus nicht bekannt sind und Abschätzungen durch statistische Erfassung aus der Vergangenheit keine exakten Ergebnisse liefern. Von den übrigen vorgestellten Verfahren (Prioritätengesteuertes Scheduling, FCFS, RR, EDF und Fair-Share) erfordert jedes Kompromisse bezüglich der unterschiedlichen Scheduling-Kriterien. Eine Möglichkeit, damit umzugehen, ist die Implementierung von statischem oder alternativ von dynamischem Multilevel-Scheduling.

Beim *statischen Multilevel-Scheduling* wird die `bereit`-Liste in mehrere Teillisten unterteilt. Für jede Teilliste kann eine andere Scheduling-Strategie verwendet werden. Die Teillisten haben unterschiedliche Prioritäten oder Zeitmultiplexe (z. B. 80 %:20 % oder 60 %:30 %:10 %). Somit ist statisches Multilevel-Scheduling geeignet, um zeitkritische von zeitunkritischen Prozessen zu trennen. Ein Beispiel für eine sinnvolle Unterteilung der Prozesse in verschiedene Prozessklassen (Teillisten) mit verschiedenen Scheduling-Strategien enthält Tab. 8.4.

Ein Nachteil von statischem Multilevel-Scheduling ist, dass für eine korrekte Arbeitsweise jeder Prozess bei seiner Erzeugung in die passende Prozessklasse eingefügt werden muss. Zudem ist das statischen Multilevel-Scheduling nicht fair, weil Prozesse mit einer niedrigen Priorität verhungern können [99]. Diese Probleme löst das *Multilevel-Feedback-Scheduling*, indem es Prozesse, die schon länger aktiv sind, durch eine Reduzierung von deren Priorität bestraft [28]. Multilevel-Feedback-Scheduling arbeitet genau

Tab. 8.4 Beispiel für statisches Multilevel-Scheduling mit verschiedenen Prozessklassen

Priorität	Prozessklasse	Scheduling-Strategie
höchste	Echtzeitprozesse (zeitkritisch)	Prioritätengesteuert
mittlere	Interaktive Prozesse	Round Robin
niedrigste	Rechenintensive Stapelprozesse	First Come First Served

wie statisches Multilevel-Scheduling mit mehreren Warteschlangen. Jede Warteschlange hat eine andere Priorität oder einen anderen Zeitmultiplex. Jeder neue Prozess wird in die oberste Warteschlange eingefügt. Damit hat er automatisch die höchste Priorität (siehe Abb. 8.19). Innerhalb jeder Warteschlange wird Round Robin eingesetzt. Dadurch sind keine komplizierten Abschätzungen der (Rest-)laufzeiten nötig. Gibt ein Prozess den Prozessor freiwillig wieder ab, wird er wieder in die gleiche Warteschlange eingereiht. Hat ein Prozess seine volle Zeitscheibe genutzt, kommt er in die nächst tiefere Warteschlange mit einer niedrigeren Priorität. Die Prioritäten werden bei diesem Verfahren somit dynamisch vergeben.

Multilevel-Feedback-Scheduling bevorzugt neue Prozesse gegenüber älteren (länger laufenden) Prozessen. Das Verfahren bevorzugt auch Prozesse mit vielen Ein-/Ausgabeoperationen, weil diese nach einer freiwilligen Abgabe des Prozessors wieder in die ursprüngliche Warteliste eingeordnet werden und dadurch ihre Priorität behalten. Ältere, länger laufende Prozesse werden verzögert, was in der Praxis meist akzeptabel ist.

Viele moderne Betriebssysteme wie zum Beispiel Linux (bis Kernel 2.4) [56], Mac OS X [52], FreeBSD [61], NetBSD [69],

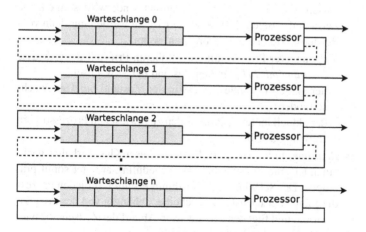

Abb. 8.19 Beim Multilevel-Feedback-Scheduling wird jeder neue Prozess in die oberste Warteschlange mit der höchsten Priorität eingefügt [91]

und die Microsoft Windows NT-Familie [12,56] verwenden für
das Scheduling der Prozesse Varianten des Multilevel-Feedback-
Scheduling.

8.6.12 Scheduling moderner Linux-Betriebssysteme

Der Linux Betriebssystemkern hat in den letzten Jahrzehnten große Weiterentwicklungen erfahren. Auch das Prozess-
Scheduling wurde dabei mehrfach neu entwickelt.

Prozess-Scheduling bis Linux Kernel 2.4
Bis Kernel 2.4 implementiert Linux eine Variante des Multilevel-
Feedback-Scheduling mit drei Prozessklassen [56,91]:

- *Timesharing*. Diese Klasse enthält die normalen Benutzerprozesse ohne Echtzeitanforderungen. Das Scheduling arbeitet präemptiv. Der Scheduling-Algorithmus ermittelt für jeden Prozess
  die Länge der nächsten Zeitscheibe, abhängig von der Prozesspriorität.
- *Realtime mit FIFO*. Prozesse dieser Klasse haben die höchste
  Prozesspriorität und das Scheduling ist nicht-präemptiv. Prozessen, die dieser Klasse zugeordnet sind, wird somit keine
  Zeitscheibe zugeordnet. Solche Prozesse werden nur dann vom
  Betriebssystemkern unterbrochen, wenn...
  - ein anderer Prozess mit einer höheren Priorität in der Klasse
    Realtime mit FIFO in den Zustand *bereit* wechselt,
  - der aktuell laufende Prozess in den Zustand *blockiert* wech-
    selt, oder
  - der aktuell laufende Prozess den zugewiesenen Prozessorkern
    freiwillig abgibt.
- *Realtime mit Round Robin*. Prozesse dieser Klasse erhalten nacheinander eine Zeitscheibe. Das Scheduling arbeitet somit präemptiv. Der Scheduling-Algorithmus ermittelt für jeden Prozess
  die Länge der nächsten Zeitscheibe, abhängig von der Prozesspriorität, und fügt den Prozess nach Ablauf der Zeitscheibe wieder am Ende der Warteschlange ein.

Da der Linux-Betriebssystemkern auch Threads realisiert, bezieht sich das Scheduling des Kernels eigentlich auf Threads und nicht auf Prozesse. Ein Prozess kann als ein einzelner Thread angesehen werden, aber ein Prozess kann auch mehrere Threads enthalten, die sich Ressourcen teilen. Zur Vereinfachung wird im Verlauf dieses Abschnitts nur von Prozessen gesprochen.

Das Schlüsselwort *Realtime* sollte an dieser Stelle nicht falsch interpretiert werden. Linux realisiert kein hartes sondern ein weiches Echtzeitbetriebssystem (siehe Abschn. 3.6.1) [56].

Bei Prozessen in den Klassen *Timesharing* und *Realtime mit Round Robin* wird mit jeder weiteren Zeitscheibe die Länge der Zeitscheiben verkürzt. Gibt ein Prozess den zugewiesenen Prozessorkern vor dem Ende der laufenden Zeitscheibe wieder ab, bleibt die Länge der Zeitscheibe bei der nächsten Zuweisung eines Prozessorkerns gleich [94,95].

Die manuelle Zuordnung einzelner Prozesse zu den drei Prozessklassen und damit zu den unterschiedlichen Scheduling-Strategien geschieht bei diesem und den späteren Linux-Schedulern O(1) und CFS mit dem Kommandozeilenwerkzeug chrt. Es ermöglicht mit den Kommandozeilenparametern --other, --fifo und --rr die Zuweisung einzelner Prozesse anhand ihrer Prozessnummer (PID) zu den einzelnen in diesem Abschnitt vorgestellten Prozessklassen.

Prozess-Scheduling in Linux Kernel 2.6 bis 2.6.22 mit dem O(1)-Scheduler

Die Linux-Betriebssystemkerne 2.6 (Dezember 2003) bis 2.6.22 (Juli 2007) implementieren den sogenannten *O(1)-Scheduler*. Die drei Prozessklassen haben sich dabei nicht geändert.

Der Betriebssystemkern verwaltet für jeden Prozessorkern die Datenstruktur *Ausführungswarteschlange* (englisch: *Runqueue*), die u. a. zwei Arrays (englisch: *Priority Arrays*) und zwei Zeiger auf diese Arrays für das Scheduling enthält [7]. Jedes der beiden Arrays enthält für jede Prozesspriorität eine verkettete Liste, die die Prozesse mit der jeweiligen Prozesspriorität verwaltet (siehe Abb. 8.20).

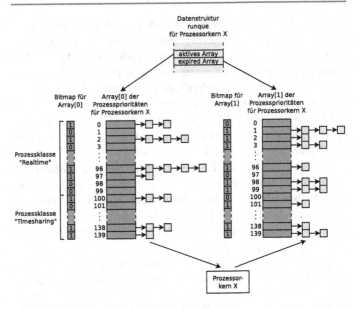

Abb. 8.20 Arbeitsweise des Linux O(1)-Schedulers

Der O(1)-Scheduler implementiert die beiden Prozessklassen *Timesharing* für die normalen Benutzerprozesse ohne Echtzeitanforderungen und *Realtime* für Prozesse mit weichen Echtzeitanforderungen [56].

Der Unterschied zwischen beiden Prozessklassen sind die unterschiedlichen Wertebereiche der dynamischen Prioritätsstufen. Beim O(1)-Scheduler gibt es 140 dynamische Prioritätsstufen (siehe Abb. 8.20). Je kleiner der Wert, desto höher ist die Priorität. Der Wertebereich für Realtime-Prozesse ist 0–99 und der Wertebereich für Timesharing-Prozesse ist 100–139.

Der Prozess im aktiven Array mit der höchsten dynamischen Prioritätsstufe bekommt als nächstes den Prozessorkern für eine Zeitscheibe zugewiesen. Die Suche nach dem Prozess mit der höchsten dynamischen Prioritätsstufe geschieht ressourcenschonend, denn für jedes Array verwaltet der Betriebssystemkern eine Bitmap mit einem Bit für jede Prioritätsstufe [1]. Für jede Prioritätsstufe, für die mindestens ein Prozess im Array existiert, hat die entsprechende Bitposition im Bitmap den Wert 1. Ansonsten hat die Bitposition in der Bitmap den Wert 0. Für die Suche nach dem nächsten Prozess mit der höchsten dynamischen Prioritätsstufe muss nur die Bitmap dahingehend durchsucht werden, welches die höchste Prioritätsstufe ist, der aktuell Prozesse zugeordnet sind [41].

Sobald das als aktiv markierte Array vollständig geleert ist, wechselt der Scheduler die Arrays. Dabei handelt es sich lediglich um einen Tausch der Zeiger auf die beiden Arrays, was keinen signifikanten Verwaltungsaufwand verursacht. Durch das Wechseln der Arrays nach einem Durchlauf aller Prozesse im Zustand *bereit* ist eine faire Abarbeitung aller Prozesse gewährleistet [95].

Der O(1)-Scheduler bevorzugt bei der Prozessklasse Timesharing interaktive Prozesse vor Prozessen die länger laufen. Konkret bevorzugt der Scheduler solche Prozesse, die häufig einen Prozessorkern nur kurze Zeit belegen und ihn dann freiwillig wieder abgeben. Um dieses zu gewährleisten vergibt der Scheduler einen Bonus oder Malus im Wertebereich +5 bis-5 auf die Prioritätsstufe. Zeitkritische Prozesse, deren Aufgabe Ein-/Ausgabe und Benutzerinteraktion ist, werden somit automatisch bevorzugt abgearbeitet [56].

Die initiale Prioritätsstufe eines Prozesses der Prozessklasse Timesharing ergibt sich aus der statischen Prozesspriorität (`nice`-Wert). Die 40 möglichen statischen Prozessprioritäten unter Linux werden bei Timesharing-Prozessen einfach auf die dynamischen Prioritätsstufen von 100 bis 139 abgebildet.

Die 40 statischen Prozessprioritäten haben unter Linux den Wertebereich -20 bis $+19$ (in ganzzahligen Schritten). Der Wert -20 ist die höchste Priorität und 19 die niedrigste Priorität. Die Standardpriorität ist 0. Normale Benutzer können Prioritäten von 0 bis 19 vergeben. Der Systemverwalter (`root`) darf Prozessen auch negative Werte zuweisen.

Das heißt für den 0(1)-Scheduler, dass ein normaler Benutzerprozess mit dem standardmäßigen `nice`-Wert von 0 bei der initialen Eingruppierung in die Listen für die dynamische Prozesspriorität 119 eingefügt wird. Zudem kann ein Prozess seine Position beim Scheduling durch interaktives Verhalten um bis zu fünf Prioritätsstufen verbessern oder durch prozessorlastiges Verhalten um bis zu fünf Prioritätsstufen verschlechtern. Voraussetzung zur Gewährung des Bonus oder Malus von bis zu fünf Prioritätsstufen ist die Unterscheidung von interaktiven und prozessorlastigen Prozessen. Dieses realisiert der Scheduler durch Beobachtung des Laufzeitverhaltens [54].

Prozesse der Prozessklasse Realtime behalten ihre Prioritätsstufen [1] und können entweder zur Prozessklasse *Realtime mit FIFO* (nicht-präemptiv) oder zu *Realtime mit Round Robin* (präemptiv) gehören.

Die Zeitscheibendauer eines Timesharing-Prozesses ergibt sich für jeden Durchlauf aus seiner dynamischen Prioritätsstufe, also aus der zugeordneten statischen Prozesspriorität (dem `nice`-Wert) und den Konsequenzen seiner Prozessinteraktivität. Die Zeitscheibendauer berechnet sich wie folgt [7]:

$$\text{Dauer [ms]} = \begin{cases} (140 - \text{Prioritätsstufe}) * 5 & (\text{wenn Prioritätsstufe 120--139}) \\ (140 - \text{Prioritätsstufe}) * 20 & (\text{wenn Prioritätsstufe 100--119}) \end{cases}$$

Da nur der Systemverwalter (`root`) Prozessen auch negative Werte als statische Prozesspriorität (`nice`-Werte von -20 bis -1) zuweisen darf, die in den dynamischen Prioritätsstufen 100–119 resultieren, ist es offensichtlich, dass solche Prozesse bei der Berechnung der Zeitscheibendauer massiv bevorzugt werden. Tab. 8.5 zeigt für einige Prioritätsstufen die Zeitscheibendauern beim 0(1)-Scheduler.

Die zugewiesene Zeischeibendauer muss nicht in einem Durchlauf verbraucht werden und je nach Situation ist das auch gar nicht möglich. Wenn es zum Beispiel durch die Ankunft eines Prozesses mit einer höheren Prioritätsstufe oder wegen der Behandlung eines Interrupts zu einer Unterbrechung kommt, behält der rechnende Prozess die noch übrige Restdauer seiner Zeitscheibe und wird wieder in die Liste der gleichen Prioritätsstufe eingereiht.

Bei Systemen mit Mehrkernprozessoren oder bei Systemen mit mehreren Prozessoren kann es zu einem starken Ungleichgewicht in der Verteilung der Prozesse auf die Prozessorkerne kommen [1,56]. Um diesem entgegenzuwirken, implementiert der O(1)-Scheduler einen *Lastverteiler* (englisch: *Load Balancer*), der

Tab. 8.5 Zeitscheibendauern normaler Benutzerprozesse (Prozessklasse Timesharing) beim O(1)-Scheduler

Prioritätsstufe	nice-Wert	Zeitscheibendauer
100	− 20	800 ms
101	− 19	780 ms
102	− 18	760 ms
…	…	…
117	− 3	460 ms
118	− 2	440 ms
119	− 1	420 ms
120	0	100 ms
121	1	95 ms
122	2	90 ms
123	3	85 ms
…	…	…
137	17	15 ms
138	18	10 ms
139	19	5 ms

für jede Ausführungswarteschlange beim Wechsel der Zeiger auf die Arrays und in regelmäßigen Abständen die gleichmäßige Verteilung der Prozesse auf die verfügbaren Prozessorkerne bzw. Ausführungswarteschlangen kontrolliert und gegebenenfalls einzelne Prozesse anderen Ausführungswarteschlangen (also Prozessorkernen) zuweist.

Die Benennung des Schedulers weist auf die Zeitkomplexität der zugrundeliegenden Algorithmen hin. Diese ist O(1), was bedeutet, dass der Scheduler für seine Funktion immer die gleiche Prozessorzeit benötigt. Die nötige Zeit zur automatischen Berechnung der Ausführungsreihenfolge der Prozesse ist unabhängig von der Anzahl der verwalteten Threads bzw. Prozesse [95].

Prozess-Scheduling seit Linux Kernel 2.6.23 mit dem CFS-Scheduler

Die Linux-Betriebssystemkerne seit Version 2.6.23 (Oktober 2007) implementieren den sogenannten *Completely Fair Scheduler* (CFS). Dieser Scheduler stellt eine Vereinfachung dar, da er ohne eine Datenstruktur wie die Ausführungswarteschlange (Runqueue) auskommt, keine Zeitscheiben berechnet und nicht zwischen Arrays für aktive und abgelaufene Prozesse hin- und herwechselt. Ziel des Schedulers ist es, allen Prozessen, die einem Prozessorkern zugeordnet sind, einen ähnlich großen (fairen) Anteil Rechenzeit zuzuteilen [56]. Bei n Prozessen soll also jedem Prozess ein Anteil von $1/n$ der verfügbaren Rechenzeit zugeordnet werden. Sind also z. B. fünf Prozesse einem Prozessorkern zugeordnet, ist es das Ziel des Schedulers jedem Prozess 20 % der Rechenzeit zuzuweisen [29].

Der Linux-Betriebssystemkern realisiert für jeden Prozessorkern einen CFS-Scheduler und für jeden Prozess eine Variable *vruntime* (virtual runtime). Der Wert der Variablen repräsentiert eine virtuelle Prozessorlaufzeit in Nanosekunden und informiert darüber, wie lange der jeweilige Prozess schon gerechnet hat. Der Prozess mit der niedrigsten vruntime bekommt als nächstes Zugriff auf den Prozessorkern und darf so lange rechnen, bis sein vruntime-Wert wieder auf einem fairen Niveau ist, also sich dem angestrebten Anteil von $1/n$ der verfügbaren Rechenzeit angenähert hat. Der Scheduler strebt einen möglichst gleichen vruntime-Wert für alle Prozesse an [56].

Die Verwaltung der Prozesse geschieht mit Hilfe eines Rot-Schwarz-Baums (also eines selbstbalancierenden binären Suchbaums) [20,88]. Dort werden die Prozesse anhand der vruntime-Werte einsortiert (siehe Abb. 8.21). Die Werte sind die Schlüssel der inneren Knoten. Die Blattkonten (NIL-Knoten) haben keine Schlüssel und enthalten keine Daten. NIL ist dabei stellvertretend für *none, nothing, null*, etc. also je nach Programmiersprache für einen Null-Wert oder Null-Pointer.

Die einem Prozessorkern zugeordneten Prozesse sind im Rot-Schwarz-Baum dahingehend einsortiert, dass die Prozesse mit dem höchsten Bedarf an Prozessorzeit (niedrigste vruntime) auf der linken Seite des Baums sind und die Prozesse mit dem geringsten

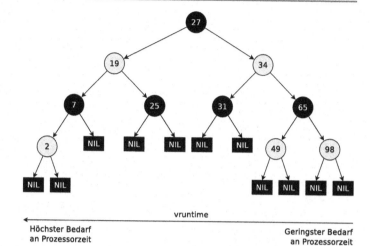

Abb. 8.21 Der CFS-Scheduler verwaltet die einem Prozessorkern zugeordneten Prozesse mit Hilfe eines Rot-Schwarz-Baums anhand ihrer vruntime-Werte [45]

Bedarf (höchste vruntime) an Prozessorzeit auf der rechten Seite. Aus Fairnessgründen weist der CFS-Scheduler dem Prozess ganz links im Rot-Schwarz-Baum als nächstes den Prozessorkern zu. Wird der Prozess vor seiner Beendigung vom Prozessorkern verdrängt und erneut in den Rot-Schwarz-Baum eingefügt, erhöht sich der Wert um die Zeit, die der Prozess auf dem Prozessorkern rechnen durfte. Die Knoten (Prozesse) im Rot-Schwarz-Baum wandern somit kontinuierlich von rechts nach links und eine faire Verteilung der Ressource Rechenleistung ist gewährleistet [45].

Die statischen Prozessprioritäten (nice-Werte) der Prozesse berücksichtigt der CFS-Scheduler in der Art und Weise, dass ein niedriger nice-Wert (hohe statische Prozesspriorität) zu einer effektiv höheren Rechenzeit führt und ein hoher nice-Wert (niedrige statische Prozesspriorität) zu einer effektiv niedrigeren Rechenzeit. Die vruntime-Werte werden also abhängig vom nice-Wert unterschiedlich gewichtet. Anders gesagt: Die virtuelle Uhr kann unterschiedlich schnell laufen [29,55].

Interprozesskommunikation 9

Prozesse müssen nicht nur Lese- und Schreibzugriffe auf Daten ausführen, sondern sie müssen sich auch häufig gegenseitig aufrufen, aufeinander warten und sich untereinander abstimmen. Kurz gesagt: Prozesse müssen miteinander interagieren können. Diese Funktionalität heißt *Interprozesskommunikation* (IPC) und das vorliegende Kapitel beschreibt die verschiedenen Möglichkeiten, wie Prozesse Informationen an andere Prozesse weiterreichen und auf gemeinsame Ressourcen zugreifen können.

9.1 Kritische Abschnitte und Wettlaufsituationen

Laufen mehrere parallel ausgeführte Prozesse, unterscheidet man kritische von unkritischen Abschnitten. Bei *unkritischen Abschnitten* greifen die Prozesse gar nicht oder nur lesend auf gemeinsame Daten zu. Bei *kritischen Abschnitten* hingegen greifen die Prozesse lesend und schreibend auf gemeinsame Daten zu. Um Fehler zu vermeiden, dürfen kritische Abschnitte nicht von mehreren Prozessen gleichzeitig durchlaufen werden. Damit Prozesse konfliktfrei auf einen gemeinsam genutzten Speicher und die

© Springer-Verlag GmbH Deutschland, ein Teil von
Springer Nature 2022
C. Baun, *Betriebssysteme kompakt,* IT kompakt,
https://doi.org/10.1007/978-3-662-64718-9_9

darauf abgelegten Daten zugreifen können, muss das Betriebssystem einen Mechanismus zum *wechselseitigen Ausschluss* (englisch: *Mutual Exclusion*) bereitstellen.

Ein Beispiel für einen kritischen Abschnitt aus [95] ist das folgende Szenario eines Drucker-Spoolers in Tab. 9.1. Die beiden Prozesse P_A und P_B möchten jeweils ein Dokument ausdrucken (siehe
Abb. 9.1). Der Spooler arbeitet mit zwei Variablen, deren Werte
in einer Textdatei gespeichert werden und somit für alle Prozesse
erreichbar sind. Die Variable out speichert die Nummer des nächsten auszudruckenden Dokuments im Spooler-Verzeichnis und die
Variable in speichert die Nummer des nächsten freien Eintrags
im Spooler-Verzeichnis. Jeder Prozess muss sein Dokument in das
Spooler-Verzeichnis schreiben und danach den Wert der Variable
in um den Wert 1 erhöhen.

Tab. 9.1 Beispiel für einen kritischen Abschnitt und dessen mögliche Auswirkungen [95]

Prozess P_A		*Prozess P_B*
next_free_slot = in; (Ergebnis: 16)		
	Prozess- wechsel	

		next_free_slot = in;
		(Ergebnis: 16)
		Speichere Eintrag in
		next_free_slot;
		(Ergebnis: 16)
		in = next_free_slot+1;
		(Ergebnis: 17)

	Prozess- wechsel	
Speichere Eintrag in next_free_slot; (Ergebnis: 16) in = next_free_slot+1; (Ergebnis: 17)		

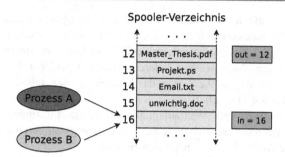

Abb. 9.1 Zwei Prozesse befinden sich in einer Wettlaufsituationen (Race Condition) [95]

Prozess P_A liest im ersten Schritt den Wert der Variable `in`, um die Nummer des nächsten freien Speicherplatzes (es ist die Nummer 16) zu erhalten. Daraufhin kommt es zum Prozesswechsel und Prozess P_B liest im ersten Schritt den Wert der Variable `in`, um die Nummer des nächsten freien Speicherplatzes zu erfahren. Die Variable speichert unverändert den Wert 16. Daraufhin schreibt Prozess P_B seinen Druckauftrag in den Speicherplatz mit der Nummer 16. Sobald der Druckauftrag übermittelt ist, erhöht Prozess P_B die Zählvariable des Spooler-Verzeichnisses um den Wert 1. Nun kommt es erneut zum Prozesswechsel und P_A nimmt immer noch an, das der nächste freie Speicherplatz derjenige mit der Nummer 16 ist. Aus diesem Grund schreibt P_A seinen Druckauftrag ebenfalls in den Speicherplatz mit der Nummer 16 und überschreibt damit den Druckauftrag von Prozess P_B. Abschließend erhöht auch Prozess P_A die Zählvariable des Spooler-Verzeichnisses um den Wert 1.

Im Ergebnis ist das Spooler-Verzeichnis zwar in einem konsistenten Zustand, aber der Eintrag von Prozess P_B wurde von Prozess P_A überschrieben und ging verloren. Eine solche Situation heißt *Race Condition*. Sie beschreibt die *unbeabsichtigte Wettlaufsituation* zweier Prozesse, die den Wert der gleichen Speicherstelle ändern wollen. Das Ergebnis eines Prozesses hängt dabei von der Reihenfolge oder dem zeitlichen Ablauf anderer Ereignisse ab. Race Conditions sind ein häufiger Grund für schwer auffindbare

Programmfehler, denn das Auftreten und die Symptome hängen von unterschiedlichen Ereignissen ab. Bei jedem Testdurchlauf können die Symptome unterschiedlich sein oder verschwinden. Eine Vermeidung ist unter anderem durch das Konzept der Sperren (siehe Abschn. 9.2.2) oder das Konzept der *Semaphore* (siehe Abschn. 9.4.1) möglich.

Unbeabsichtigte Wettlaufsituationen in der Informatik sind keine Petitesse und können je nach Anwendungsfall durchaus tragische Auswirkungen[1] nach sich ziehen.

9.2   Synchronisation von Prozessen

Bei der Prozessinteraktion unterscheidet man den funktionalen und den zeitlichen Aspekt. Aus funktionaler Sicht ermöglicht die Prozessinteraktion die *Kommunikation* und die *Kooperation* zwischen Prozessen (siehe Abb. 9.2).

Zudem gibt es bei der Prozessinteraktion auch einen zeitlichen Aspekt, nämlich die *Synchronisation*. Kommunikation und Kooperation basieren beide auf der Synchronisation, denn sie benötigen eine zeitliche Abstimmung zwischen den Interaktionspartnern, um korrekte Ergebnisse zu erhalten. Synchronisation ist somit die elementarste Form der Interaktion (siehe Abb. 9.3). Aus diesem Grund beschreibt dieses Kapitel zuerst die Synchronisation von Prozessen und anschließend unterschiedliche Formen der Kommunikation und der Kooperation.

---

[1] Ein bekanntes Beispiel für tragische Auswirkungen durch eine Race Condition ist der Elektronen-Linearbeschleuniger Therac-25, der zur Strahlentherapie von Krebstumoren eingesetzt wurde. Dieser verursachte Mitte der 1980er Jahre in den vereinigten Staaten Unfälle. Von den getöteten Patienten starben zwei nachweislich durch eine Race Condition, die zu inkonsistenten Einstellungen des Gerätes und damit zu einer erhöhten Strahlendosis führte. Ursächlich war eine fehlerhafte Synchronisierung mit dem Prozess der Eingabeaufforderung. Der Fehler trat allerdings nur dann auf, wenn die Bedienung zu schnell erfolgte. Bei Tests trat der Fehler nicht auf, weil Erfahrung (Routine) erforderte, um das Gerät so schnell zu bedienen [51].

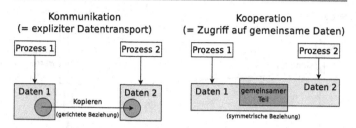

Abb. 9.2 Aus funktionaler Sicht ermöglicht Prozessinteraktion die Kommunikation und die Kooperation zwischen Prozessen [35]

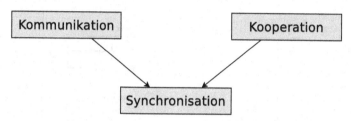

Abb. 9.3 Synchronisation ist die elementarste Form der Interaktion zwischen Prozessen [35]

9.2.1 Definition der Ausführungsreihenfolge durch Signalisierung

Eine Möglichkeit, die Ausführungsreihenfolge der Prozesse zu definieren und somit die Prozesse zu synchronisieren, ist die Verwendung von Signalen. Ein Beispiel für Signalisierung zeigt Abb. 9.4. Bei diesem Szenario soll Abschnitt X von Prozess P_A vor Abschnitt Y von Prozess P_B ausgeführt werden. Die Operation `signal` signalisiert, wenn Prozess P_A den Abschnitt X abgearbeitet hat. Als Konsequenz muss Prozess P_B eventuell auf das Signal von Prozess P_A warten.

Die einfachste Form der Realisierung ist das *aktive Warten* (englisch: *Busy Waiting*), das in der Literatur auch *Polling* heißt [100]. Abb. 9.5 zeigt aktives Warten an der globalen Signalvariable s [91]. Diese kann sich der Einfachheit halber in einer lokalen Datei befinden. Der Prozess, dessen kritischer Abschnitt zuerst ausgeführt

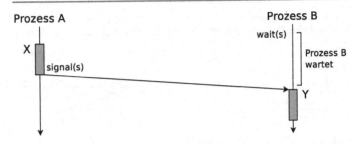

Abb. 9.4 Mit Signalisierung wird eine Ausführungsreihenfolge festgelegt

Abb. 9.5 Arbeitsweise einer Warteschleife (Spinlock)

werden soll, setzt die Signalvariable mit der `signal`-Operation, sobald er seinen kritischen Abschnitt fertig abgearbeitet hat. Der andere Prozess prüft in regelmäßigen Abständen, ob die Signalvariable gesetzt ist. Ist die Signalvariable gesetzt, setzt die `wait`-Operation diese zurück.

Die Namen `signal` und `wait` für die benötigen Operationen sind generische Bezeichner. Die existierenden Betriebssysteme stellen Werkzeuge wie Systemaufrufe und Bibliotheksfunktionen zur Verfügung, um die in diesem Abschnitt beschrieben Funktionalitäten nachzubilden.

Ein Nachteil des aktiven Wartens ist, dass Rechenzeit verschwendet wird, weil die `wait`-Operation den Prozessor in regelmäßigen Abständen belegt. Diese Technik heißt auch *Warteschleife* (englisch: *Spinlock*) [28].

Ein besseres Konzept zur Synchronisation von Prozessen, das keine Rechenzeit des Prozessors vergeudet, zeigt Abb. 9.6, das

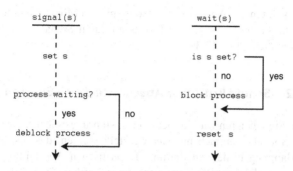

Abb. 9.6 Beim passiven Warten wird keine Rechenzeit des Prozessors vergeudet

in der Literatur auch *passives Warten* heißt [100]. Die signal-Operation setzt die Signalvariable s und überprüft, ob es einen wartenden Prozess gibt. Ist das der Fall, deblockiert die signal-Operation diesen. Die wait-Operation prüft, ob die Signalvariable gesetzt ist. Ist das Fall, setzt die wait-Operation die Signalvariable zurück. Ist die Signalvariable nicht gesetzt, blockiert die wait-Operation den Prozess.

Eine Möglichkeit, um mit den Mitteln von Linux und anderen Unix-ähnlichen Betriebssystem eine Ausführungsreihenfolge mit passivem Warten festzulegen, ist die Funktion sigsuspend. Mit dieser blockiert sich ein Prozess so lange selbst, bis ein anderer Prozess ihm mit der Funktion kill[2] ein passendes Signal (meist SIGUSR1 oder SIGUSR2) sendet und somit signalisiert, dass er weiterarbeiten soll.

Alternative Systemaufrufe und gleichnamige Funktionsaufrufe, mit denen sich ein Prozess selbst so lange blockieren kann, bis er durch einen Systemaufruf wieder geweckt wird, sind pause und sleep [37].

---

[2] Mit dem Systemaufruf kill und der gleichnamigen Bibliotheksfunktion sowie dem gleichnamigen Kommando in der Shell ist es möglich, Signale an Prozesse zu senden.

Eine intensive Auseinandersetzung mit den Möglichkeiten, die Ausführungsreihenfolge von Prozessen durch Signale zu beeinflussen, bieten [36,37,39].

9.2.2 Schutz kritischer Abschnitte durch Sperren

Beim Signalisieren wird immer eine Ausführungsreihenfolge festlegt. Soll aber einfach nur sichergestellt werden, dass es keine Überlappung in der Ausführung der kritischen Abschnitte gibt, können die beiden atomaren Operationen lock und unlock wie in Abb. 9.7 eingesetzt werden. Die Operation lock blockiert hier den anderen Prozess und unlock teilt ihm mit, dass er in seinen kritischen Abschnitt eintreten darf.

Das in Abb. 9.7 gezeigte Synchronisationskonzept zum Schutz kritischer Abschnitte ohne Definition einer Ausführungsreihenfolge heißt in der Literatur auch *Sperren* [101]. Die Arbeitsweise der beiden Operationen lock und unlock zum Sperren und Freigeben von Prozessen zeigt Abb. 9.8.

Auch die beiden Operationen lock und unlock zum Sperren und Freigeben von Prozessen können unter Linux und anderen Unix-ähnlichen Betriebssystem mit Systemaufrufen und Bibliotheksfunktion wie sigsuspend, kill, pause und sleep realisiert werden.

Eine noch einfachere Möglichkeit zur Realisierung von Sperren ist die Verwendung der beiden Signale SIGSTOP (Signalnum-

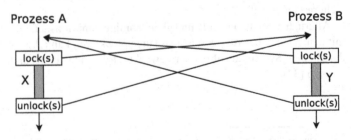

Abb. 9.7 Sperren sichern kritische Abschnitte [101]

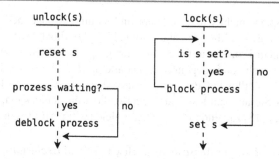

Abb. 9.8 Sperren vermeiden Überlappungen bei der Abarbeitung von zwei kritischen Abschnitten

mer 19) und SIGCONT (Signalnummer 18). Mit dem ersten Signal ist es möglich, einen anderen Prozess im System zu stoppen und mit dem zweiten Signal kann er reaktiviert werden.

Soll das Sperren nicht mit Signalen realisiert werden, kann auch eine lokale Datei als Sperrmechanismus für wechselseitigen Ausschluss dienen. Dafür muss nur jeder Prozess vor dem Eintritt in seinen kritischen Abschnitt prüfen, ob er die Datei mit dem Systemaufruf open, oder alternativ mit einer Standard-Bibliotheksfunktion wie fopen, exklusiv öffnen kann. Wenn das nicht der Fall ist, muss er für eine bestimmte Zeit pausieren (z. B. mit dem Systemaufruf sleep) und es danach erneut versuchen *(aktives Warten)* oder alternativ sich mit sleep oder pause selbst pausieren und hoffen, dass der Prozess, der bereits die Datei geöffnet hat, ihn nach Abschluss seines kritischen Abschnitts mit einem Signal deblockiert *(passives Warten)*. Eine intensive Auseinandersetzung mit diesem Konzept zu Prozesssynchronisation bieten [25,36,99].

9.2.3 Verhungern und Deadlock

Bei der Definition einer Ausführungsreihenfolge oder dem Blockieren von Prozessen kann es leicht zum *Verhungern* (englisch: *Starvation*) oder zu einer *Verklemmung* (englisch: *Deadlock*) kommen. Das Verhungern beschreibt eine Situation, in der ein Prozess eine Sperre nicht wieder aufhebt und darum ein oder mehr Prozesse endlos auf die Freigabe warten. Beim Deadlock warten zwei oder mehr Prozesse auf die von ihnen gesperrten Ressourcen. Sie sperren sich somit gegenseitig. Da alle am Deadlock beteiligten Prozesse endlos lange warten, kann keiner ein Ereignis auslösen, das die Situation auflöst. Damit ein Deadlock entstehen kann, müssen laut [18] folgende Bedingungen gleichzeitig erfüllt sein [95]:

- *Wechselseitiger Ausschluss* (englisch: *Mutual Exclusion*). Mindestens eine Ressource wird von genau einem Prozess belegt oder ist verfügbar. Sie ist also nicht gemeinsam nutzbar (englisch: *non-sharable*).
- *Anforderung weiterer Betriebsmittel* (englisch: *Hold and Wait*). Ein Prozess, der bereits mindestens eine Ressource belegt, fordert weitere Ressourcen an, die von einem anderen Prozess bereits belegt sind.
- *Ununterbrechbarkeit* (englisch: *no preemption*). Die Ressourcen, die ein Prozess besitzt, können nicht vom Betriebssystem entzogen, sondern nur durch ihn selbst freigegeben werden.
- *Zyklische Wartebedingung* (englisch: *Circular Wait*). Es gibt eine zyklische Kette von Prozessen. Jeder Prozess fordert eine Ressource an, die der nächste Prozess in der Kette besitzt.

Fehlt eine der genannten Bedingungen, kann kein Deadlock entstehen.

Es gibt verschiedene Verfahren zur Deadlock-Erkennung. Zwei davon stellen die folgenden beiden Abschnitte vor. Solche Verfahren haben generell den Nachteil, dass Sie einen Verwaltungsaufwand erzeugen. In allen bekannten Betriebssystemen sind Deadlocks prinzipiell möglich und häufig werden sie abhängig von der Wichtigkeit des Computersystems akzeptiert. Sind beispielsweise alle möglichen Inodes im Dateisystem vergeben, können keine neuen Dateien mehr angelegt werden. Ist die Prozesstabelle voll, können keine neuen Prozesse mehr erzeugt werden [12,95]. Sind der Hauptspeicher und der Auslagerungsspeicher voll, wird das Betriebssystem unbenutzbar [28]. Die Wahrscheinlichkeit, dass solche Dinge im Alltag passieren, ist gering, aber es ist auch nicht unmöglich. Solche potentiellen Deadlocks werden in den allermeisten Anwendungsfällen eher akzeptiert als der zur Erkennung und Vermeidung nötige Verwaltungsaufwand. In diesem Zusammenhang spricht man auch von einer Politik der *Deadlock-Ignorierung* oder *Vogel-Strauß-Politik* (englisch: *Ostrich Algorithm*) [28,95].

Betriebsmittel-Graphen

Betriebsmittel-Graphen (englisch: *Resource Allocation Graphs*) sind eine Möglichkeit, um mit gerichteten Graphen die Beziehungen von Prozessen und Ressourcen darzustellen und potentielle Deadlocks zu modellieren, wenn der zeitliche Ablauf der Ressourcenanforderungen durch die Prozesse im Voraus bekannt ist. Prozesse sind im Graph als Kreise und Ressourcen als Rechtecke dargestellt. Eine Kante von einem Prozess zu einer Ressource bedeutet, dass der Prozess blockiert ist, weil er auf die Ressource wartet. Eine Kante von einer Ressource zu einem Prozess bedeutet, dass der Prozess die Ressource belegt [12].

Abb. 9.9 zeigt die Komponenten und Beziehungen im Betriebsmittel-Graph, außerdem wird ein Zyklus dargestellt. Die beiden Prozesse warten aufeinander. Diese Deadlock-Situation kann nur durch den Abbruch eines der beteiligten Prozesse aufgelöst werden [2].

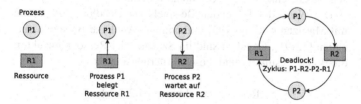

Abb. 9.9 Mit Betriebsmittel-Graphen ist es möglich, Deadlocks zu modellieren

Deadlock-Erkennung mit Petrinetzen

Petrinetze ermöglichen die grafische Modellierung nebenläufiger Systeme und sind eine weitere Möglichkeit der Darstellung von Deadlock-Situationen. Aus Platzgründen und wegen der großen Ähnlichkeit zu Betriebsmittel-Graphen enthält dieses Buch keine weiteren Informationen zu Petrinetzen. Eine intensive Auseinandersetzung mit diesem Thema bietet [56].

Deadlock-Erkennung mit Matrizen

Ein Nachteil der Deadlock-Erkennung mit Betriebsmittel-Graphen ist, dass man damit nur einzelne Ressourcen darstellen kann. Gibt es mehrere Kopien (Instanzen) einer Ressource, sind Graphen zur Darstellung bzw. Erkennung von Deadlocks ungeeignet. Existieren von einer Ressource mehrere Instanzen, kann ein in [95] beschriebenes, matrizenbasiertes Verfahren verwendet werden, das zwei Vektoren und zwei Matrizen benötigt.

Die beiden Vektoren sind der *Ressourcenvektor* (englisch: *Existing Resource Vector*), der anzeigt, wie viele Instanzen von jeder Ressourcenklasse existieren und der *Ressourcenrestvektor* (englisch: *Available Resource Vector*), der anzeigt, wie viele Instanzen von jeder Ressourcenklasse noch nicht durch Prozesse belegt sind.

Die beiden Matrizen sind die *Belegungsmatrix* (englisch: *Current Allocation Matrix*), die anzeigt, wie viele Instanzen der einzelnen Ressourcenklassen jeder Prozess belegt und die *Anforderungsmatrix* (englisch: *Request Matrix*), die anzeigt, wie viele Ressourcen die einzelnen Prozesse noch anfordern.

Die Werte des folgenden Beispiels zur Deadlock-Erkennung mit Matrizen sind aus [95] entnommen. Ähnliche Beispiele enthalten [12,91]. Gegeben sind im Szenario der Ressourcenvektor, die Belegungsmatrix und die Anforderungsmatrix.

$$\text{Ressourcenvektor} = \begin{pmatrix} 4 & 2 & 3 & 1 \end{pmatrix}$$

$$\text{Belegungsmatrix} = \begin{bmatrix} 0 & 0 & 1 & 0 \\ 2 & 0 & 0 & 1 \\ 0 & 1 & 2 & 0 \end{bmatrix}$$

$$\text{Anforderungsmatrix} = \begin{bmatrix} 2\ 0\ 0\ 1 \\ 1\ 0\ 1\ 0 \\ 2\ 1\ 0\ 0 \end{bmatrix}$$

Im Ressourcenvektor ist jede Spalte stellvertretend für eine Ressourcenklasse. Dementsprechend sagt der Ressourcenvektor aus, dass vier Instanzen der Ressourcenklasse 1 existieren, zwei Instanzen der Klasse 2, drei Instanzen der Klasse 3 und eine Instanz der Klasse 4.

Auch in der Belegungsmatrix beschreiben die Spalten die Ressourcenklassen und jede Zeile steht für einen Prozess. Die Belegungsmatrix gibt somit an, dass Prozess 1 eine Instanz von Klasse 3 belegt, Prozess 2 belegt zwei Instanzen vom Klasse 1 und eine Instanz vom Klasse 4 und Prozess 3 belegt eine Instanz von Klasse 2 und zwei Instanzen vom Klasse 3.

Die Anforderungsmatrix gibt an, wie viele Instanzen jeder Ressourcenklasse (erneut dargestellt durch die Spalten) jeder Prozess (erneut dargestellt durch die Zeilen) noch anfordert, damit er komplett abgearbeitet wird und anschließend alle seine belegten Ressourcen freigeben kann.

Mit Hilfe des Ressourcenvektors und der Belegungsmatrix ist es möglich, den Ressourcenrestvektor zu berechnen. Dafür werden die Werte im Ressourcenvektor von den summierten Spalten in der Belegungsmatrix subtrahiert. Für unser Beispiel ergibt sich der folgende Ressourcenrestvektor:

$$\text{Ressourcenrestvektor} = \begin{pmatrix} 2\ 1\ 0\ 0 \end{pmatrix}$$

Konkret bedeutet das, dass nur zwei Instanzen von Klasse 1 und noch eine Instanz von Klasse 2 frei sind. Die Ressourcenklassen 3 und 4 sind vollständig belegt. Ein Vergleich des Ressourcenrestvektors mit den einzelnen Zeilen der Anforderungsmatrix zeigt, welche Prozesse zum aktuellen Zeitpunkt weiterlaufen können, weil das Betriebssystem ihre Ressourcenanforderungen bedienen kann.

Prozess 1 ist blockiert, weil keine Instanz vom Klasse 4 frei ist und Prozess 2 ist blockiert, weil keine Instanz vom Klasse 3 frei ist. Nur Prozess 3 ist nicht blockiert. Er kann als einziger Prozess weiterlaufen. Sobald er fertig ausgeführt ist, gibt das Betriebssystem

seine Ressourcen frei. Dadurch ändern sich der Ressourcenrestvektor und die Anforderungsmatrix wie folgt:

$$\text{Ressourcenrestvektor} = \begin{pmatrix} 2 & 2 & 2 & 0 \end{pmatrix}$$

$$\text{Anforderungsmatrix} = \begin{bmatrix} 2 & 0 & 0 & 1 \\ 1 & 0 & 1 & 0 \\ - & - & - & - \end{bmatrix}$$

Nach dem neuen Ressourcenrestvektor sind nun jeweils zwei
Instanzen der Ressourcenklassen 1, 2 und 3 frei. Alle Ressourcen
von Klasse 4 sind nach wie vor von Prozessen belegt. Entsprechend
sind zum aktuellen Zeitpunkt keine Instanzen der Klasse 4 verfügbar. Ein Vergleich des neuen Ressourcenrestvektors mit den einzelnen Zeilen der Anforderungsmatrix zeigt, dass Prozess 1 immer
noch blockiert ist, weil keine Ressource von Klasse 4 frei ist. Prozess 2 hingegen kann weiterlaufen und sobald er fertig ausgeführt
ist, gibt das Betriebssystem auch seine Ressourcen frei. Dadurch
ändern sich der Ressourcenrestvektor und die Anforderungsmatrix
wie folgt:

$$\text{Ressourcenrestvektor} = \begin{pmatrix} 4 & 2 & 2 & 1 \end{pmatrix}$$

$$\text{Anforderungsmatrix} = \begin{bmatrix} 2 & 0 & 0 & 1 \\ - & - & - & - \\ - & - & - & - \end{bmatrix}$$

Ab diesem Zeitpunkt ist auch Prozess 1 nicht mehr blockiert, da das
Betriebssystem nun seine Ressourcenanforderungen (zwei Instanzen der Klasse 1 und eine Instanz der Klasse 4) bedienen kann.
Damit ist klar, dass es im vorgestellten Szenario nicht zum Deadlock kommt.

9.3 Kommunikation von Prozessen

Betriebssysteme ermöglichen den Prozessen die *Interprozess-kommunikation* durch die Nutzung von gemeinsamem Speicher, Nachrichtenwarteschlangen, Pipes und Sockets. Die folgenden Abschnitte beschreiben diese vier Kommunikationskonzepte.

9.3.1 Gemeinsamer Speicher (System V)

Interprozesskommunikation über einen *gemeinsamen Speicher* (englisch: *Shared Memory*) ist speicherbasierte Kommunikation. Die dabei verwendeten gemeinsamen Speichersegmente sind Speicherbereiche, auf die mehrere Prozesse direkt zugreifen können (siehe Abb. 9.10). Die Prozesse müssen die Zugriffe selbst koordinieren und sicherstellen, dass ihre Speicherzugriffe sich gegenseitig ausschließen. Ein lesender Prozess darf nichts aus dem gemeinsamen Speicher lesen, bevor der schreibende Prozess fertig geschrieben hat. Ist die Koordinierung der Zugriffe nicht sorgfältig, kommt es zu Inkonsistenzen.

Das in diesem Abschnitt beschriebene Konzept zur Realisierung und Nutzung gemeinsamer Speicherbereiche entspricht dem Standard *System V*. Daneben existieren auch die gemeinsamen Speichersegmente gemäß dem Standard *POSIX* – Portable Operating System Interface (siehe Abschn. 9.3.2).

Der Betriebssystemkern von Linux speichert zur Verwaltung der gemeinsamen Speicherbereiche eine *Shared Memory-Tabelle* mit Informationen über die existierenden Segmente. Zu diesen Informationen gehören: Anfangsadresse im Speicher, Größe, Besitzer (Benutzername und Gruppe) und Zugriffsrechte (siehe Abb. 9.11).

Abb. 9.10 Gemeinsame Speichersegmente sind Speicherbereiche, auf die mehrere Prozesse direkt zugreifen können

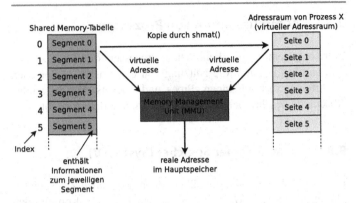

Abb. 9.11 Der Kernel verwaltet die Informationen über die gemeinsamen Speichersegmente in der Shared Memory-Tabelle

Tab. 9.2 Linux-Systemaufrufe zur Verwaltung gemeinsamer System V-Speichersegmente

Systemaufruf	Funktionalität
shmget	Ein Segment erzeugen oder auf ein bestehendes zugreifen
shmat	Ein Segment an einen Prozess anhängen
shmdt	Ein Segment von einem Prozess lösen/freigeben
shmctl	Den Status (u. a. Zugriffsrechte) eines Segments abfragen, es ändern oder löschen

Ein gemeinsames Speichersegment wird immer über seine Index-nummer in der Shared Memory-Tabelle angesprochen.

Ist ein gemeinsames Speichersegment an keinen Prozess mehr gebunden, wird es nicht automatisch vom Betriebssystem gelöscht, sondern bleibt erhalten, bis die Löschung durch den Systemaufruf shmctl angewiesen wird oder bis zum Neustart des Betriebssystems. Linux stellt vier Systemaufrufe für die Arbeit mit gemeinsamem Speicher bereit (siehe Tab. 9.2).

Das Programmbeispiel in Listing 9.1 zeigt in der Programmiersprache C die Erzeugung eines gemeinsamen System V-Speichersegments unter Linux mit der Funktion shmget (in

Zeile 18), das Anhängen an den virtuellen Adressraum des aufrufenden Prozess mit shmat (in Zeile 30), das Schreiben einer Zeichenkette in das Segment (in Zeile 40), das Auslesen dieser Zeichenkette aus dem Segment (in Zeile 49), das Lösen des Segments vom virtuellen Adressraum des aufrufenden Prozess mit shmdt (in Zeile 55) und abschließend das Entfernen (Löschen) das Segments aus dem Betriebssystem mit shmctl (in Zeile 65).

Das Beispiel geht an der Realität vorbei, weil der schreibende und der lesende Prozess identisch sind. Es zeigt aber auf kompakte Art und Weise die Realisierung der oben genannten Schritte. Zudem ist es einfach, einzelne Codebereiche in einen zweiten Prozess zu verlagern. Sinnvollerweise würde ein zweiter Prozess den Zugriff auf ein existierendes Segment und einen Lese- oder Schreibzugriff darauf erhalten.

War der Aufruf der Funktion shmget in Zeile 18 erfolgreich, ist der Rückgabewert die im Betriebssystem eindeutige Shared Memory-ID. Wenn der Rückgabewert der Funktion −1 ist, konnte der Betriebssystemkern das Segment nicht anlegen. Ein Shared Memory-Key für das neue Segment wird in Zeile 9 definiert. Die Konstante MAXMEMSIZE in Zeile 6 enthält die Speicherkapazität des Segments, in diesem Fall: 20 Bytes. Der Parameter IPC_CREAT in Zeile 20 gibt an, dass ein eventuell existierendes Segment mit dem gleichen Shared Memory-Key nicht überschrieben, sondern nur seine Shared Memory-ID zurückgeliefert werden soll. Der Parameter 0600 in der gleichen Zeile definiert die Zugriffsrechte. In diesem Fall darf nur der Benutzer, der das Segment anlegt, auf dieses lesend und schreibend zugreifen.

Beim Versuch das Segment mit der Funktion shmat in Zeile 30 an den virtuellen Adressraum des aufrufenden Prozess anzuhängen, ist als Parameter die Variable returncode_shmget angegeben. Diese enthält den Rückgabewert von shmget mit der eindeutigen Shared Memory-ID. Wenn der Rückgabewert der Funktion −1 ist, konnte der Betriebssystemkern das Segment nicht anhängen. Die Überprüfung des Rückgabewerts sieht bei shmat etwas anders aus als bei den in diesem Abschnitt besprochenen Funktionen, weil der Rückgabewert ein Zeiger ist, der nicht mit einer natürlichen Zahl verglichen werden darf [103].

Beim Schreiben der Zeichenkette in das Segment mit der
Funktion sprintf in Zeile 40 ist ebenfalls mit der Variable
returncode_shmget der Rückgabewert von shmget als Ziel
der Schreibanweisung angegeben. Auch hier gibt wieder der Rückgabewert der Funktion Auskunft darüber, ob der Schreibzugriff
erfolgreich durchgeführt wurde, denn der Rückgabewert enthält
die Anzahl der geschriebenen Zeichen und im Fehlerfall ist er < 0.

Der Lesezugriff auf das Segment mit der Funktion printf in
Zeile 49 ist selbsterklärend.

Auch beim Versuch, das Segment mit der Funktion shmdt in
Zeile 55 vom Prozess zu lösen, und beim Versuch, das Segment mit
der Funktion shmctl und dem Parameter IPC_RMID in Zeile 65
zu löschen, ist als Parameter die Variable returncode_shmget
angegeben, die die Shared Memory-ID enthält. Auch bei diesen
Funktionen ist der Rückgabewert im Fehlerfall −1.

```
1  #include <stdlib.h>
2  #include <sys/types.h>
3  #include <sys/ipc.h>
4  #include <sys/shm.h>
5  #include <stdio.h>
6  #define MAXMEMSIZE 20
7
8  int main(int argc, char **argv) {
9    int shared_memory_key = 12345;
10   int returncode_shmget;
11   int returncode_shmdt;
12   int returncode_sprintf;
13   int returncode_printf;
14   int returncode_shmctl;
15   char *sharedmempointer;
16
17   // Gemeinsames Speichersegment erzeugen
18   returncode_shmget = shmget(shared_memory_key,
19                       MAXMEMSIZE,
20                       IPC_CREAT | 0600);
21   if (returncode_shmget < 0) {
22     printf("Das Segment konnte nicht erstellt werden.\n");
23     perror("shmget");
24     exit(1);
25   }
26
27   printf("Das Segment wurde erstellt.\n");
28
29   // Gemeinsames Speichersegment anhängen
30   sharedmempointer = shmat(returncode_shmget, 0, 0);
```

```
31    if (sharedmempointer==(char *)-1) {
32      printf("Das Segment konnte nicht angehängt werden.\n");
33      perror("shmat");
34      exit(1);
35    } else {
36      printf("Das Segment wurde angehängt.\n");
37    }
38
39    // Eine Zeichenkette in das Segment schreiben
40    returncode_sprintf = sprintf(sharedmempointer, "Hallo Welt.");
41    if (returncode_sprintf < 0) {
42      printf("Der Schreibzugriff ist fehlgeschlagen.\n");
43      exit(1);
44    } else {
45      printf("%i Zeichen wurden geschrieben.\n", returncode_sprintf);
46    }
47
48    // Die Zeichenkette im Segment ausgeben
49    if (printf("Inhalt des Segments: %s\n", sharedmempointer) < 0) {
50      printf("Der Lesezugriff ist fehlgeschlagen.\n");
51      exit(1);
52    }
53
54    // Gemeinsames Speichersegment lösen
55    returncode_shmdt = shmdt(sharedmempointer);
56    if (returncode_shmdt < 0) {
57      printf("Das Segment konnte nicht gelöst werden.\n");
58      perror("shmdt");
59      exit(1);
60    } else {
61      printf("Das Segment wurde vom Prozess gelöst.\n");
62    }
63
64    // Gemeinsames Speichersegment löschen
65    returncode_shmctl = shmctl(returncode_shmget, IPC_RMID, 0);
66    if (returncode_shmctl == -1) {
67      printf("Das Segment konnte nicht gelöscht werden.\n");
68      perror("shmctl");
69      exit(1);
70    } else {
71      printf("Das Segment wurde gelöscht.\n");
72    }
73
74    exit(0);
75  }
```

Listing 9.1 Programmbeispiel zu gemeinsamen System V-Speicherbereichen

Das Übersetzen des Programms mit dem GNU C Compiler (gcc)
unter Linux und das anschließende Ausführen führt im Erfolgsfall
zu folgender Ausgabe:

```
$ gcc Listing_9_1_shared_memory_systemv.c \
      -o Listing_9_1_shared_memory_systemv
$ ./Listing_9_1_shared_memory_systemv
Das Segment wurde erstellt.
Das Segment wurde angehängt.
11 Zeichen wurden geschrieben.
Inhalt des Segments: Hallo Welt.
Das Segment wurde vom Prozess gelöst.
Das Segment wurde gelöscht.
```

Interessant ist die Beobachtung der verschiedenen Zustände, in
denen sich das im Programm erstellte und abschließend gelöschte
Segment während der Laufzeit befindet. Diese Zustände kann
man durch Kürzen des Programms selbst mit dem Programm
ipcs, das Informationen über bestehende gemeinsame System V-
Speichersegmente liefert, auf der Kommandozeile von Linux nach-
vollziehen.

Nach der Erzeugung des Segments mit der Funktion shmget
sind in der Ausgabe[3] von ipcs die im Programmbeispiel festgelegten Zugriffsrechte und die Größe sichtbar. Die Spalte nattch
gibt an, wie viele Prozesse das Segment bereits an sich gebunden
haben.

```
$ ipcs -m
------ Shared Memory Segments --------
key        shmid       owner   perms  bytes   nattch  status
0x00003039 56393780    bnc     600    20      0
```

---

[3] Mit der Option -m wird ipcs angewiesen, nur die gemeinsamen Speicherbereiche auszugeben.

Der Shared Memory-Key ist in Hexadezimalschreibweise angegeben. Eine Konvertierung ins Dezimalsystem mit dem Kommando
`printf` zeigt, dass der im Programmbeispiel festgelegte Shared
Memory-Key berücksichtigt wurde.

```
$ printf "%d\n" 0x00003039
# Umrechnen von Hexadezimal in Dezimal
12345
```

Nach dem Anhängen des Segments mit der Funktion `shmat` verändert sich die Ausgabe von `ipcs` nur in der Spalte `nattch`. Hier
wird deutlich, dass bislang ein Prozess das Segment an seinen virtuellen Speicher angebunden hat.

```
$ ipcs -m
------ Shared Memory Segments --------
key         shmid      owner  perms  bytes  nattch  status
0x00003039  56393780   bnc    600    20     1
```

Das Schreiben in das Speichersegment und das Lesen daraus
schlägt sich nicht in der Ausgabe von `ipcs` nieder – das Lösen des
Segments vom Prozess mit der Funktion `shmdt` hingegen schon
(erneut in der Spalte `nattch`). Nach dem Löschen des Segments
mit `shmctl` ist auch in der Ausgabe von `ipcs` nichts mehr davon
zu sehen.

Das Löschen gemeinsamer Speichersegmente ist auch von der
Eingabeaufforderung aus mit dem Kommando `ipcrm` möglich.
Das ist besonders hilfreich, wenn bei der Entwicklung eigener
Software zwar Segmente erzeugt, aber nicht mehr entfernt wur-
den. Das folgende Kommando entfernt das Segment mit der Shared
Memory-ID `56393780` aus dem Betriebssystem:

```
$ ipcrm shm 56393780
resource(s) deleted
```

9.3.2 POSIX-Speichersegmente

Eine alternative Möglichkeit um gemeinsame Speichersegmente
zu realisieren bietet der Standard POSIX. Die POSIX-Schnittstelle
ist einige Jahre nach System V entstanden und gilt dementsprechend als moderner und leichter zugänglich. Ein Nachteil kann
in bestimmten Einsatzszenarien allerdings sein, dass besonders in
älteren Linux-Distributionen und anderen älteren Unix-ähnlichen
Betriebssystemen die POSIX-Interprozesskommunikation nicht
immer komplett oder gar nicht verfügbar ist. Dieser Nachteil wird
in der Praxis aber immer mehr abgeschwächt, da eine Unterstützung der POSIX-Schnittstelle in Linux und anderen Unix-
ähnlichen Betriebssystemen schon mehrere Jahre Stand der Technik ist.

Tab. 9.3 enthält die in der Header-Datei `mman.h` definierten C-Funktionsaufrufe für POSIX-Speichersegmente. Außer diesen Funktionsaufrufen zählen auch noch weitere Funtionen zur
POSIX-Schnittstelle für Speichersegmente. Eine Auswahl sind
`close`, um den Deskriptor eines Speichersegments zu schließen,
und `ftruncate`, um die Größe eines Speichersegments zu definieren.

Das Programmbeispiel in Listing 9.2 zeigt in der Programmiersprache C den Lebenszyklus eines POSIX-Speichersegments unter
Linux und ist dem Programmbeispiel in Listing 9.1 dementsprechend sehr ähnlich.

Die Namen von POSIX-Speichersegmenten müssen wie im Beispiel mit einem Schrägstrich – Slash (/) beginnen und dürfen im
weiteren Verlauf keinen weiteren Slash enthalten. Im Programm-

Tab. 9.3 C-Funktionsaufrufe zur Verwaltung von POSIX-Speichersegmenten

Funktionsaufruf	Funktionalität
shm_open	Ein Segment erzeugen oder auf ein bestehendes zugreifen
mmap	Ein Segment an einen Prozess anhängen
munmap	Ein Segment von einem Prozess lösen/freigeben
shm_unlink	Ein Segment löschen

beispiel in Listing 9.2 ist der Name des neuen Speichersegments
/mymemory (siehe Zeile 13).

Das Programm erstellt mit der Funktion shm_open (in
Zeile 17) ein Speichersegment. Der Parameter O_CREAT definiert,
dass ein eventuell existierendes Speichersegment mit dem gleichen Namen nicht überschrieben, sondern nur dessen Deskriptor
zurückgeliefert werden soll. Der Parameter 0600 in der gleichen
Zeile definiert genau wie im Programmbeispiel in Listing 9.1 die
Zugriffsrechte. Der Parameter O_RDWR definiert, dass das Speichersegment lesend und schreibend geöffnet werden soll.

Mit der Funktion ftruncate (in Zeile 17) vergrößert das
Programm das Speichersegment auf die definierte Größe und mit
mmap (in Zeile 36) wird das Speichersegment an den virtuellen
Adressraum des aufrufenden Prozess angehängt.

Das Schreiben der Zeichenkette in das Segment mit der Funktion sprintf (in Zeile 51) und der Lesezugriff auf das Segment mit der Funktion printf (in Zeile 60) sind selbsterklärend.
Der Rückgabewert von sprintf gibt Auskunft darüber, ob der
Schreibzugriff erfolgreich durchgeführt wurde, denn der Rückgabewert enthält die Anzahl der geschriebenen Zeichen und im
Fehlerfall ist er −1.

Abschließend löst das Programm das Segment vom virtuellen
Adressraum des aufrufenden Prozess mit munmap (in Zeile 66),
schließt den Deskriptor mit close (in Zeile 75) und entfernt
(löscht) das Segment aus dem Betriebssystem mit shm_unlink
(in Zeile 84).

```
1  #include <sys/mman.h>
2  #include <fcntl.h>
3  #include <stdio.h>
4  #include <stdlib.h>
5  #include <string.h>
6  #include <unistd.h>
7  #define MAXMEMSIZE 20
8
9  int main(int argc, char **argv) {
10     int shmem_fd;           // File Descriptor des Segments
11     int rc_sprintf;         // Rückgabewert von sprintf
12     void* shmem_pointer;
13     const char name[] = "/mymemory"; {
14     char nachricht[] = "Hallo Welt.";
15
```

```
16   // Gemeinsames Speichersegment erzeugen
17   shmem_fd = shm_open(name, O_CREAT | O_RDWR, 0600);
18   if (shmem_fd < 0) {
19     printf("Das Speichersegment konnte nicht erstellt werden.\n");
20     perror("shm_open");
21     exit(1);
22   } else {
23     printf("Speichersegment %s wurde erstellt.\n", name);
24   }
25
26   // Größe des Speichersegments anpassen
27   if (ftruncate(shmem_fd, MAXMEMSIZE) < 0) {
28     printf("Die Größe konnte nicht angepasst werden.\n");
29     perror("ftruncate");
30     exit(1);
31   } else {
32     printf("Die Größe von %s wurde angepasst.\n", name);
33   }
34
35   // Gemeinsames Speichersegment anhängen
36   shmem_pointer = mmap(0,
37                        MAXMEMSIZE,
38                        PROT_WRITE,
39                        MAP_SHARED,
40                        shmem_fd,
41                        0); {
42   if (shmem_pointer < 0) {
43     printf("%s konnte nicht angehängt werden.\n", name);
44     perror("mmap");
45     exit(1);
46   } else {
47     printf("%s wurde angehängt.\n", name);
48   }
49
50   // Eine Zeichenkette in das gemeinsame Speichersegment schreiben.
51   rc_sprintf = sprintf(shmem_pointer, "Hallo Welt.");
52   if (rc_sprintf < 0) {
53     printf("Der Schreibzugriff ist fehlgeschlagen.\n");
54     exit(1);
55   } else {
56     printf("%i Zeichen wurden geschrieben.\n", rc_sprintf);
57   }
58
59   // Die Zeichenkette im gemeinsamen Speichersegment ausgeben.
60   if (printf("Inhalt von %s: %s\n", name, shmem_pointer) < 0) {
61     printf("Der Lesezugriff ist fehlgeschlagen.\n");
62     exit(1);
63   }
64
65   // Gemeinsames Speichersegment lösen
```

```
66   if (munmap(shmem_pointer, MAXMEMSIZE) < 0) {
67     printf("%s konnte nicht gelöst werden.\n", name);
68     perror("munmap");
69     exit(1);
70   } else {
71     printf("%s wurde vom Prozess gelöst.\n", name);
72   }
73
74   // Gemeinsames Speichersegment schließen
75   if (close(shmem_fd) < 0) {
76     printf("%s konnte nicht geschlossen werden.\n", name);
77     perror("close");
78     exit(1);
79   } else {
80     printf("%s wurde geschlossen.\n", name);
81   }
82
83   // Gemeinsames Speichersegment löschen
84   if (shm_unlink(name) < 0) {
85     printf("%s konnte nicht gelöscht werden.\n", name);
86     perror("shm_unlink");
87     exit(1);
88   } else {
89     printf("%s wurde gelöscht.\n", name);
90   }
91
92   exit(0);
93 }
```

Listing 9.2 Programmbeispiel zu gemeinsamen POSIX-Speicherbereichen

Das Übersetzen des Programms unter Linux mit dem GNU C Compiler (gcc) mit der Option -lrt zur Verknüpfung mit der Bibliothek (librt) und das anschließende Ausführen führt im Erfolgsfall zu folgender Ausgabe:

```
$ gcc Listing_9_2_shared_memory_posix.c \
      -o Listing_9_2_shared_memory_posix -lrt
$ ./Listing_9_2_shared_memory_posix
Speichersegment /mymemory wurde erstellt.
Die Größe von /mymemory wurde angepasst.
/mymemory wurde angehängt.
11 Zeichen wurden geschrieben.
Inhalt von /mymemory: Hallo Welt.
/mymemory wurde vom Prozess gelöst.
/mymemory wurde geschlossen.
/mymemory wurde gelöscht.
```

Unter Linux können die Existenz von POSIX-Speichersegmenten,
deren Speicherverbrauch, Zugriffsrechte und auch der Inhalt im
Verzeichnis /dev/shm kontrolliert werden. Das Programmbeispiel in Listing 9.2 erzeugt folgendes Speichersegment:

```
$ ls -l /dev/shm/
insgesamt 4
-rw------- 1 bnc bnc 20  8. Okt 11:46 mymemory
```

Wie zu erwarten ist das Speichersegment 20 Bytes groß, weil das
die Größe ist, die mit ftruncate (in Zeile 17) definiert wurde.
Der Inhalt der Datei mymemory sind die Daten, die mit sprintf
(in Zeile 51) in das Speichersegment geschrieben wurden.

```
$ cat /dev/shm/mymemory
Hallo Welt.
```

9.3.3 Nachrichtenwarteschlangen (System V)

Nachrichtenwarteschlangen (englisch: *Message Queues*) sind verkettete Listen, in die Prozesse nach dem FIFO-Prinzip Nachrichten ablegen und aus denen sie Nachrichten abholen können (siehe
Abb. 9.12).

Ein Vorteil gegenüber gemeinsamen Speicherbereichen ist, dass
die auf eine Nachrichtenwarteschlange zugreifenden Prozesse ihre
Zugriffe nicht selbst koordinieren müssen. Dies ist Aufgabe des
Betriebssystems.

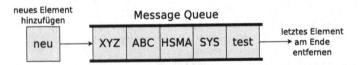

Abb. 9.12 Nachrichtenwarteschlangen ermöglichen Interprozesskommunikation nach dem FIFO-Prinzip

Normalerweise ist ein Prozess, der eine Nachricht in eine Nachrichtenwarteschlange ohne freie Kapazität senden möchte, so lange blockiert, bis wieder Kapazität frei ist. Ähnlich ist es bei Lesezugriffen. Versucht ein Prozess eine Nachricht aus einer leeren Nachrichtenwarteschlange zu empfangen, ist der Prozess so lange blockiert, bis eine Nachricht vorliegt.

Alternativ sind auch nicht-blockierende Lese- und Schreibzugriffe auf Nachrichtenwarteschlangen möglich. In einem solchen Fall würde beim Versuch, in eine volle Nachrichtenwarteschlange zu schreiben oder aus einer leeren Nachrichtenwarteschlange zu lesen, die jeweilige Funktion eine Fehlermeldung zurückgeben und der Prozess weiterarbeiten. Der Prozess muss dann selbst mit der Situation umgehen.

Genau wie bei den gemeinsamen Speicherbereichen hat die Beendigung eines Prozesses keinen Einfluss auf die Daten, die sich bereits in einer Nachrichtenwarteschlange befinden. Nachrichten bleiben also auch nach der Beendigung des Erzeuger-Prozesses in der Nachrichtenwarteschlange erhalten.

Jeder Nachricht, die in eine Nachrichtenwarteschlange gesendet wird, wird ein Nachrichtentyp (eine positive ganze Zahl) zugewiesen. Prozesse, die Nachrichten aus Nachrichtenwarteschlangen empfangen, können diese Nachrichten anhand des Nachrichtentyps filtern. Damit ist es zum Beispiel möglich über eine einzige Nachrichtenwarteschlange mehrere logische, nach verschiedenen Nachrichtentypen unterschiedene, Nachrichtenwarteschlangen zu realisieren.

Das in diesem Abschnitt beschriebene Konzept zur Interprozesskommunikation sind *System V-Nachrichtenwarteschlangen*. Daneben existieren auch POSIX-Nachrichtenwarteschlangen (siehe Abschn. 9.3.4).

Linux stellt vier Systemaufrufe für die Arbeit mit System V-Nachrichtenwarteschlangen bereit (siehe Tab. 9.4).

Das Programmbeispiel in Listing 9.3 zeigt in der Programmiersprache C die Erzeugung einer System V-Nachrichtenwarteschlange unter Linux mit der Funktion `msgget` (in Zeile 23), das Schreiben einer Nachricht in die Nachrichtenwarteschlange mit `msgsnd` (in Zeile 40), das Auslesen dieser Nachricht aus der Nachrichtenwarteschlange mit `msgrcv` (in

Tab. 9.4 Linux-Systemaufrufe zur Verwaltung von System V-
Nachrichtenwarteschlangen

Systemaufruf	Funktionalität
msgget	Eine Nachrichtenwarteschlange erzeugen oder auf eine bestehende zugreifen
msgsnd	Eine Nachricht in eine Nachrichtenwarteschlange schreiben (schicken)
msgrcv	Eine Nachricht aus einer Nachrichtenwarteschlange lesen (empfangen)
msgctl	Den Status (u. a. Zugriffsrechte) einer Nachrichtenwarteschlange abfragen, ändern oder löschen

Zeile 55) und abschließend das Entfernen (Löschen) der Nachrichtenwarteschlange aus dem Betriebssystem mit msgctl (in
Zeile 70).

Auch dieses Beispiel geht an der Realität vorbei, weil der sendende und der empfangende Prozess identisch sind. Aber auch
dieses Beispiel zeigt auf kompakte Art und Weise die Realisierung der oben genannten Schritte. Zudem ist es einfach, einzelne
Codebereiche in einen zweiten Prozess zu verlagern. Sinnvollerweise würde ein zweiter Prozess den Zugriff auf eine existierende
Nachrichtenwarteschlange und das Schreiben oder Lesen daraus
enthalten.

War die Erzeugung der Nachrichtenwarteschlange mit der
Funktion msgget in Zeile 23 erfolgreich, ist der Rückgabewert
die im Betriebssystem eindeutige Message Queue-ID. Hat der
Rückgabewert den Wert -1, ist der Versuch, die Nachrichtenwarteschlange anzulegen, fehlgeschlagen. Mögliche Gründe sind
beispielsweise, dass der Hauptspeicher und Auslagerungsspeicher
vollständig belegt sind, oder dass die maximale Anzahl an Nachrichtenwarteschlangen im Betriebssystem bereits erreicht wurde.

Ein Message-Queue-Key für die neue Nachrichtenwarteschlange wird in Zeile 15 definiert. Genau wie bei Listing 9.1 legt auch hier der Parameter `IPC_CREAT` in Zeile 23 fest, dass eine eventuell existierende Nachrichtenwarteschlange mit der gleichen Message-Queue-Key nicht überschrieben, sondern nur ihre Message Queue-ID zurückgeliefert werden soll. Der Parameter `0600` in der gleichen Zeile definiert auch hier die Zugriffsrechte. In diesem Fall darf nur der Benutzer, der die Nachrichtenwarteschlange anlegt, auf diese lesend und schreibend zugreifen.

Beim Versuch, mit der Funktion `msgsnd` in Zeile 40 eine Nachricht in die Nachrichtenwarteschlange zu schreiben, ist mit der Variable `rc_msgget` der Rückgabewert von `msgget` als Ziel der Schreibanweisung angegeben. Geschrieben wird der Inhalt eines Sendepuffers, dem in Zeile 36 eine Zeichenkette übergeben wird. Die Struktur des Sendepuffers ist in den Zeilen 9–12 definiert. Die im Beispiel definierte Struktur sieht nicht nur eine maximal 80 Zeichen lange Zeichenkette pro Sendepufferinstanz vor, sondern auch eine Zahl, die den Nachrichtentyp definiert. In Zeile 34 wird als Nachrichtentyp der Wert 1 definiert. Ist der Rückgabewert der Funktion eine positive ganze Zahl, dann war der Schreibzugriff erfolgreich und der Rückgabewert entspricht der Anzahl der gesendeten Zeichen. Im Fehlerfall ist der Rückgabewert -1.

Ohne den Parameter `IPC_NOWAIT` in Zeile 43 wäre der Prozess, wenn die Nachrichtenwarteschlange keine freie Kapazität mehr hat, so lange blockiert, bis ausreichend freie Kapazität vorliegt [36]. In unserem Beispiel in Listing 9.3 ist es unwahrscheinlich, dass so etwas passieren kann. Aber in Fällen, in denen nicht eine neue Nachrichtenwarteschlange erzeugt, sondern auf eine bereits existierende zugegriffen wird, ist es durchaus möglich.

In Zeile 55 versucht das Programm, mit der Funktion `msgrcv` die erste Nachricht vom Nachrichtentyp 1 aus der Nachrichtenwarteschlange zu lesen. Als Parameter der Funktion sind neben der Variable `rc_msgget` mit dem Rückgabewert von `msgget` unter anderem ein Empfangspuffer angegeben, der die Struktur der Nachricht definiert und der Struktur des Sendepuffers entspricht. Der Nachrichtentyp ist erneut 1 und wird in Zeile 53 definiert. Der Parameter `IPC_NOWAIT` beim Aufruf von `msgrcv` stellt sicher, dass der Prozess im Fall einer leeren Nachrichtenwarteschlange nicht im blockierten Zustand auf das Vorhandensein einer Nachricht wartet, sondern stattdessen mit einer Fehlermeldung abbricht.

Hat `mtype` den Wert 0, wird die erste Meldung aus der Nachrichtenwarteschlange gelesen. Ist der Wert von `mtype` eine positive ganze Zahl, wird die erste Meldung dieses Typs gelesen. Ist der Wert von `mtype` negativ, wird die erste Nachricht gelesen, deren Typ kleiner oder gleich dem absoluten Wert von `mtype` ist [36].

Auch beim Versuch, die Nachrichtenwarteschlange mit der Funktion `msgctl` und dem Parameter `IPC_RMID` in Zeile 70 zu löschen, ist als Parameter die Variable `rc_msgget` angegeben, die die Message Queue-ID enthält. Auch bei diesen Funktionen ist der Rückgabewert im Fehlerfall −1.

```
1  #include <stdlib.h>
2  #include <sys/types.h>
3  #include <sys/ipc.h>
4  #include <stdio.h>
5  #include <sys/msg.h>
6  #include <string.h>
7
8  // Template eines Puffers für msgsnd und msgrcv
9  typedef struct msgbuf {
10   long mtype;
11   char mtext[80];
12 } msg;
13
14 int main(int argc, char **argv) {
15   int mq_key = 12345;
16   int rc_msgget;
17   int rc_msgctl;
18   int rc_msgrcv;
19   // Einen Empfangspuffer und einen Sendepuffer anlegen
20   msg sendbuffer, receivebuffer;
21
22   // Nachrichtenwarteschlange erzeugen
23   rc_msgget = msgget(mq_key, IPC_CREAT | 0600);
24   if(rc_msgget < 0) {
25     printf("Die Warteschlange konnte nicht erstellt werden.\n");
26     perror("msgget");
27     exit(1);
28   } else {
29     printf("Nachrichtenwarteschlange %i mit ID %i ist bereit.\n",
30             mq_key, rc_msgget);
31   }
32
33   // Nachrichtentyp festlegen
34   sendbuffer.mtype = 1;
```

```
35   // Nachricht in den Sendepuffer schreiben
36   strncpy(sendbuffer.mtext, "Testnachricht", 13);
37
38   // Eine Nachricht in die Nachrichtenwarteschlange schreiben
39   // (senden)
40   if (msgsnd(rc_msgget,
41              &sendbuffer,
42              sizeof(sendbuffer.mtext),
43              IPC_NOWAIT) == -1) {
44     printf("Das Senden der Nachricht ist fehlgeschlagen.\n");
45     perror("msgsnd");!
46     exit(1);
47   } else {
48     printf("Geschriebene Nachricht: %s\n", sendbuffer.mtext);
49   }
50
51   // Die erste Nachricht vom Typ 1 aus der Nachrichtenwarteschlangen
52   // lesen (empfangen)
53   receivebuffer.mtype = 1;
54
55   rc_msgrcv = msgrcv(rc_msgget,
56                      &receivebuffer,
57                      sizeof(receivebuffer.mtext),
58                      receivebuffer.mtype,
59                      MSG_NOERROR | IPC_NOWAIT);
60   if (rc_msgrcv < 0) {
61     printf("Lesen der Nachricht fehlgeschlagen.\n");
62     perror("msgrcv");
63     exit(1);
64   } else {
65     printf("Empfangene Nachricht: %s\n", receivebuffer.mtext);
66     printf("L\"{a}nge der Nachricht: %i Zeichen.\n", rc_msgrcv);
67   }
68
69   // Nachrichtenwarteschlange löschen
70   rc_msgctl = msgctl(rc_msgget, IPC_RMID, 0);
71   if (rc_msgctl < 0) {
72     printf("Die Warteschlange konnte nicht gelöscht werden.\n");
73     perror("msgctl");
74     exit(1);
75   } else {
76     printf("%i mit ID %i wurde gelöscht.\n", mq_key, rc_msgget);
77   }
78
79   exit(0);
80 }
```

Listing 9.3 Programmbeispiel zu System V-Nachrichtenwarteschlangen

Das Übersetzen des Programms mit dem GNU C Compiler (gcc)
unter Linux und das anschließende Ausführen führt im Erfolgsfall
zu folgender Ausgabe:

```
$ gcc Listing_9_3_message_queue_systemv.c \
      -o Listing_9_3_message_queue_systemv
$ ./Listing_9_3_message_queue_systemv
Nachrichtenwarteschlange 12345 mit ID 131072
ist bereit.
Geschriebene Nachricht: Testnachricht
Empfangene Nachricht: Testnachricht
Länge der Nachricht: 80 Zeichen.
12345 mit ID 131072 wurde gelöscht.
```

Interessant ist die Beobachtung der verschiedenen Zustände, in
denen sich die im Programm erstellte und abschließend gelöschte
Nachrichtenwarteschlange während der Laufzeit befindet. Diese
Zustände kann man durch Kürzen des Programms selbst mit dem
Programm ipcs, das Informationen über bestehende Nachrichtenwarteschlange liefert, auf der Kommandozeile von Linux nach-
vollziehen.

Nach der Erzeugung der Nachrichtenwarteschlange mit der
Funktion msgget sind in der Ausgabe[4] von ipcs die im Programmbeispiel festgelegten Zugriffsrechte und die Größe sichtbar.
Aus den Spalten used-bytes und messages geht hervor, dass
die Nachrichtenwarteschlange noch leer ist.

```
$ ipcs -q

------ Message Queues --------
key        msqid     owner     perms     used-bytes     messages
0x00003039 131072    bnc       600       0              0
```

Genau wie zuvor schon der Shared Memory-Key bei den gemeinsamen Speicherbereichen (siehe Abschn. 9.3.3) ist auch der Message
Queue-Key in Hexadezimalschreibweise angegeben. Eine Konver-

---

[4] Mit der Option -q wird ipcs angewiesen, nur die Nachrichtenwarteschlangen auszugeben.

tierung ins Dezimalsystem mit dem Kommando `printf` zeigt,
dass der im Programmbeispiel festgelegte Message Queue-Key
mit dem tatsächlich verwendeten übereinstimmt.

```
$ printf "%d\n" 0x00003039
# Umrechnen von Hexadezimal in Dezimal
12345
```

Nach dem Schreiben der Nachricht in die Nachrichtenwarteschlange mit der Funktion `msgsnd` verändert sich die Ausgabe
von `ipcs` in den Spalten `used-bytes` und `messages`. Hier
sind die Größe aller Nachrichten in der Nachrichtenwarteschlange
und die Anzahl der Nachrichten angegeben.

```
$ ipcs -q

------ Message Queues --------
key         msqid    owner   perms   used-bytes   messages
0x00003039 131072    bnc     600     80           1
```

Nach dem Löschen der Nachrichtenwarteschlange mit `msgctl`
ist auch in der Ausgabe von `ipcs` nichts mehr davon zu sehen.

Das Löschen von Nachrichtenwarteschlangen ist genau wie bei
gemeinsamen Speicherbereichen auch von der Eingabeaufforderung aus mit dem Kommando `ipcrm` möglich. Das folgende Kommando entfernt die Nachrichtenwarteschlange mit der Message
Queue-ID `131072` aus dem Betriebssystem.

```
$ ipcrm msg 131072
resource(s) deleted
```

9.3.4 POSIX-Nachrichtenwarteschlangen

Eine alternative Möglichkeit um Interprozesskommunikation mit
Warteschlagen zu realisieren bietet der Standard POSIX.

Tab. 9.5 enthält die in der Header-Datei `mqueue.h` definierten
C-Funktionsaufrufe für POSIX-Nachrichtenwarteschlangen.

Tab. 9.5 C-Funktionsaufrufe zur Verwaltung von POSIX-Nachrichten
warteschlangen

Funktionsaufruf	Funktionalität
mq_open	Eine Nachrichtenwarteschlange erzeugen oder auf eine bestehende zugreifen
mq_send	Eine Nachricht in eine Nachrichtenwarteschlange schreiben (schicken). Blockierende Anweisung, außer die Nachrichtenwarteschlange ist mit dem Parameter O_NONBLOCK geöffnet
mq_timedsend	Eine Nachricht in eine Nachrichtenwarteschlange schreiben (schicken). Blockierende Anweisung mit definiertem Timeout
mq_receive	Eine Nachricht aus einer Nachrichtenwarteschlange lesen (empfangen). Blockierende Anweisung, außer die Nachrichtenwarteschlange ist mit dem Parameter O_NONBLOCK geöffnet
mq_timedreceive	Eine Nachricht aus einer Nachrichtenwarteschlange lesen (empfangen). Blockierende Anweisung mit definiertem Timeout
mq_getattr	Die Eigenschaften einer Nachrichtenwarteschlange abfragen. Diese sind: Anzahl der Nachrichten in der Warteschlange, maximale Nachrichtengröße, maximale Anzahl an Nachrichten, etc.
mq_setattr	Die Eigenschaften einer Nachrichtenwarteschlange ändern
mq_notify	Der Prozess soll benachrichtigt werden, sobald eine Nachricht vorliegt
mq_close	Eine Nachrichtenwarteschlange schließen
mq_unlink	Eine Nachrichtenwarteschlange löschen

Das Programmbeispiel in Listing 9.4 zeigt in der Programmiersprache C den Lebenszyklus einer POSIX-Nachrichtenwarteschlange unter Linux und ist dem Programmbeispiel in
Listing 9.3 dementsprechend sehr ähnlich.

Die Namen von POSIX-Nachrichtenwarteschlangen müssen
wie im Beispiel mit einem Schrägstrich – Slash (/) beginnen und
dürfen im weiteren Verlauf keinen weiteren Slash enthalten [77].

Im Programmbeispiel in Listing 9.4 ist der Name der neuen Nachrichtenwarteschlange /myqueue (siehe Zeile 8).

Das Programm erstellt mit der Funktion mq_open (in Zeile 25) eine Nachrichtenwarteschlange. Der Parameter O_CREAT definiert, dass eine eventuell existierende Nachrichtenwarteschlange mit dem gleichen Namen nicht überschrieben, sondern nur ihr Deskriptor zurückgeliefert werden soll. Der Parameter 0600 in der gleichen Zeile definiert genau wie im Programmbeispiel in Listing 9.3 die Zugriffsrechte. Der Parameter O_RDWR definiert, dass die Nachrichtenwarteschlange lesend und schreibend geöffnet werden soll. Der Parameter O_NONBLOCK weist das nichtblockierende Öffnen der Nachrichtenwarteschlange an [47]. Diese Form des Zugriffs hat starken Einfluss auf das Schreiben von Nachrichten in die Nachrichtenwarteschlange bzw. Lesen von Nachrichten daraus.

Mit der Funktion mq_send (in Zeile 38) versucht das Programm eine Nachricht in die Nachrichtenwarteschlange zu schreiben. Die zu sendende Nachricht ist eine Zeichenkette (siehe Zeile 9). Zudem wird ein ganzzahliger nichtnegativer Wert als Nachrichtenpriorität angegeben. Die niedrigst mögliche Nachrichtenpriorität ist der Wert Null.

In Zeile 50 fordert das Programm mit der Funktion mq_getattr eine Übersicht der Eigenschaften der Nachrichtenwarteschlange an. Dazu gehört auch die Anzahl der aktuell in der Nachrichtenwarteschlange befindlichen Nachrichten (mq_curmsgs).

In Zeile 65 versucht das Programm, mit der Funktion mq_receive die älteste Nachricht mit der höchsten Priorität aus der Nachrichtenwarteschlange zu lesen. Als Parameter der Funktion sind neben der Variable mymq_descriptor mit dem Rückgabewert von mq_open unter anderem ein Empfangspuffer angegeben. Ist der Rückgabewert der Funktion eine positive ganze Zahl, war der Lesezugriff erfolgreich und der Rückgabewert entspricht der Anzahl der empfangenen Zeichen. Im Fehlerfall ist der Rückgabewert −1.

Abschließend schließt das Programm die Nachrichtenwarteschlange mit mq_close (in Zeile 78) und entfernt diese mit mq_unlink (in Zeile 87).

Der Aufruf von mq_close ist für die korrekte Funktion des Programmbeispiels in Listing 9.4 nicht nötig, da bei der Beendigung eines Prozesses mit Zugriff auf eine benannte POSIX-Nachrichtenwarteschlange, diese automatisch geschlossen wird. Es ist aber kein guter Programmierstil, wenn mq_close weggelassen wird. Die Bibliotheksfunktion mq_unlink weist das Löschen einer POSIX-Nachrichtenwarteschlange an. Dieses geschieht sobald es keine Referenz mehr auf die Nachrichtenwarteschlange gibt, also wenn der letzte Prozess, der diese geöffnet hat, mq_close aufgerufen hat, oder beendet ist.

```
1  #include <stdio.h>
2  #include <stdlib.h>
3  #include <string.h>
4  #include <mqueue.h>
5
6  int main(int argc, char **argv) {
7    int rc_mq_receive;        // Rückgabewert (return code) von mq_receive
8    const char mq_name[] = "/myqueue";
9    char nachricht[] = "Testnachricht";
10
11   mqd_t mymq_descriptor; // Message queue descriptor
12   int msg_prio = 0;        // Nachrichtenpriorität festlegen
13   char recv_buffer[80];    // Empfangspuffer
14
15   struct mq_attr attr;
16   attr.mq_flags = 0;       // Flags. (Ignoriert von mq_open)
17   attr.mq_maxmsg = 10;     // Maxi. Anzahl an Nachrichten in der Queue
18   attr.mq_msgsize = 80;    // Max. Nachrichtengröße (Bytes)
19   attr.mq_curmsgs = 0;     // Anzahl Nachrichten in der Queue.
20                            // (Ignoriert von mq_open)
21
22   // Speicherbereich des Empfangspuffers mit Nullen füllen
23   memset(&recv_buffer, 0, sizeof(recv_buffer));
24
25   mymq_descriptor = mq_open(mq_name,
26                             O_RDWR | O_CREAT | O_NONBLOCK,
27                             0600,
28                             &attr);
29   if (mymq_descriptor < 0) {
30     printf("Die Warteschlange konnte nicht erstellt werden.\n");
31     perror("mq_open");
32     exit(1);
33   } else {
34     printf("Nachrichtenwarteschlange %s ist verfügbar.\n", mq_name);
35   }
36
37   // Eine Nachricht in die Nachrichtenwarteschlange schreiben
```

```
38    if (mq_send(mymq_descriptor,
39              nachricht,
40              strlen(nachricht),
41              msg_prio) == -1) {
42      printf("Schreiben der Nachricht fehlgeschlagen");
43      perror("mq_send");
44      exit(1);
45    } else {
46      printf("Diese Nachricht wurde geschrieben: %s\n", nachricht);
47    }
48
49    // Eigenschaften der Nachrichtenwarteschlange abfragen
50    if (mq_getattr(mymq_descriptor, &attr) == -1) {
51      printf("Die Eigenschaften konnten nicht abgefragt werden.\n");
52      perror("mq_getattr");
53    }
54
55    // Anzahl der Nachrichten in der der Nachrichtenwarteschl. abfragen
56    if (attr.mq_curmsgs == 0) {
57      printf("%s enthält keine Nachrichten.\n", mq_name);
58    } else if (attr.mq_curmsgs == 1) {
59      printf("%s enthält %d Nachricht.\n", mq_name, attr.mq_curmsgs);
60    } else {
61      printf("Nachrichten in %s: %d\n", mq_name, attr.mq_curmsgs);
62    }
63
64    // Die älteste Nachricht mit der höchsten Priorität empfangen
65    rc_mq_receive = mq_receive(mymq_descriptor,
66                              recv_buffer,
67                              sizeof(recv_buffer),
68                              &msg_prio);
69    if (rc_mq_receive < 0) {
70      printf("Lesen der Nachricht fehlgeschlagen.\n");
71      perror("mq_receive");
72    } else {
73      printf("Empfangene Nachricht: %s\n", recv_buffer);
74      printf("Die Nachricht ist %i Zeichen lang.\n", rc_mq_receive);
75    }
76
77    // Nachrichtenwarteschlange schließen
78    if (mq_close(mymq_descriptor) < 0) {
79      printf("%s kann nicht geschlossen werden.\n", mq_name);
80      perror("mq_close");
81      exit(1);
82    } else {
83      printf("%s wurde geschlossen.\n", mq_name);
84    }
85
86    // Nachrichtenwarteschlange löschen
87    if (mq_unlink(mq_name) < 0) {
```

```
88    printf("%s kann nicht gelöscht werden.\n", mq_name);
89    perror("mq_unlink");
90    exit(1);
91  } else {
92    printf("%s wurde gelöscht.\n", mq_name);
93  }
94
95  exit(0);
96 }
```

Listing 9.4 Programmbeispiel zu POSIX-Nachrichtenwarteschlangen

Das Übersetzen des Programms unter Linux mit dem GNU C
Compiler (gcc) mit der Option -lrt zur Verknüpfung mit der
Bibliothek (librt) und das anschließende Ausführen führt im
Erfolgsfall zu folgender Ausgabe:

```
$ gcc Listing_9_4_message_queue_posix.c \
      -o Listing_9_4_message_queue_posix -lrt
$ ./Listing_9_4_message_queue_posix
Nachrichtenwarteschlange /myqueue ist verfügbar.
Diese Nachricht wurde geschrieben: Testnachricht
/myqueue enthält 1 Nachricht.
Empfangene Nachricht: Testnachricht
Die Nachricht ist 13 Zeichen lang.
/myqueue wurde geschlossen.
/myqueue wurde gelöscht.
```

Unter Linux können die Existenz von POSIX-Nachrichtenwarteschlangen und deren Zugriffsrechte im Verzeichnis
/dev/mqueue kontrolliert werden. Das Programmbeispiel in
Listing 9.4 erzeugt folgende Nachrichtenwarteschlange:

```
$ ls -l /dev/mqueue/
insgesamt 0
-rw------- 1 bnc bnc 80  7. Okt 18:17 myqueue
```

Der Inhalt der Datei myqueue enthält einige Informationen über
den aktuellen Zustand der Nachrichtenwarteschlange. Besonders
hervorzuheben ist der Eintrag QSIZE. Hier sind die Größe aller
Nachrichten in der Nachrichtenwarteschlange und die Anzahl der
Nachrichten angegeben.

```
$ cat /dev/mqueue/myqueue
QSIZE:13  NOTIFY:0  SIGNO:0  NOTIFY_PID:0
```

Die Standardgrößen für mq_maxmsg (maximale Anzahl an Nachrichten pro Warteschlange) und für mq_msgsize (maximale Nachrichtengröße in Bytes), die im Programmbeispiel in Listing 9.4 in den Zeilen 17 und 18 gesetzt werden, können unter Linux auch in den folgenden Dateien eingesehen werden:

```
$ cat /proc/sys/fs/mqueue/msgsize_default
8192
$ cat /proc/sys/fs/mqueue/msg_default
10
```

Im gleichen Verzeichnis befinden sich noch weitere Dateien, die über die systemweiten Maximalwerte informieren.

9.3.5 Kommunikationskanäle (Pipes)

Moderne Betriebssysteme ermöglichen Interprozesskommunikation über zwei verschiedene Arten von Pipes, nämlich anonyme und benannte Pipes.

Anonyme Pipes

Eine *anonyme Pipe* (englisch: *unnamed Pipe* [100]) ist ein gepufferter Kommunikationskanal zwischen zwei Prozessen und arbeitet nach dem FIFO-Prinzip.

Versucht ein Prozess Daten in eine volle Pipe zu schreiben, ist der Prozess so lange blockiert, bis es wieder freien Platz in der Pipe gibt. Ähnlich ist es bei Lesezugriffen. Versucht ein Prozess aus einer leeren Pipe Daten zu lesen, ist der Prozess so lange blockiert, bis Daten vorliegen.

Das Anlegen einer Pipe geschieht unter Linux mit dem Systemaufruf pipe. Dabei legt der Betriebssystemkern einen Inode (siehe Abschn. 6.2) und zwei *Zugriffskennungen* (englisch: *Handles*) bzw. *Deskriptoren* an.

Lese- und Schreibzugriffe auf eine Pipe sind über die beiden Zugriffskennungen mit den Systemaufrufen `read` und `write` oder alternativ mit den entsprechenden Standard-Bibliotheksfunktionen möglich.

Anonyme Pipes sind immer unidirektional. Das heißt, dass die Kommunikation nur in eine Richtung funktioniert (siehe Abb. 9.13). Ein Prozess kann in die Pipe schreiben und ein Prozess aus ihr lesen. Soll Kommunikation in beide Richtungen gleichzeitig möglich sein, sind zwei Pipes nötig, eine für jede mögliche Kommunikationsrichtung.

Anonyme Pipes ermöglichen Kommunikation nur zwischen eng verwandten Prozessen. Nur Prozesse, die via `fork` eng verwandt sind, können über anonyme Pipes kommunizieren, denn bei der Erzeugung von Kindprozessen mit `fork` erben die Kindprozesse auch den Zugriff auf die Zugriffskennungen. Mit der Beendigung des letzten Prozesses, der Zugriff auf eine anonyme Pipe hat, wird diese vom Betriebssystemkern entfernt.

Zu jedem Zeitpunkt kann immer nur ein Prozess auf eine Pipe zugreifen. Im Gegensatz zu gemeinsamen Speichersegmenten stellt der Betriebssystemkern den wechselseitigen Ausschluss der Zugriffe automatisch sicher.

Das Programmbeispiel in Listing 9.5 zeigt wie Interprozesskommunikation via anonyme Pipes unter Linux möglich ist. In Zeile 11 versucht das Programm, eine anonyme Pipe mit der Funktion `pipe` anzulegen. Zuvor legt es in Zeile 8 die beiden benötigten Zugriffskennungen `testpipe[0]` zum Lesen und `testpipe[1]` zum Schreiben an. In Zeile 20 versucht das Programm, einen Kindprozess mit der Funktion `fork` zu erzeugen. War die Prozesserzeugung erfolgreich, schließt der Elternprozess in Zeile 34 den Lesekanal der Pipe mit der Funktion `close` und schreibt in Zeile 39 mit der Funktion `write` eine Zeichenkette in den Schreibkanal. Der Kindprozess blockiert in Zeile 47 den

Abb. 9.13 Anonyme Pipes ermöglichen Kommunikation nur in eine Richtung

Schreibkanal der Pipe ebenfalls mit der Funktion close und liest in Zeile 53 mit der Funktion read die Zeichenkette aus dem Lesekanal. Zum Empfang ist ein Empfangspuffer nötig, der in Zeile 50 erzeugt wird, und im Beispiel eine Kapazität von 80 Zeichen hat. Abschließend gibt der Kindprozess die empfangene Zeichenkette auf der Kommandozeile aus.

```
1  #include <stdio.h>
2  #include <unistd.h>
3  #include <stdlib.h>
4
5  void main() {
6    int pid_des_Kindes;
7    // Zugriffskennungen zum Lesen und Schreiben anlegen
8    int testpipe[2]; {
9
10   // Die Pipe testpipe anlegen
11   if (pipe(testpipe) < 0) {
12     printf("Das Anlegen der Pipe ist fehlgeschlagen.\n");
13     // Programmabbruch
14     exit(1);
15   } else {
16     printf("Die Pipe testpipe wurde angelegt.\n");
17   }
18
19   // Einen Kindprozess erzeugen
20   pid_des_Kindes = fork();
21
22   // Es kam beim fork zu einem Fehler
23   if (pid_des_Kindes < 0) {
24     printf("Es kam beim fork zu einem Fehler!\n");
25     // Programmabbruch
26     exit(1);
27   }
28
29   // Elternprozess
30   if (pid_des_Kindes > 0) {
31     printf("Elternprozess: PID: %i\n", getpid());
32
33     // Lesekanal der Pipe testpipe blockieren
34     close(testpipe[0]);
35
36     char nachricht[] = "Testnachricht";
37
38     // Daten in den Schreibkanal der Pipe schreiben
39     write(testpipe[1], &nachricht, sizeof(nachricht));
40   }
41
42   // Kindprozess
```

```
43  if (pid_des_Kindes == 0) {
44      printf("Kindprozess: PID: %i\n", getpid());
45
46      // Schreibkanal der Pipe testpipe blockieren
47      close(testpipe[1]);
48
49      // Einen Empfangspuffer anlegen
50      char puffer[80];
51
52      // Daten aus dem Lesekanal der Pipe auslesen
53      read(testpipe[0], puffer, sizeof(puffer));
54
55      // Empfangene Daten ausgeben
56      printf("Empfangene Daten: %s\n", puffer);
57  }
58 }
```

Listing 9.5 Programmbeispiel zu anonymen Pipes

Das Übersetzen des Programms mit dem GNU C Compiler (gcc) unter Linux und das anschließende Ausführen führt im Erfolgsfall zu folgender Ausgabe:

```
$ gcc Listing_9_5_anonyme_pipe.c -o
Listing_9_5_anonyme_pipe
$ ./Listing_9_5_anonyme_pipe
Die Pipe testpipe wurde angelegt.
Elternprozess: PID: 4868
Kindprozess: PID: 4869
Empfangene Daten: Testnachricht
```

Benannte Pipes

Außer den anonymen Pipes ermöglichen moderne Betriebssysteme auch *benannte Pipes* (englisch: *named pipe* [100]). Diese heißen auch einfach *FIFO*.

Über benannte Pipes können auch nicht eng miteinander verwandte Prozesse kommunizieren. Zudem ermöglichen benannte Pipes bidirektionale Kommunikation zwischen zwei Prozessen.

Jede benannte Pipe ist durch einen Eintrag im Dateisystem repräsentiert. Aus diesem Grund bleiben sie im Gegensatz zu anonymen Pipes auch dann erhalten, wenn kein Prozess auf sie zugreift.

Das Anlegen einer Pipe geschieht unter Linux mit dem Systemaufruf mkfifo bzw. einer gleichnamigen Standard-

Bibliotheksfunktion. Das Programmbeispiel in Listing 9.6 zeigt in der Programmiersprache C, wie Interprozesskommunikation mit benannten Pipes unter Linux möglich ist. In Zeile 11 versucht das Programm eine benannte Pipe mit dem Namen `testfifo` und größtmöglichen Zugriffsrechten mit der Funktion `mkfifo` anzulegen. Der Funktionsaufruf erzeugt im aktuellen Verzeichnis einen Dateisystemeintrag mit dem Namen `testfifo`. Der erste[5] Buchstabe in der Ausgabe des Kommandos `ls` zeigt, dass `testfifo` eine benannte Pipe ist.

```
$ ls -la testfifo
prw-r--r-- 1 bnc bnc 0 Nov 12 10:54 testfifo
```

In Zeile 20 versucht das Programm, einen Kindprozess mit der Funktion `fork` zu erzeugen. War die Prozesserzeugung erfolgreich, öffnet der Elternprozess in Zeile 38 die Pipe für Schreibzugriffe mit der Funktion `open` und schreibt in Zeile 41 mit der Funktion `write` eine Zeichenkette in den Schreibkanal. Anschließend schließt der Elternprozess den Zugriff auf die Pipe mit der Funktion `close` in Zeile 44.

Der Kindprozess öffnet in Zeile 59 die Pipe für Lesezugriffe ebenfalls mit der Funktion `open` und liest in Zeile 62 mit der Funktion `read` die Zeichenkette aus dem Lesekanal. Zum Empfang ist ein Empfangspuffer nötig, der in Zeile 56 erzeugt wird und im Beispiel eine Kapazität von 80 Zeichen hat. Anschließend gibt der Kindprozess die empfangene Zeichenkette auf der Kommandozeile aus und schließt den Zugriff auf die Pipe mit der Funktion `close` in Zeile 70. Abschließend entfernt der Kindprozess die Pipe mit der Funktion `unlink` in Zeile 73.

```
1  #include <stdio.h>
2  #include <unistd.h>
```

---

[5] Das erste Zeichen jedes Dateisystemeintrags in der Ausgabe von `ls -l` gibt an, um welche Art von Datei es sich handelt. Im Fall einer normalen Datei würde sich an dieser Stelle nur ein Bindestrich befinden. Ein Verzeichnis identifiziert der Buchstabe `d`. Sockets haben den Buchstaben `s` und benannte Pipes den Buchstaben `p`. Gerätedateien für zeichenorientierte Geräte haben den Buchstaben `c`, und für blockorientierte Geräte steht der Buchstabe `b`. Symbolische Links (Verknüpfungen), also Dateien, die auf andere Dateien verweisen, identifiziert der Buchstabe `l`.

```
3  #include <stdlib.h>
4  #include <fcntl.h>
5  #include <sys/stat.h>
6
7  void main() {
8    int pid_des_Kindes;
9
10   // Die Pipe anlegen
11   if (mkfifo("testfifo",0666) < 0) {
12     printf("Das Anlegen der Pipe ist fehlgeschlagen.\n");
13     // Programmabbruch
14     exit(1);
15   } else {
16     printf("Die Pipe testfifo wurde angelegt.\n");
17   }
18
19   // Einen Kindprozess erzeugen
20   pid_des_Kindes = fork();{
21
22   // Es kam beim fork zu einem Fehler
23   if (pid_des_Kindes < 0) {
24     printf("Es kam beim fork zu einem Fehler!\n");
25     // Programmabbruch
26     exit(1);
27   }
28
29   // Elternprozess
30   if (pid_des_Kindes > 0) {
31     printf("Elternprozess: PID: %i\n", getpid());
32
33     // Zugriffskennung der Pipe anlegen
34     int fd;
35     char nachricht[] = "Testnachricht";
36
37     // Die Pipe für Schreibzugriffe öffnen
38     fd = open("testfifo", O_WRONLY);
39
40     // Daten in die Pipe schreiben
41     write(fd, &nachricht, sizeof(nachricht));
42
43     // Die Pipe schließen
44     close(fd);
45
46     exit(0);
47   }
48
49   // Kindprozess
50   if (pid_des_Kindes == 0) {
51     printf("Kindprozess: PID: %i\n", getpid());
52
```

```
53      // Zugriffskennung der Pipe anlegen
54      int fd;
55      // Einen Empfangspuffer anlegen
56      char puffer[80];
57
58      // Die Pipe für Lesezugriffe öffnen
59      fd = open("testfifo", O_RDONLY);
60
61      // Daten aus der Pipe auslesen
62      if (read(fd, puffer, sizeof(puffer)) > 0) {;
63        // Empfangene Daten ausgeben
64        printf("Empfangene Daten: %s\n", puffer);
65      } else {
66        printf("Es kam beim Auslesen zu einem Fehler.\n");
67      }
68
69      // Die Pipe schließen
70      close(fd);
71
72      // Die Pipe löschen
73      if (unlink("testfifo") < 0) {
74        printf("Das Löschen ist fehlgeschlagen.\n");
75        // Programmabbruch
76        exit(1);
77      } else {
78        printf("Die Pipe wurde gelöscht.\n");
79      }
80
81      exit(0);
82    }
83  }
```

Listing 9.6 Programmbeispiel zu benannten Pipes (FIFO)

Das Übersetzen des Programms mit dem GNU C Compiler (gcc)
unter Linux und das anschließende Ausführen führt im Erfolgsfall
zu folgender Ausgabe:

```
$ gcc Listing_9_6_benannte_pipe_fifo.c -o
Listing_9_6_benannte_pipe_fifo
$ ./Listing_9_6_benannte_pipe_fifo
Die Pipe testfifo wurde angelegt.
Elternprozess: PID: 12887
Kindprozess: PID: 12888
Empfangene Daten: Testnachricht
Die Pipe wurde gelöscht.
```

Mit benannten Pipes auf der Kommandozeile arbeiten

Auf der Kommandozeile können Pipes in Folgen von Kommandos mit dem senkrechten Strich, dem sogenannten *Pipe-Zeichen* |, realisiert werden. Dieses weist das Betriebssystem an, die Ausgabe des Kommandos links neben dem Zeichen als Eingabe bei der Ausführung des Kommandos rechts vom Zeichen zu verwenden. Häufig werden solche Verkettungen von Anweisungen zum Filtern von Ausgaben mit dem Kommando grep verwendet. Ein Beispiel ist:

```
$ lsof | grep pipe
```

Das Kommando lsof gibt in einem Linux-Betriebssystem eine Liste aller aktuell offenen Dateien, also auch die existierenden benannten Pipes aus. Durch das Kommando grep pipe, das die Ausgabe von lsof filtert, werden nur diejenigen Zeilen aus der Ausgabe von lsof ausgegeben, die das Schlüsselwort pipe enthalten.

Die einzelnen Schritte, die das Betriebssystem im obigen Beispiel abarbeitet, sind im Detail nachvollziehbar. In der Shell unter Linux ist es mit dem Kommando mknod möglich, eine benannte Pipe zu erzeugen [39]. Das erste Kommando unter den drei folgenden legt eine benannte Pipe beispielfifo im aktuellen Verzeichnis an. Anschließend wird die Ausgabe des Kommandos lsof in die benannte Pipe umgeleitet. Wichtig ist, dass dieser Prozess mit dem *kaufmännischen Und* & in den Hintergrund geschickt und nicht sofort beendet wird. Der Prozess, den das Kommando startet, muss so lange existieren, bis die Daten aus der benannten Pipe ausgelesen sind. Das dritte Kommando grep filtert den Inhalt der Pipe und gibt nur die Zeilen mit dem Schlüsselwort pipe auf der Kommandozeile aus.

```
$ mknod beispielfifo p
$ lsof > beispielfifo &
$ grep pipe < beispielfifo
```

9.3.6 Sockets

Soll Kommunikation nicht nur zwischen Prozessen auf einem Computer, sondern über Rechnergrenzen hinweg möglich sein, sind *Sockets* die geeignete Form der Interprozesskommunikation. Ein Benutzerprozess kann einen Socket vom Betriebssystem anfordern, und über diesen anschließend Daten versenden und empfangen. Das Betriebssystem verwaltet alle benutzten Sockets und die zugehörigen Verbindungsinformationen. Die Adressierung der einzelnen Prozesse auf einem Computer geschieht mit Hilfe von Portnummern. Deren Vergabe erfolgt beim Verbindungsaufbau.

Eine weitere positive Eigenschaft von Sockets ist, dass sie Kommunikation zwischen Prozessen ermöglichen, die in verschiedenen Betriebssystemen laufen.

Je nach verwendetem Transportprotokoll, das zur Kommunikation zwischen den Prozessen verwendet wird, unterscheidet man verbindungslose und verbindungsorientierte Sockets.

Verbindungslose Sockets, die auch *Datagram Sockets* heißen, verwenden das Transportprotokoll User Datagram Protocol (UDP). Ein Vorteil verbindungsloser Sockets ist der geringere Verwaltungsaufwand *(Overhead)* von UDP im Vergleich zu TCP. Ein Nachteil ist, dass einzelne UDP-Segmente[6] einander überholen oder verloren gehen können.

Verbindungsorientierte Sockets, die auch *Stream Sockets* heißen, verwenden das Transportprotokoll Transmission Control Protocol (TCP). Dieses bietet zum Preis des höheren Verwaltungsaufwands eine höhere Verlässlichkeit als UDP, da es verlorene Segmente neu anfordert und die korrekte Reihenfolge der Segmente sicherstellt.

Den Ablauf der Interprozesskommunikation mit verbindungsorientierten Sockets zeigt Abb. 9.14. Die benötigten Funktionen sind:

---

[6] Segmente sind die Nachrichteneinheiten, mit denen Transportprotokolle kommunizieren.

- `socket` zum Erstellen eines Sockets (Sender und Client benötigen jeweils einen Socket) auf dem lokalen System.
- `bind`, um einen Socket auf Serverseite an eine Portnummer zu binden.
- `listen`, um einen Socket auf Serverseite empfangsbereit zu machen, indem das Betriebssystem eine Warteschlange für Verbindungen mit Clients einrichtet.
- `accept`, um auf Serverseite eintreffende Verbindungsanforderungen von Clients zu akzeptieren.
- `connect`, um vom Client eine Verbindungsanforderung an einen Server zu senden.
- `send` und `recv`, um Daten zwischen Client und Server auszutauschen.
- `close`, um einen Socket auf dem lokalen System zu schließen.

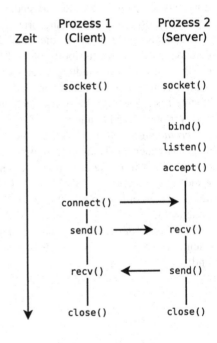

Abb. 9.14 Ablauf der Kommunikation mit Sockets und dem Transportprotokoll TCP

Die Programmbeispiele in Listing 9.7 und 9.8 zeigen wie Interprozesskommunikation mit Sockets und dem Transportprotokoll
TCP unter Linux möglich ist. Das Server-Programm in Listing 9.7
legt in Zeile 38 mit der Funktion `socket` einen Socket an, der
das Transportprotokoll TCP (`SOCK_STREAM`) und das Vermittlungsprotokoll IPv4 (`AF_INET`) verwendet. Der Rückgabewert
der Funktion ist der Socket-Deskriptor (`sd`), eine positive ganze
Zahl.

Socket-Adressen werden in der Programmiersprache C in der
Struktur `sockaddr_in` (siehe Zeile 15) gespeichert. Diese
enthält die Variablen `sin_family` für die Adressfamilie und
`sin_port` für die Portnummer sowie die Struktur `sin_addr`
für die Adresse, die wiederum eine Variable `s_addr` enthält.

In Zeile 47 verknüpft der Server mit der Funktion `bind` den
Socket mit einer Portnummer. Diese wird als Parameter direkt
nach dem Dateinamen (`argv[1]`) beim Start des Programms
in der Kommandozeile angegeben und in Zeile 27 in der Variable `portnummer` gespeichert. Die Funktion `atoi` in Zeile 27
konvertiert die Portnummer, die als Zeichenkette vorliegt, in den
Datentyp Integer.

Das Einrichten einer Warteschlange für eintreffende Verbindungsanforderungen geschieht mit der Funktion `listen` in
Zeile 57. Der zweite Parameter neben dem Socket-Deskriptor ist
die maximale Anzahl wartender Verbindungen (für die `accept`
noch nicht aufgerufen wurde). In unserem Beispiel kann die Warteschlange fünf Verbindungsanforderungen aufnehmen. Sobald
`listen` ausgeführt wurde, *lauscht* der Socket am Port. Er wartet
auf eintreffende Verbindungsanforderungen.

Die erste Verbindungsanforderung in der Warteschlange holt die
Funktion `accept` in Zeile 65. Der Rückgabewert in der Variable
`neuer_socket` ist der Socket-Deskriptor des neuen Sockets.
Enthält die Warteschlange keine Verbindungsanforderungen, ist
der Prozess blockiert, bis eine Verbindungsanforderung eintrifft.
Nachdem eine Verbindungsanforderung mit `accept` angenom-
men wurde, ist die Verbindung mit dem Client vollständig aufge-
baut.

In Zeile 76 liest der Server mit der Funktion `read` eine Nachricht aus dem neuen Socket und schreibt diese in einen Puffer

(puffer), der in Zeile 18 erzeugt und mit Null-Bytes gefüllt
wurde. Nachdem der Inhalt des Puffers auf der Kommandozeile
ausgegeben wurde (siehe Zeile 82), wird an den Client zur Bestä-
tigung eine Nachricht zurückgesendet. Dies geschieht, indem das
Programm mit der Funktion write (siehe Zeile 87) die Nachricht
in den neuen Socket schreibt.

In den Zeilen 95 und 100 werden der neue Socket und der *lau-
schende* Socket mit close geschlossen.

```
 1  #include <stdio.h>
 2  #include <stdlib.h>
 3  #include <string.h>
 4  #include <sys/socket.h>
 5  #include <netinet/in.h>
 6  #include <unistd.h>
 7  #include <arpa/inet.h>
 8
 9  int main(int argc, char *argv[])
10  {
11    int sd;
12    int neuer_socket;
13    int portnummer;
14    int clientadresselength;
15    struct sockaddr_in adresse;
16
17    // Inhalt des Puffers mit Null-Bytes füllen
18    char puffer[1024] = { 0 };
19
20    // Die Portnummer muss als Argument angegeben sein
21    if (argc < 2) {
22      printf("Sie müssen eine Portnummer angeben.\n");
23      exit(1);
24    }
25
26    // Das Argument nach dem Dateinamen ist die Portnummer
27    portnummer = atoi(argv[1]);
28
29    // Speicherbereich der Struktur sockaddr_in mit Nullen füllen
30    memset(&adresse, 0, sizeof(adresse));
31
32    // Socket-Adresse in der Struktur sockaddr_in speichern
33    adresse.sin_family = AF_INET;
34    adresse.sin_addr.s_addr = INADDR_ANY;
35    adresse.sin_port = htons(portnummer);
36
37    // Socket erstellen
38    sd = socket(AF_INET, SOCK_STREAM, 0);
39    if (sd < 0) {
40      printf("Der Socket konnte nicht erzeugt werden.\n");
```

```
41     exit(1);
42   } else {
43     printf("Der Socket wurde erzeugt.\n");
44   }
45
46   // Socket an eine Portnummer binden
47   if (bind(sd,
48           (struct sockaddr *) &adresse,
49           sizeof(adresse)) < 0) {
50     printf("Der Port ist nicht verfügbar.\n");
51     exit(1);
52   } else {
53     printf("Der Socket wurde an den Port gebunden.\n");
54   }
55
56   // Warteschlange für Verbindungsanforderungen anlegen
57   if (listen(sd, 5) == 0) {
58     printf("Warte auf Verbindungsanforderungen.\n");
59   } else {
60     printf("Es kam beim listen zu einem Fehler.\n");
61     exit(1);
62   }
63
64   clientadresselength = sizeof(adresse);
65   neuer_socket = accept(sd,
66                         (struct sockaddr *) &adresse,
67                         &clientadresselength);
68   if (neuer_socket < 0) {
69     printf("Verbindungsanforderung fehlgeschlagen.\n");
70     exit(1);
71   } else {
72     printf("Verbindung zu einem Client aufgebaut.\n");
73   }
74
75   // Nachricht empfangen
76   if (read(neuer_socket, puffer, sizeof(puffer)) < 0) {
77     printf("Der Lesezugriff ist fehlgeschlagen.\n");
78     exit(1);
79   }
80
81   // Empfangene Nachricht lokal ausgeben
82   printf("Empfangene Nachricht: %s\n", puffer);
83
84   char antwort[]="Server: Nachricht empfangen.\n";
85
86   // Nachricht senden
87   if (write(neuer_socket,
88             antwort,
89             sizeof(antwort)) < 0) {
90     printf("Der Schreibzugriff ist fehlgeschlagen.\n");
```

```
 91    exit(1);
 92    }
 93
 94    // Socket schließen
 95    if (close(neuer_socket) == 0) {
 96       printf("Der verbundene Socket wurde geschlossen.\n");
 97    }
 98
 99    // Socket schließen
100    if (close(sd) == 0) {
101       printf("Der Socket wurde geschlossen.\n");
102    }
103
104    exit(0);
105 }
```

Listing 9.7 Programmbeispiel zu TCP-Sockets (Server)

Das Programmbeispiel in Listing 9.8 realisiert einen Client, der mit dem Server in Listing 9.7 Daten austauschen kann.

Auch das Client-Programm erzeugt in Zeile 28 mit der Funktion socket einen Socket, der das Transportprotokoll TCP (SOCK_STREAM) und das Vermittlungsprotokoll IPv4 (AF_INET) verwendet.

Die IP-Adresse wird im Beispiel als Parameter direkt nach dem Dateinamen (argv[1]) beim Start des Programms in der Kommandozeile angegeben. Der zweite Parameter nach dem Dateinamen (argv[2]) enthält die Portnummer des Servers.

In den Zeilen 40–42 speichert das Programm die Adressfamilie, IP-Adresse und Portnummer des Servers in der Variable adresse, die der Struktur sockaddr_in entspricht.

Mit connect in Zeile 45 sendet der Client eine Verbindungsanforderung an den Server. Wenn der Rückgabewert der Funktion dem Wert 0 entspricht, war die Verbindungsanforderung erfolgreich.

In der Zeile 57 wird eine Zeichenkette auf der Eingabeaufforderung eingelesen und in der Variable puffer gespeichert, die zuvor in Zeile 16 mit Null-Bytes gefüllt wurde. Den Inhalt der Variable puffer schreibt die Client-Anwendung in Zeile 60 mit write in den neuen Socket und sendet ihn damit an den Server.

Nachdem der Inhalt der Variable in Zeile 66 erneut mit Null-Bytes überschrieben wurde, empfängt die Client-Anwendung in Zeile 69 mit read eine Nachricht des Servers, speichert sie in der Variable puffer und gibt sie auf der Eingabeaufforderung aus.

Abschließend beendet die Funktion close in Zeile 77 den Socket.

```c
1  #include <stdio.h>
2  #include <stdlib.h>
3  #include <string.h>
4  #include <sys/socket.h>
5  #include <netinet/in.h>
6  #include <unistd.h>
7  #include <arpa/inet.h>
8
9  int main(int argc, char *argv[])
10 {
11   int sd;
12   int portnummer;
13   struct sockaddr_in adresse;
14
15   // Inhalt des Puffers mit Null-Bytes füllen
16   char puffer[1024] = { 0 };
17
18   // Wenn IP-Adresse und Portnummer fehlen...
19   if (argc < 3) {
20     printf("IP-Adresse und/oder Portnummer fehlen.\n");
21     exit(1);
22   }
23
24   // Argument Nr.2 nach dem Dateinamen = Portnummer
25   portnummer = atoi(argv[2]);
26
27   // Socket erstellen
28   sd = socket(AF_INET, SOCK_STREAM, 0);
29   if (sd < 0) {
30     printf("Der Socket konnte nicht erzeugt werden.\n");
31     exit(1);
32   } else {
33     printf("Der Socket wurde erzeugt.\n");
34   }
35
36   // Speicherbereich von sockaddr_in mit Nullen füllen
37   memset(&adresse, 0, sizeof(adresse));
38
39   // Socket-Adresse in der Struktur sockaddr_in speichern
40   adresse.sin_family = AF_INET;
41   adresse.sin_port = htons(portnummer);
42   adresse.sin_addr.s_addr = inet_addr(argv[1]);
```

```
43
44    // Verbindungsanfrage an Server senden
45    if (connect(sd,
46                (struct sockaddr *) &adresse,
47                sizeof(adresse)) < 0) {
48      printf("Verbindungsanfrage fehlgeschlagen.\n");
49      exit(1);
50    } else {
51      printf("Verbindung zum Server aufgebaut.\n");
52    }
53
54    printf("Bitte geben Sie die Nachricht ein: ");
55
56    // Nachricht von der Kommandozeile einlesen
57    fgets(puffer, sizeof(puffer), stdin);
58
59    // Nachricht senden
60    if (write(sd, puffer, strlen(puffer)) < 0) {
61      printf("Der Schreibzugriff ist fehlgeschlagen.\n");
62      exit(1);
63    }
64
65    // Inhalt des Puffers mit Null-Bytes füllen
66    memset(puffer, 0, sizeof(puffer));
67
68    // Nachricht empfangen
69    if (read(sd, puffer, sizeof(puffer)) < 0) {
70      printf("Der Lesezugriff ist fehlgeschlagen.\n");
71      exit(1);
72    } else {
73      printf("%s\n",puffer);
74    }
75
76    // Socket schließen
77    if (close(sd) == 0) {
78      printf("Der Socket wurde geschlossen.\n");
79    }
80
81    exit(0);
82  }
```

Listing 9.8 Programmbeispiel zu TCP-Sockets (Client)

Das Übersetzen der Programme mit dem GNU C Compiler (gcc)
unter Linux und das anschließende Ausführen führt im Erfolgsfall
zu folgender Ausgabe auf dem Server:

```
$ gcc Listing_9_7_tcp_socket_server.c -o
Listing_9_7_tcp_socket_server
$ ./Listing_9_7_tcp_socket_server 50003
Der Socket wurde erzeugt.
Der Socket wurde an den Port gebunden.
Warte auf Verbindungsanforderungen.
Verbindung zu einem Client aufgebaut.
Empfangene Nachricht: Das ist eine Testnachricht.

Der verbundene Socket wurde geschlossen.
Der Socket wurde geschlossen.
```

Die Ausgabe auf dem Client ist wie folgt:

```
$ gcc Listing_9_8_tcp_socket_client.c -o
Listing_9_8_tcp_socket_client
$ ./Listing_9_8_tcp_socket_client 127.0.0.1 50003
Der Socket wurde erzeugt.
Verbindung zum Server aufgebaut.
Bitte geben Sie die Nachricht ein: Das ist
eine Testnachricht.
Server: Nachricht empfangen.

Der Socket wurde geschlossen.
```

Anhand der Ausgabe von Client und Server ist ersichtlich, dass sich
bei der Ausführung beide Prozesse im gleichen Betriebssystem und
damit auf dem gleichen Computersystem befanden.

   Während der Entwicklung eines Servers wie in Listing 9.7, sind
Werkzeuge zum Testen hilfreich, da ein Client vielleicht noch nicht
existiert oder dessen korrekte Funktion noch nicht garantiert werden kann. In einem solchen Fall sind klassische Kommandozei-
lenwerkzeuge wie der Telnet-Client oder besser das modernere

Werkzeug Netcat, auch nc genannt, hilfreich. Die folgende Ausgabe zeigt den Aufruf von nc mit der IP-Adresse und Portnummer als Kommandozeilenparametern. Zusätzliche Informationen zur Verbindung und zu den übertragenen Datenmengen liefern die Kommandozeilenparamter -v bzw. -vv.

```
$ nc 127.0.0.1 50003
Das ist eine Testnachricht.
Server: Nachricht empfangen.
```

Ein weiteres hilfreiches Kommandozeilenwerkzeug in diesem Zusammenhang ist netstat *(network statistics)*. Dieses Werkzeug ermöglicht es zu überprüfen, welche Ports auf dem lokalen System geöffnet sind und welche Netzwerkverbindungen zu entfernten Rechnern bestehen. Die folgende Ausgabe von netstat zeigt nicht nur den TCP-Socket des auf Verbindungsanforderungen wartenden Servers, sondern auch die aktive Verbindung zwischen dem Server und dem netcat-Client nc.

```
$ netstat -tap | grep 50003
tcp  0 0  0.0.0.0:50003    0.0.0.0:*
LISTEN      119954/./Listing_9_
tcp  0 0  localhost:50003  localhost:59716
VERBUNDEN   119954/./Listing_9_
tcp  0 0  localhost:59716  localhost:50003
VERBUNDEN   119982/./Listing_9_
```

Der Ablauf der Kommunikation mit verbindungslosen Sockets (siehe Abb. 9.15) unterscheidet sich nur geringfügig von verbindungsorientierten Sockets. Die Programmbeispiele in Listing 9.9 und 9.10 zeigen wie Interprozesskommunikation mit Sockets und dem Transportprotokoll UDP unter Linux möglich ist. Beim Server in Listing 9.9 sind die relevanten Unterschiede zum TCP-Server in Listing 9.7 der Wegfall der Funktionen listen und accept

Abb. 9.15 Ablauf der Kommunikation mit Sockets und dem Transportprotokoll UDP

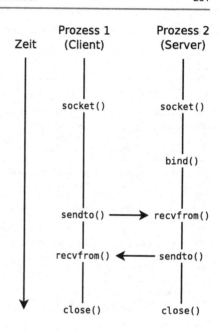

sowie die Verwendung der Funktionen `sendto` und `recvfrom` anstatt `send` und `recv`.

```
1  #include <stdio.h>
2  #include <stdlib.h>
3  #include <string.h>
4  #include <sys/socket.h>
5  #include <netinet/in.h>
6  #include <unistd.h>
7  #include <arpa/inet.h>
8
9  int main(int argc, char *argv[])
10 {
11   int sd;
12   int portnummer;
13   int client_adresse_laenge;
14   struct sockaddr_in adresse, client_adresse;
15
16   // Inhalt des Puffers mit Null-Bytes füllen
17   char puffer[1024] = { 0 };
18
19   // Die Portnummer muss als Argument angegeben sein
20   if (argc < 2) {
```

```
21      printf("Sie müssen eine Portnummer angeben.\n");
22      exit(1);
23    }
24
25    // Argument Nr.2 nach dem Dateinamen = Portnummer
26    portnummer = atoi(argv[1]);
27
28    // Speicherbereich von sockaddr_in mit Nullen füllen
29    memset(&adresse, 0, sizeof(adresse));
30    // Speicherbereich von sockaddr_in mit Nullen füllen
31    memset(&client_adresse, 0, sizeof(client_adresse));
32
33    // Socket-Adresse in der Struktur sockaddr_in speichern
34    adresse.sin_family = AF_INET;
35    adresse.sin_addr.s_addr = INADDR_ANY;
36    adresse.sin_port = htons(portnummer);
37
38    // Socket erstellen
39    sd = socket(AF_INET, SOCK_DGRAM, 0);
40    if (sd < 0) {
41      printf("Der Socket konnte nicht erzeugt werden.\n");
42      exit(1);
43    } else {
44      printf("Der Socket wurde erzeugt.\n");
45    }
46
47    // Socket an eine Portnummer binden
48    if (bind(sd,
49            (struct sockaddr *) &adresse,
50            sizeof(adresse)) < 0) {
51      printf("Der Port ist nicht verfügbar.\n");
52        exit(1);
53    } else {
54      printf("Der Socket wurde an den Port gebunden.\n");
55    }
56
57    client_adresse_laenge = sizeof(client_adresse);
58
59    // Nachricht empfangen
60    if (recvfrom(sd,
61                (char *)puffer,
62                sizeof(puffer),
63                0,
64                (struct sockaddr *) &client_adresse,
65                &client_adresse_laenge) < 0) {
66      printf("Der Lesezugriff ist fehlgeschlagen.\n");
67      exit(1);
68    }
69
70    // Empfangene Nachricht lokal ausgeben
```

```
71    printf("Empfangene Nachricht: %s\n",puffer);
72
73    char antwort[]="Server: Nachricht empfangen.\n";
74
75    // Nachricht senden
76    if (sendto(sd,
77              (const char *)antwort,
78              sizeof(antwort),
79              0,
80              (struct sockaddr *) &client_adresse,
81              client_adresse_laenge) < 0) {
82      printf("Der Schreibzugriff ist fehlgeschlagen.\n");
83      exit(1);
84    }
85
86    // Socket schließen
87    if (close(sd) == 0) {
88      printf("Der Socket wurde geschlossen.\n");
89    }
90
91    exit(0);
92  }
```

Listing 9.9 Programmbeispiel zu UDP-Sockets (Server)

Beim Client in Listing 9.10 sind die relevanten Unterschiede zum
TCP-Client in Listing 9.8 der Wegfall der Funktion connect
zum Verbindungsaufbau sowie die Verwendung der Funktionen
sendto und recvfrom anstatt send und recv.

```
1   #include <stdio.h>
2   #include <stdlib.h>
3   #include <string.h>
4   #include <sys/socket.h>
5   #include <netinet/in.h>
6   #include <unistd.h>
7   #include <arpa/inet.h>
8
9   int main(int argc, char *argv[])
10  {
11    int sd;
12    int portnummer;
13    int adresse_laenge;
14    struct sockaddr_in adresse;
15
16    // Inhalt des Puffers mit Null-Bytes füllen
17    char puffer[1024] = { 0 };
18
19    // Wenn IP-Adresse und Portnummer fehlen...
20    if (argc < 3) {
```

```
21      printf("IP-Adresse und/oder Portnummer fehlen.\n");
22      exit(1);
23    }
24
25    // Argument Nr.2 nach dem Dateinamen = Portnummer
26    portnummer = atoi(argv[2]);
27
28    // Socket erstellen
29    sd = socket(AF_INET, SOCK_DGRAM, 0);
30    if (sd < 0) {
31      printf("Der Socket konnte nicht erzeugt werden.\n");
32      exit(1);
33    } else {
34      printf("Der Socket wurde erzeugt.\n");
35    }
36
37    // Speicherbereich von sockaddr_in mit Nullen füllen
38    memset(&adresse, 0, sizeof(adresse));
39
40    // Socket-Adresse in der Struktur sockaddr_in speichern
41    adresse.sin_family = AF_INET;
42    adresse.sin_port = htons(portnummer);
43    adresse.sin_addr.s_addr = inet_addr(argv[1]);
44
45    printf("Bitte geben Sie die Nachricht ein: ");
46
47    // Nachricht von der Kommandozeile einlesen
48    fgets(puffer, sizeof(puffer), stdin);
49
50    adresse_laenge = sizeof(adresse);
51
52    // Nachricht senden
53    if (sendto(sd,
54               (const char *)puffer,
55               strlen(puffer),
56               0,
57               (struct sockaddr *) &adresse,
58               adresse_laenge) < 0) {
59      printf("Der Schreibzugriff ist fehlgeschlagen.\n");
60      exit(1);
61    }
62
63    // Den Inhalt des Puffers wieder mit Null-Bytes füllen
64    memset(puffer, 0, sizeof(puffer));
65
66    // Nachricht empfangen und in der Shell ausgeben
67    if (recvfrom(sd,
68                 (char *)puffer,
69                 sizeof(puffer),
70                 0,
```

```
71                    (struct sockaddr *) &adresse,
72                    &adresse_laenge) < 0) {
73      printf("Der Lesezugriff ist fehlgeschlagen.\n");
74      exit(1);
75    } else {
76      printf("%s\n",puffer);
77    }
78
79    // Socket schließen
80    if (close(sd) == 0) {
81      printf("Der Socket wurde geschlossen.\n");
82    }
83
84    exit(0);
85  }
```

Listing 9.10 Programmbeispiel zu UDP-Sockets (Client)

Das Übersetzen der Programme mit dem GNU C Compiler (gcc) unter Linux und das anschließende Ausführen führt im Erfolgsfall zu folgender Ausgabe auf dem Server:

```
$ gcc Listing_9_9_udp_socket_server.c -o
Listing_9_9_udp_socket_server
$ ./Listing_9_9_udp_socket_server 50004
Der Socket wurde erzeugt.
Der Socket wurde an die Portnummer gebunden.
Empfangene Nachricht: Das ist eine Testnachricht.

Der Socket wurde geschlossen.
```

Die Ausgabe auf dem Client ist wie folgt:

```
$ gcc Listing_9_10_udp_socket_client.c -o
Listing_9_10_udp_socket_client
$ ./Listing_9_10_udp_socket_client 127.0.0.1
50004
Der Socket wurde erzeugt.
Bitte geben Sie die Nachricht ein: Das ist eine
Testnachricht.
Server: Nachricht empfangen.

Der Socket wurde geschlossen.
```

Anhand der Ausgabe von Client und Server ist ersichtlich, dass sich bei der Ausführung beide Prozesse im gleichen Betriebssystem und damit auf dem gleichen Computersystem befanden.

Läuft der Server aus Listing 9.9, kann genau wie beim TCP-Server aus Listing 9.7 mit geeigneten Werkzeugen wie Netcat (nc) mit diesem gearbeitet werden bzw. dieser getestet werden. Der Kommandozeilenparamter –u legt fest, das via Transportprotokoll UDP kommuniziert werden soll.

```
$ nc -u 127.0.0.1 50004
Das ist eine Testnachricht.
Server: Nachricht empfangen.
```

Auch an dieser Stelle ist das Kommandozeilenwerkzeug netstat hilfreich, denn es ermöglicht auch die Kontrolle der geöffneten UDP-Ports via Kommandozeilenparamter –u. Die folgende Ausgabe des Aufrufs von netstat zeigt nicht nur den UDP-Socket des Servers, sondern auch den Socket des netcat-Client nc, der mit dem Server interagiert.

```
$ netstat -tapu | grep 50004
udp  0 0  localhost:43890  localhost:50004
VERBUNDEN  22254/nc
udp  0 0  0.0.0.0:50004    0.0.0.0:*
22194/./Listing_9
```

9.4   Kooperation von Prozessen

Der Schutz kritischer Abschnitte, so dass es keine Überlappung in der Ausführung gibt, ist mit dem einfachen Konzept der Sperren möglich (siehe Abschn. 9.2.2). Zwei komplexere Konzepte, die die Kooperation mehrerer Prozesse ermöglichen, sind Semaphoren und Mutexe.

9.4.1 Semaphoren nach Dijkstra

Zur Sicherung kritischer Abschnitte kann außer den bekannten
Sperren (siehe Abschn. 9.2.2) auch das bereits in den 1960er Jahren
von Edsger Dijkstra entwickelte Konzept der *Semaphoren* [23] eingesetzt werden. In der deutschsprachigen Literatur heißen Semaphoren selten auch *Koordinationsvariablen* [2,6].

Eine Semaphore ist eine ganzzahlige, nichtnegative Zählersperre. Im Gegensatz zu Sperren, die immer nur einem Prozess
das Betreten des kritischen Abschnitts erlauben können, ist es mit
einer Semaphore möglich, mehreren Prozessen das Betreten des
kritischen Abschnitts zu erlauben. Prozesse, die darauf warten, die
Semaphore passieren zu dürfen, sind im Zustand `blockiert`
und warten darauf, vom Betriebssystem in den Zustand `bereit`
überführt zu werden, wenn die Semaphore den Weg freigibt [99].

Das Konzept der Semaphoren beinhaltet die beiden in Abb. 9.16
dargestellten Zugriffsoperation *P* und *V*. Diese sind atomar, also
nicht unterbrechbar. Die P-Operation[7] prüft den Wert der Zählsperre (bzw. Zählvariable) und versucht, ihren Wert zu verringern.
Ist der Wert 0, wird der Prozess blockiert. Ist der Wert > 0, wird er
um den Wert 1 erniedrigt.

Die V-Operation[8] erhöht als erstes den Wert der Zählsperre um
eins. Warten bereits Prozesse darauf, die Zählersperre passieren
zu dürfen, wird der am längsten wartende Prozess deblockiert.
Der soeben deblockierte Prozess setzt dann seine P-Operation fort
und erniedrigt als erstes den Wert der Zählersperre.

Die beschriebene FIFO-Vorgehensweise, bei der der am längsten wartende Prozess als erstes aus der Warteschlange geholt wird,
entspricht dem Konzept der *starken Semaphore* [91]. Dieses ist

---

[7] Das *P* geht ursprünglich auf die holländischen Wörter *probeeren* (deutsch:
probieren bzw. versuchen) und *passeeren* (deutsch: passieren) zurück [56,95,
99].

[8] Das *V* geht ursprünglich auf die holländischen Wörter *verhogen* (deutsch:
erhöhen) und *vrijgeven* (deutsch: freigeben) zurück [56,95,99].

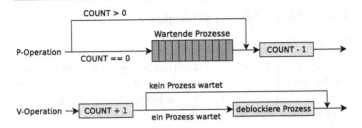

Abb. 9.16 Die P-Operation versucht, den Wert einer Semaphore zu verringern, und die V-Operation erhöht den Wert einer Semaphore [99]

die typische Form der Semaphore, die Betriebssysteme bereitstellen. Ein Vorteil dieser Vorgehensweise ist, dass wartende Prozesse nicht verhungern können.

Ein anderes Konzept ist die *schwache Semaphore* [91]. Hier werden Prozesse nicht abhängig vom Zeitpunkt der Blockierung aus der Warteschlange geholt, sondern es ist zum Beispiel die Prozesspriorität entscheidend. Solche Semaphoren sind unter anderem dort hilfreich, wo Echtzeitbetrieb (siehe Abschn. 3.6) realisiert werden soll.

Erzeuger/Verbraucher-Beispiel

Ein Szenario, das den Nutzen von Semaphoren anschaulich zeigt, ist das Erzeuger/Verbraucher-Beispiel. Dabei sendet ein Daten erzeugender Prozess (der Erzeuger) diese Daten an einen anderen Prozess (den Verbraucher).

Ein endlicher Zwischenspeicher (Puffer) soll Wartezeiten des Verbrauchers minimieren. Der Erzeuger legt Daten in den Puffer und der Verbraucher entfernt sie aus diesem (siehe Abb. 9.17). Ist der Puffer voll, muss der Erzeuger blockieren. Bei einem leeren Puffer muss der Verbraucher blockieren. Um Inkonsistenzen zu vermeiden, ist gegenseitiger Ausschluss zwingend erforderlich.

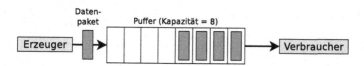

Abb. 9.17 Beim Erzeuger/Verbraucher-Beispiel schreibt ein Prozess Daten in einen Zwischenspeicher und ein anderer Prozess entnimmt Daten

Zur Synchronisation der Zugriffe auf den Puffer werden drei Semaphoren `leer`, `voll` und `mutex` benötigt.

Die Semaphore `leer` zählt die freien Plätze im Puffer. Der Erzeuger-Prozess erniedrigt sie mit der P-Operation, der Verbraucher-Prozess erhöht sie mit der V-Operation. Wenn `leer` den Wert 0 hat, ist der Puffer vollständig belegt und der Erzeuger-Prozess blockiert.

Die Semaphore `voll` zählt die Datenpakete, also die belegten Plätze im Puffer. Der Erzeuger-Prozess erhöht sie mit der V-Operation, der Verbraucher-Prozess erniedrigt sie mit der P-Operation. Wenn `voll` den Wert 0 hat, ist der Puffer leer und der Verbraucher-Prozess blockiert.

Die Semaphoren `voll` und `leer` werden gegenläufig zueinander eingesetzt.

Die *binäre Semaphore* `mutex` ist für den wechselseitigen Ausschluss zuständig. Binäre Semaphoren werden mit dem Wert 1 initialisiert und garantieren, dass zwei oder mehr Prozesse nicht gleichzeitig in ihre kritischen Bereiche eintreten können.

Listing 9.11 zeigt eine mögliche Lösung des Erzeuger/Verbraucher-Beispiels mit den in diesem Abschnitt beschriebenen drei Semaphoren.

```
 1  typedef int semaphore;                          // Semaphoren sind von Typ Integer
 2  semaphore voll  = 0;                            // zählt die belegten Plätze im Puffer
 3  semaphore leer  = 8;                            // zählt die freien Plätze im Puffer
 4  semaphore mutex = 1;                            // steuert Zugriff auf kritische Bereiche
 5
 6  void erzeuger (void) {
 7      int daten;
 8      while (TRUE) {                              // Endlosschleife
 9          erzeugeDatenpaket(daten);              // erzeuge Datenpaket
10          P(leer);                               // zähler "leere Plätze" erniedrigen
11          P(mutex);                              // in kritischen Bereich eintreten
12          einfuegenDatenpaket(daten);            // Datenpaket in den Puffer schreiben
13          V(mutex);                              // kritischen Bereich verlassen
14          V(voll);                               // zähler für volle Plätze erhöhen
15      }
16  }
17
18  void verbraucher (void) {
19      int daten;
20      while (TRUE) {                              // Endlosschleife
21          P(voll);                               // zähler "volle Plätze" erniedrigen
22          P(mutex);                              // in kritischen Bereich eintreten
23          entferneDatenpaket(daten);             // Datenpaket aus dem Puffer holen
24          V(mutex);                              // kritischen Bereich verlassen
25          V(leer);                               // zähler für leere Plätze erhöhen
26          verbraucheDatenpaket(daten);           // Datenpaket nutzen
27      }
28  }
```

Listing 9.11 Realisierung des Erzeuger/Verbraucher-Beispiels als Pseudocode [95]

Weitere klassische Probleme der Interprozesskommunikation
Außer dem Erzeuger/Verbraucher-Beispiel gibt es noch zahlreiche
andere in der Literatur populäre Beispiele für den Einsatz von
Semaphoren und Mutexen zur Kooperation von Prozessen. Drei
bekannte Beispiele, die aus Platzgründen in diesem Buch nicht
intensiv besprochen werden können, sind:

- *Leser-/Schreiberproblem*
- *Philosophenproblem*
- *Problem des schlafenden Friseurs (Sleeping Barber Problem)*

Beim *Leser-/Schreiberproblem* [11,25,28,91,95,102] geht es um
den gleichzeitigen Zugriff mehrerer Prozesse auf eine gemeinsame
Speicherstelle oder eine Datenbank.

Beim *Philosophenproblem* [25,79,95] müssen mehrere Prozesse so synchronisiert werden, dass Sie auf knappe Ressourcen,
wie z. B. Ein-/Ausgabegeräte, zugreifen können, ohne das einzelne
Prozesse verhungern.

Beim *Problem des schlafenden Friseurs* [23,28,94,100], müssen mehrere Prozesse so synchronisiert werden, dass es beim
Zugriff auf verschiedene Ressourcen nicht zu Race Conditions
kommt.

9.4.2 Semaphoren (System V)

Das klassische Konzept der Semaphoren unter Linux weicht in
einigen Punkten vom Konzept der Semaphoren nach Dijkstra ab.
Unter Linux und anderen Unix-ähnlichen Betriebssystemen kann
die Zählvariable mit einer P- oder V-Operation um mehr als den
Wert 1 erhöht bzw. erniedrigt werden. Es können auch Zugriffsoperationen auf mehreren verschiedenen Semaphoren atomar durchgeführt werden. So können zum Beispiel mehrere P-Operationen
zusammengefasst und nur dann durchgeführt werden, wenn keine
der P-Operationen blockiert [99]. Das ist aber nur dann möglich, wenn sich die Semaphoren in einer *Semaphorengruppe* befinden. Das in diesem Abschnitt beschriebene Konzept zum prozess-

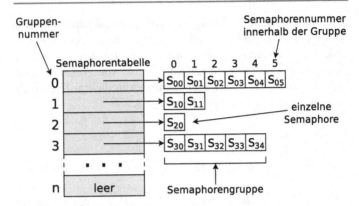

Abb. 9.18 Die Semaphorentabelle unter Linux verweist auf Arrays mit mehreren System V-Semaphoren [99]

übergreifenden Schutz kritischer Abschnitte heißt in der Literatur auch *System V-Semaphoren*. Daneben existieren auch die POSIX-Semaphoren (siehe Abschn. 9.4.3).

Der Linux-Betriebssystemkern verwaltet eine *Semaphorentabelle* (siehe Abb. 9.18), die Verweise auf Arrays mit Semaphoren enthält. Jedes Array enthält eine einzelne oder eine Gruppe von Semaphoren und wird über den Index der Tabelle identifiziert. Einzelne Semaphoren werden über den Tabellenindex und die Position in der Gruppe angesprochen.

Zudem verwaltet der Linux-Betriebssystemkern für jede Semaphorengruppe eine Datenstruktur `semid_ds` mit den Metadaten der Semaphorengruppe. Diese sind unter anderem die Anzahl der Semaphoren in der Semaphorengruppe, die Zugriffsrechte, der Zeitpunkt des letzten Zugriffs (P- oder V-Operation) und der letzten Änderung [4,36].

Linux stellt drei Systemaufrufe für die Arbeit mit System V-Semaphoren bereit (siehe Tab. 9.6).

Das Programmbeispiel in Listing 9.12 zeigt, wie der Schutz kritischer Abschnitte mit System V-Semaphoren unter Linux möglich ist. Konkret sollen im Beispiel zwei Prozesse mit Hilfe von Schleifen einzelne Zeichen auf der Kommandozeile ausgeben. Ein Prozess gibt ausschließlich den Buchstaben A aus und der andere Pro-

Tab. 9.6 Linux-Systemaufrufe zur Verwaltung von System V-Semaphoren

Systemaufruf	Funktionalität
semget	Neue Semaphore oder eine Gruppe von Semaphoren erzeugen oder eine bestehende Semaphore öffnen
semctl	Wert einer existierenden Semaphore oder einer Semaphorengruppe abfragen, ändern oder eine Semaphore löschen
semop	P- und V-Operationen auf Semaphoren durchführen

zess ausschließlich den Buchstaben B. Das gewünschte Ergebnis ist eine abwechselnde Zeichenausgabe. Geht man davon aus, dass es pro Prozess fünf Schleifendurchläufe gibt, ist die gewünschte Ausgabe die Zeichenfolge ABABABABAB.

Das Programm erstellt zwei Semaphorengruppen mit den Namen (Keys) 12345 und 54321 mit semget (in Zeile 20 und 32). In jeder Semaphorengruppe befindet sich – definiert durch den zweiten Parameter – nur ein Semaphor. Die Parameter IPC_CREAT und IPC_EXCL zusammen definieren, dass eine neue Semaphorengruppe erstellt wird und nicht auf eine eventuell existierende Gruppe mit identischem Key zugegriffen wird. Für den Fall, dass schon eine Semaphorengruppe mit dem gleichen Key existiert, gibt semget eine Fehlermeldung zurück [4,36]. Wäre im Beispiel nur der Parameter IPC_CREAT (ohne IPC_EXCL) angegeben, würde eine eventuell schon existierende Semaphorengruppe gleichen Namens vom Programm verwendet werden [105]. Der Parameter 0600 definiert die Zugriffsrechte. In diesem Fall darf nur der Benutzer, der die Semaphorengruppe anlegt, auf diese lesend und schreibend zugreifen.

Die initialen Werte der Semaphoren setzt das Programm mit semctl (in Zeile 50 und 58) mit dem Parameter SETVAL. Die Semaphore der Semaphorengruppe 12345 erhält den Wert 1 und die Semaphore der Semaphorengruppe 54321 erhält den Wert 0, um später die Startreihenfolge der beteiligten Prozesse zu definieren. In den Zeilen 66 und 70 fragt das Programm die Werte der beiden Semaphoren erneut mit semctl, aber diesmal mit dem

Parameter GETVAL ab, um Sie zur Kontrolle auf der Kommandozeile auszugeben [37].

In Zeile 74 versucht das Programm, einen Kindprozess mit der Funktion fork zu erzeugen. War die Prozesserzeugung erfolgreich, existiert nun ein Kindprozess, der versucht mit semop (in Zeile 87) eine P-Operation auf die Semaphore in der Gruppe 54321 auszuführen, also deren Wert um eins zu dekrementieren. Zu Beginn des Programms ist das nicht möglich, da diese Semaphore in Zeile 58 den initialen Wert 0 erhalten hat.

Der Elternprozess versucht mit semop (in Zeile 102) eine P-Operation auf die Semaphore in der Gruppe 12345 auszuführen. Zu Beginn des Programms ist das möglich, da diese Semaphore in Zeile 50 den initialen Wert 1 erhalten hat. Damit steht fest, dass nach dem fork zuerst der Elternprozess läuft.

Der Elternprozess gibt bei seinem ersten Schleifendurchlauf das Zeichen A auf der Kommandozeile aus und inkrementiert daraufhin mit semop (in Zeile 108) den Wert der Semaphore in der Gruppe 54321. Ein weiterer Schleifendurchlauf des Elternprozesses ist nun nicht möglich, da die Semaphore in der Gruppe 12345 den Wert null hat. Allerdings kann nun der Kindprozess die P-Operation mit semop (in Zeile 87) ausführen und das Zeichen B auf der Kommandozeile ausgeben. Daraufhin inkrementiert der Kindprozess mit semop (in Zeile 93) den Wert der Semaphore in der Gruppe 12345 und der Elternprozess kann weiterlaufen. So ist die gewünschte Ausgabesequenz sichergestellt.

Abschließend entfernt das Programm die beiden Semaphoren(gruppen) mit semctl und dem Parameter IPC_RMID (in Zeile 118 und 127). Das Kommando wait (in Zeile 113) garantiert, dass der Kindprozess zuvor beendet ist.

Eine Übersicht über die existierenden System V-Semaphoren in einem Linux-System liefert die Ausgabe[9] des Kommandos ipcs. Die sleep-Anweisungen in den Zeilen 89 und 104 dienen nur der Verlangsamung der Programmausführung, damit die Semaphoren mit ipcs beobachtet werden können und eine gewisse Zufälligkeit in der Abarbeitungsgeschwindigkeit dieser sehr ein-

---

[9] Mit der Option -s wird ipcs angewiesen, nur die Semaphoren auszugeben.

fachen Prozesse gegeben ist. Konkret verursacht `sleep(rand()` `%3);` eine pseudozufällige Wartezeit zwischen 0 und 2 s.

Das Löschen von System V-Semaphoren ist genau wie bei gemeinsamen Speicherbereichen und Nachrichtenwarteschlangen auch von der Eingabeaufforderung aus mit dem Kommando `ipcrm` möglich.

```
1  #include <stdio.h>
2  #include <stdlib.h>
3  #include <unistd.h>
4  #include <sys/wait.h>
5  #include <sys/sem.h>
6
7  void main() {
8    int pid_des_kindes;
9    int key1=12345;
10   int key2=54321;
11   int rc_semget1;        // Rückgabewert (return code) von semget
12   int rc_semget2;        // Rückgabewert (return code) von semget
13   int rc_semctl;         // Rückgabewert (return code) von semctl
14   int output;
15
16   // Das Puffern Standardausgabe (stdout) unterbinden
17   setbuf(stdout, NULL);
18
19   // Semaphorgruppe 12345 mit einer Semaphore erstellen
20   rc_semget1 = semget(key1, 1, IPC_CREAT | IPC_EXCL | 0600);
21   if (rc_semget1 < 0) {
22     printf("Die Semaphorgruppe konnte nicht erstellt werden.\n");
23     perror("semget");
24     // Programmabbruch
25     exit(1);
26   } else {
27     printf("Semaphorgruppe %i mit Key %i wurde erstellt.\n",
28           rc_semget1, key1);
29   }
30
31   // Semaphorgruppe 54321 mit einer Semaphore erstellen
32   rc_semget2 = semget(key2, 1, IPC_CREAT | IPC_EXCL | 0600);
33   if (rc_semget2 < 0) {
34     printf("Die Semaphorgruppe konnte nicht erstellt werden.\n");
35     perror("semget");
36     // Programmabbruch
37     exit(1);
38   } else {
39     printf("Semaphorgruppe %i mit Key %i wurde erstellt.\n",
40           rc_semget2, key2);
41   }
42
```

```
43    // P-Operation definieren. Semaphore dekrementieren
44    struct sembuf p_operation = {0, -1, 0};
45
46    // V-Operation definieren. Semaphore inkrementieren
47    struct sembuf v_operation = {0, 1, 0};
48
49    // Erste Semaphore der Gruppe 12345 auf Wert 1 setzen
50    rc_semctl = semctl(rc_semget1, 0, SETVAL, 1);
51    if (rc_semctl < 0) {
52      printf("Der Wert von %i konnte nicht gesetzt werden.\n", key1);
53      perror ("semctl SETVAL");
54      exit (1);
55    }
56
57    // Erste Semaphore der Gruppe 54321 auf Wert 0 setzen
58    rc_semctl = semctl(rc_semget2, 0, SETVAL, 0);
59    if (rc_semctl < 0) {
60      printf("Der Wert von %i konnte nicht gesetzt werden.\n", key2);
61      perror ("semctl SETVAL");
62      exit (1);
63    }
64
65    // Wert der ersten Semaphore (Gruppe 12345) ausgeben
66    output = semctl(rc_semget1, 0, GETVAL, 0);
67    printf("Wert der Semaphorgruppe %i: %i\n", rc_semget1, output);
68
69    // Wert der ersten Semaphore (Gruppe 54321) ausgeben
70    output = semctl(rc_semget2, 0, GETVAL, 0);
71    printf("Wert der Semaphorgruppe %i: %i\n", rc_semget2, output);
72
73    // Einen Kindprozess erzeugen
74    pid_des_kindes = fork();
75
76    // Es kam beim fork zu einem Fehler
77    if (pid_des_kindes < 0) {
78      perror("Es kam bei fork zu einem Fehler!\n");
79      // Programmabbruch
80      exit(1);
81    }
82
83    // Kindprozess
84    if (pid_des_kindes == 0) {
85      for (int i=0;i<5;i++) {
86        // P-Operation auf erste Semaphore (Gruppe 54321)
87        semop(rc_semget2, &p_operation, 1);
88        // Kritischer Abschnitt (Anfang)
89        sleep(rand() % 3);
90        printf("B");
91        // Kritischer Abschnitt (Ende)
92        // V-Operation auf erste Semaphore (Gruppe 12345)
```

```
93        semop(rc_semget1, &v_operation, 1);
94      }
95      exit(0);
96    }
97
98    // Elternprozess
99    if (pid_des_kindes > 0) {
100     for (int i=0;i<5;i++) {
101       // P-Operation auf erste Semaphore (Gruppe 12345)
102       semop(rc_semget1, &p_operation, 1);
103       // Kritischer Abschnitt (Anfang)
104       sleep(rand() % 3);
105       printf("A");
106       // Kritischer Abschnitt (Ende)
107       // V-Operation auf erste Semaphore (Gruppe 54321)
108       semop(rc_semget2, &v_operation, 1);
109     }
110   }
111
112   // Warten auf die Beendigung des Kindprozesses
113   wait(NULL);
114
115   printf("\n");
116
117   // Semaphorgruppe 12345 entfernen
118   rc_semctl = semctl(rc_semget1, 0, IPC_RMID, 0);
119   if (rc_semctl < 0) {
120     printf("Semaphorgruppe konnte nicht entfernt werden.\n");
121     exit(1);
122   } else {
123     printf("Semaphorgruppe %i wurde entfernt.\n", rc_semget1);
124   }
125
126   // Semaphorgruppe 54321 entfernen
127   rc_semctl = semctl(rc_semget2, 0, IPC_RMID, 0);
128   if (rc_semctl < 0) {
129     printf("Semaphorgruppe konnte nicht entfernt werden.\n");
130     exit(1);
131   } else {
132     printf("Semaphorgruppe %i wurde entfernt.\n", rc_semget2);
133   }
134
135   exit(0);
136 }
```

Listing 9.12 Programmbeispiel zu System V-Semaphoren

Das Übersetzen des Programms mit dem GNU C Compiler (gcc) unter Linux und das anschließende Ausführen führt im Erfolgsfall zu folgender Ausgabe:

```
$ gcc Listing_9_12_semaphore_systemv.c -o
Listing_9_12_semaphore_systemv
$ ./Listing_9_12_semaphore_systemv
Semaphorgruppe 98362 mit Key 12345 wurde
erstellt.
Semaphorgruppe 98363 mit Key 54321 wurde
erstellt.
Wert der Semaphore 98362: 1
Wert der Semaphore 98363: 0
ABABABABAB
Semaphorgruppe 98362 wurde entfernt.
Semaphorgruppe 98363 wurde entfernt.
```

Ein Verzicht auf den gegenseitigen Ausschluss mittels der Semaphoren in Listing 9.12 würde zu einer mehr oder weniger zufälligen Ausgabereihenfolge der beiden Prozesse führen. Mögliche Ausgabesequenzen wären z. B. ABBABABABA, ABBAABABAB oder ABABABABBA. Ohne gegenseitigen Ausschluss mittels der Semaphoren und ohne die sleep-Anweisungen wäre die Ausgabesequenz in den meisten Fällen AAAAABBBBB und in relativ seltenen Fällen BBBBBAAAAA oder so ähnlich wie AABAAABBBB. In jedem Fall wäre die Ausgabesequenz nicht sicher vorhersagbar, weil abhängig von der Auslastung des Gesamtsystems (Anzahl und Ressourcenverbrauch der übrigen Prozesse) und vom Schedulingverhalten des Betriebssystems und damit teilweise dem Zufall unterworfen.

Interessant ist die Beobachtung der Semaphorengruppen mit dem Programm ipcs, das Informationen über die Anzahl der enthaltenen Semaphoren, die Zugriffsrechte, den Besitzer und die zugehörigen Semaphor-IDs und Semaphor-Keys liefert.

Genau wie bei gemeinsamen Speichersegmenten (siehe Abschn. 9.3.3) und Nachrichtenwarteschlangen (siehe Abschn. 9.3.3) legt der Betriebssystemkern die IDs (semid) der Semaphoren automatisch fest. Der Semaphor-Key (key) hingegen ist im Programmquelltext definiert und wird von ipcs im Hexadezimalsystem angegeben.

```
$ ipcs -s

------ Semaphore Arrays --------
key          semid     owner      perms      nsems
0x00003039 98362       bnc        600        1
0x0000d431 98363       bnc        600        1
```

Eine Konversion ins Dezimalsystem mit dem Kommando printf zeigt, dass der im Programmbeispiel festgelegte Semaphor-Key für beide Semaphorengruppen berücksichtigt wurde.

```
$ printf "%d\n" 0x00003039
# Umrechnen von Hexadezimal in Dezimal
12345
$ printf "%d\n" 0x0000d431
54321
```

Neben den in diesem Abschnitt bereits vorgestellten Kommandoparametern (GETVAL, SETVAL und IPC_RMID) für semctl existieren noch zahlreiche weitere Kommandoparameter, mit denen Informationen über existierende Semaphoren oder Semaphorengruppen abgefragt und verändert werden können. Eine Auswahl dieser Kommandoparameter enthält Tab. 9.7.

9.4.3 POSIX-Semaphoren

Eine alternative Möglichkeit um Semaphoren zu realisieren, bietet der Standard POSIX. Die Schnittstelle von POSIX-Semaphoren gilt im Vergleich zu System V als intuitiver und damit leichter erlernbar, was aber subjektives Empfinden ist.

Eine konkrete Vereinfachung der Arbeit mit POSIX-Semaphoren ist u. a., dass sie im Gegensatz von System V-Semaphoren nicht in Semaphorengruppen organisiert sind, sondern genau wie beim von Edsger Dijkstra entwickelten Konzept [23], eigenständige ganzzahlige, nichtnegative Zählersperren sind. Zudem wird einer POSIX-Semaphore bei der Erzeugung mit der Bibliotheksfunktion sem_open oder alternativ mit sem_init sofort der initiale Wert zugewiesen. Bei Sys-

Tab. 9.7 Kommandoparameter von `semctl` [4,37,105]

Parameter	Funktion
GETALL	Wert aller Semaphoren einer Semaphorengruppe abfragen
GETNCNT	Anzahl der Prozesse abfragen, die warten, bis der Wert der Semaphore größer null wird
GETPID	Prozessnummer (PID) des Prozesses abfragen, der zuletzt eine P- oder V-Operation auf die Semaphore ausgeführt hat
GETVAL	Wert einer Semaphore abfragen
GETZCNT	Anzahl der Prozesse abfragen, die warten, bis der Wert der Semaphore gleich null wird
IPC_INFO	Informationen über die Semaphoren-spezifischen Grenzen (z. B. maximale Anzahl an Semaphoren pro Gruppe) abfragen
IPC_RMID	Eine Semaphorengruppe löschen
IPC_STAT	Inhalt der Datenstruktur `semid_ds` einer bestimmten Semaphorengruppe abfragen, die der Betriebssystemkern für jede Semaphorengruppe verwaltet. Diese enthält die Metadaten der Semaphorengruppe. Diese sind: Anzahl der Semaphoren, Zugriffsrechte, Zeitpunkt des letzten Zugriffs und der letzten Änderung, etc.
IPC_SET	Besitzer und Zugriffsrechte ändern
SEM_INFO	Fast identisch mit `IPC_INFO`. Gibt zusätzlich aus, wie viele Semaphoren und Semaphorengruppen aktuell im System existieren
SETALL	Alle Semaphoren einer Semaphorengruppe auf einen bestimmten Wert setzen
SETVAL	Eine Semaphore auf einen bestimmten Wert setzen

tem V-Semaphoren sind hierfür die beiden Systemaufrufe `semget` und `semctl` oder die gleichnamigen Bibliotheksfunktionen nötig [36].

POSIX-Semaphoren können als *benannte* (englisch: *named Semaphor*) oder alternativ als *unbenannte Semaphoren* (englisch: *unnamed Semaphor*) realisiert sein. Beide Varianten eigenen sich für Inter- und für Intraprozesskommunikation, also für Kooperation zwischen Prozessen und für Kooperation ausschließlich zwischen den Threads eines Prozesses [72]. Benannte POSIX-

Tab. 9.8 C-Funktionsaufrufe zur Verwaltung von POSIX-Semaphoren

Funktionsaufruf	Funktionalität
sem_init	*Unbenannte* Semaphore erzeugen und initialen Wert definieren
sem_open	*Benannte* Semaphore erzeugen und initialen Wert definieren
sem_post	V-Operation
sem_wait	P-Operation. Blockierende Anweisung
sem_trywait	P-Operation. Wird nur ausgeführt, wenn es den aufrufenden Prozess nicht blockiert
sem_timedwait	P-Operation. Blockierende Anweisung mit definiertem Timeout
sem_getvalue	Wert einer Semaphore abfragen
sem_destroy	*Unbenannte* Semaphore löschen
sem_close	*Benannte* Semaphore schließen
sem_unlink	*Benannte* Semaphore löschen

Semaphoren sind unter Linux im Verzeichnis /dev/shm/ als Dateien mit Datennamen in der Form sem.<name> repräsentiert. Bei unbenannten POSIX-Semaphoren ist das nicht der Fall. Generell können POSIX-Semaphoren nicht mit dem Kommandozeilenwerkzeug ipcs untersucht und auch nicht mit ipcrm manuell entfernt werden.

Tab. 9.8 enthält die in der Header-Datei semaphore.h definierten C-Funktionsaufrufe der POSIX-Semaphoren.

Das Programmbeispiel in Listing 9.13 zeigt, wie der Schutz kritischer Abschnitte mit benannten POSIX-Semaphoren unter Linux möglich ist. Genau wie beim Programmbeispiel in Listing 9.12 sollen zwei Prozesse mit Hilfe von Schleifen einzelne Zeichen (entweder A oder B) in fünf Schleifendurchläufen auf der Kommandozeile ausgeben. Auch hier ist das gewünschte Ergebnis wieder die Zeichenfolge ABABABABAB.

Das Programm erstellt zwei benannte POSIX-Semaphoren /mysem1 und /mysem2 mit der Bibliotheksfunktion sem_open (in Zeile 21 und 31) und dem Parameter O_CREAT, und weist diesen die initialen Werte 1 und 0 zu. Der Parameter

0600 definiert die gleichen Zugriffsrechte wie im Programmbeispiel in Listing 9.12. Auch hier wäre es möglich, zusätzlich zum Parameter O_CREAT den Parameter O_EXCL anzugeben, um das Öffnen einer eventuell existierenden Semaphore gleichen Namens zu unterbinden.

Die Namen benannter POSIX-Semaphoren müssen wie im Beispiel in Listing 9.13 mit einem Schrägstrich – Slash (/) beginnen und dürfen im weiteren Verlauf keinen weiteren Slash enthalten.

In den Zeilen 41 und 45 fragt das Programm die Werte der beiden Semaphoren mit sem_getvalue ab, um Sie zur Kontrolle auf der Kommandozeile auszugeben.

In Zeile 49 versucht das Programm, einen Kindprozess mit der Funktion fork zu erzeugen. War die Prozesserzeugung erfolgreich, existiert nun ein Kindprozess, der versucht mit sem_wait (in Zeile 61) eine P-Operation auf die Semaphore /mysem2 auszuführen, also deren Wert um eins zu dekrementieren. Zu Beginn des Programms ist das nicht möglich, da diese Semaphore in Zeile 31 den initialen Wert 0 erhalten hat.

Der Elternprozess versucht mit sem_wait (in Zeile 77) eine P-Operation auf die Semaphore /mysem1 auszuführen. Zu Beginn des Programms ist das möglich, da diese Semaphore in Zeile 21 den initialen Wert 1 erhalten hat. Damit steht genau wie beim Programmbeispiel in Listing 9.12 fest, dass nach dem fork zuerst der Elternprozess läuft.

Der Elternprozess gibt bei seinem ersten Schleifendurchlauf das Zeichen A auf der Kommandozeile aus und inkrementiert daraufhin mit sem_post (in Zeile 83) den Wert der Semaphore /mysem2. Ein weiterer Schleifendurchlauf des Elternprozesses ist nun nicht möglich, da die Semaphore /mysem1 den Wert null hat. Allerdings kann nun der Kindprozess die P-Operation auf die Semaphore /mysem2 mit sem_wait (in Zeile 61) ausführen und das Zeichen B auf der Kommandozeile ausgeben. Daraufhin inkrementiert der Kindprozess mit sem_post (in Zeile 67) den Wert der Semaphore /mysem1 und der Elternprozess kann weiterlaufen. So ist die gewünschte Ausgabesequenz sichergestellt.

Abschließend schließt das Programm die beiden Semaphoren mit sem_close (in Zeile 93 und 102) und entfernt diese mit sem_unlink (in Zeile 111 und 120).

Der Aufruf von `sem_close` ist für die korrekte Funktion des Programmbeispiels in Listing 9.13 nicht nötig, da automatisch bei der Beendigung eines Prozesses mit Zugriff auf eine benannte POSIX-Semaphore diese geschlossen wird. Es ist aber kein guter Programmierstil, wenn `sem_close` weggelassen wird. Die Bibliotheksfunktion `sem_unlink` weist das Löschen einer POSIX-Semaphore an. Dieses geschieht sobald es keine Referenz mehr auf die Semaphore gibt, also wenn der letzte Prozess, der diese geöffnet hat, `sem_close` aufgerufen hat, oder beendet ist.

Das Kommando `wait` (in Zeile 88) garantiert genau wie beim Programmbeispiel in Listing 9.12, dass der Kindprozess vor dem Entfernen der Semaphoren beendet ist.

```
1  #include <stdio.h>
2  #include <stdlib.h>
3  #include <unistd.h>
4  #include <sys/wait.h>
5  #include <semaphore.h>
6  #include <fcntl.h>
7
8  void main() {
9      const char sem1_name[] = "/mysem1";
10     const char sem2_name[] = "/mysem2";
11     int pid_des_kindes;
12     int returncode_close, returncode_unlink;
13     int output;
14
15     sem_t *mutex_sem1, *mutex_sem2;
16
17     // Das Puffern Standardausgabe (stdout) unterbinden
18     setbuf(stdout, NULL);
19
20     // Benannte Semaphore /mysem1 mit Wert 1 erstellen
21     mutex_sem1 = sem_open(sem1_name, O_CREAT, 0600, 1);
22     if (mutex_sem1 == SEM_FAILED) {
23         printf("Die Semaphore konnte nicht erstellt werden.\n");
24         perror("sem_open");
25         exit(1);
26     } else {
27         printf("Semaphore %s wurde erstellt.\n", sem1_name);
28     }
29
30     // Benannte Semaphore /mysem2 mit Wert 0 erstellen
31     mutex_sem2 = sem_open(sem2_name, O_CREAT, 0600, 0);
32     if (mutex_sem2 == SEM_FAILED) {
33         printf("Die Semaphore konnte nicht erstellt werden.\n");
34         perror("sem_open");
```

```
35          exit(1);
36      } else {
37          printf("Semaphore %s wurde erstellt.\n", sem2_name);
38      }
39
40      // Wert der Semaphore /mysem1 zur Kontrolle ausgeben
41      sem_getvalue(mutex_sem1, &output);
42      printf("Wert von %s: %i\n", sem1_name, output);
43
44      // Wert der Semaphore /mysem2 zur Kontrolle ausgeben
45      sem_getvalue(mutex_sem2, &output);
46      printf("Wert von %s: %i\n", sem2_name, output);
47
48      // Einen Kindprozess erzeugen
49      pid_des_kindes = fork();
50
51      // Es kam beim fork zu einem Fehler
52      if (pid_des_kindes < 0) {
53          perror("Es kam bei fork zu einem Fehler!\n");
54          exit(1);
55      }
56
57      // Kindprozess
58      if (pid_des_kindes == 0) {
59          for (int i=0;i<5;i++) {
60              // P-Operation Semaphore /mysem2
61              sem_wait(mutex_sem2);
62              // Kritischer Abschnitt (Anfang)
63              sleep(rand() % 3);
64              printf("B");
65              // Kritischer Abschnitt (Ende)
66              // V-Operation Semaphore /mysem1
67              sem_post(mutex_sem1);
68          }
69
70          exit(0);
71      }
72
73      // Elternprozess
74      if (pid_des_kindes > 0) {
75          for (int i=0;i<5;i++) {
76              // P-Operation Semaphore /mysem1
77              sem_wait(mutex_sem1);
78              // Kritischer Abschnitt (Anfang)
79              sleep(rand() % 3);
80              printf("A");
81              // Kritischer Abschnitt (Ende)
82              // V-Operation Semaphore /mysem2
83              sem_post(mutex_sem2);
84          }
```

```
85      }
86
87      // Warten auf die Beendigung des Kindprozesses
88      wait(NULL);
89
90      printf("\n");
91
92      // Semaphore /mysem1 entfernen
93      returncode_close = sem_close(mutex_sem1);
94      if (returncode_close < 0) {
95          printf("%s konnte nicht geschlossen werden.\n", sem1_name);
96          exit(1);
97      } else {
98          printf("%s wurde geschlossen.\n", sem1_name);
99      }
100
101     // Semaphore /mysem2 entfernen
102     returncode_close = sem_close(mutex_sem2);
103     if (returncode_close < 0) {
104         printf("%s konnte nicht geschlossen werden.\n", sem2_name);
105         exit(1);
106     } else {
107         printf("%s wurde geschlossen.\n", sem2_name);
108     }
109
110     // Semaphore /mysem1 entfernen
111     returncode_unlink = sem_unlink(sem1_name);
112     if (returncode_unlink < 0) {
113         printf("%s konnte nicht entfernt werden.\n", sem1_name);
114         exit(1);
115     } else {
116         printf("%s wurde entfernt.\n", sem1_name);
117     }
118
119     // Semaphore /mysem2 entfernen
120     returncode_unlink = sem_unlink(sem2_name);
121     if (returncode_unlink < 0) {
122         printf("%s konnte nicht entfernt werden.\n", sem2_name);
123         exit(1);
124     } else {
125         printf("%s wurde entfernt.\n", sem2_name);
126     }
127
128     exit(0);
129 }
```

Listing 9.13 Programmbeispiel zu POSIX-Semaphoren

Das Übersetzen des Programms unter Linux mit dem GNU C Compiler (gcc) mit der Option -lpthread zur Verknüpfung mit

der POSIX-Thread-Bibliothek (libpthread) und das anschließende Ausführen führt im Erfolgsfall zu folgender Ausgabe:

```
$ gcc Listing_9_13_semaphore_posix_named.c \
    -o Listing_9_13_semaphore_posix_named
    -lpthread
$ ./Listing_9_13_semaphore_posix_named
Semaphore /mysem1 wurde erstellt.
Semaphore /mysem2 wurde erstellt.
Wert von /mysem1: 1
Wert von /mysem2: 0
ABABABABAB
/mysem1 wurde geschlossen.
/mysem2 wurde geschlossen.
/mysem1 wurde entfernt.
/mysem2 wurde entfernt.
```

Unter Linux können die Existenz benannter POSIX-Semaphoren
und deren Zugriffsrechte im Verzeichnis /run/shm kontrolliert
werden.

```
$ ls -l /run/shm/
insgesamt 8
-rw------- 1 bnc  bnc  32  5. Okt 12:18 sem.mysem1
-rw------- 1 bnc  bnc  32  5. Okt 12:18 sem.mysem2
```

Im Vergleich zu benannten POSIX-Semaphoren, wie im Programmbeispiel in Listing 9.13, sind unbenannte POSIX-
Semaphoren noch leichtgewichtiger, da sie nicht im Dateisystem
repräsentiert sind. Die Erstellung solcher Semaphoren geschieht
mit der Bibliotheksfunktion sem_init und das Entfernen mit
sem_destroy. Ideal geeignet sind unbenannte Semaphoren zum
Schutz kritischer Abschnitte der Threads eines Prozesses, also für
Intraprozesskommunikation. Die Prozessübergreifende Nutzung
unbenannter POSIX-Semaphoren – also Interprozesskommunikation – ist zwar möglich, aber nicht sehr komfortabel.

Zwei Dinge sind hierzu Voraussetzung, nämlich die korrekte
Angabe bei der Erstellung der Semaphore mit sem_init und
die Möglichkeit des Zugriffs für alle beteiligten Prozesse. Beim
Erstellen einer unbenannten POSIX-Semaphore mit sem_init

wird mit dem Parameter `pshared` definiert, ob die Semaphore ausschließlich im Prozesskontext des aufrufenden Prozesses zur Verfügung stehen soll (also in einem Szenario mit mehreren Threads zum Einsatz kommt), oder ob sie zum prozessübergreifenden Schutz kritischer Abschnitte verwendet werden soll (also für verschiedene Prozesse erreichbar sein soll). Damit das möglich ist, muss sich die Semaphore in einem System V-Speichersegment (siehe Abschn. 9.3.1) oder in einem POSIX-Speichersegment (siehe Abschn. 9.3.2) befinden, auf das die beteiligten Prozesse Zugriff haben [72]. Diese Einschränkung gilt auch dann, wenn die beteiligten Prozesse eng miteinander verwandt sind, denn ein Kindprozess erbt durch `fork` zwar eine Kopie der unbenannten Semaphore, aber kann dadurch nicht automatisch die Semaphore des Elternprozesses erreichen.

9.4.4 Mutex

Wird die Möglichkeit einer Semaphore zu zählen nicht benötigt, kann die vereinfachte Version einer Semaphore, der *Mutex*[10], verwendet werden. Mit dem Konzept des Mutex ist der Schutz kritischer Abschnitte möglich, auf die zu jedem Zeitpunkt immer nur ein Prozess zugreifen darf.

Ein Mutex kann nur die beiden Zustände *belegt* und *nicht belegt* annehmen. Aus diesem Grund ist die Funktionalität eines Mutex mit der einer *binären Semaphore* vergleichbar.

Alle gängigen Standardbibliotheken implementieren Funktionen um Mutexe zur Kooperation von Threads zu erstellen und um mit diesen zu arbeiten. Dieser Abschnitt enthält eine Übersicht über diese Funktionen aus unterschiedlichen Bibliotheken. Für die Zusammenarbeit von Prozessen sind diese Funktionen entweder gar nicht, oder nur über den Umweg eines gemeinsamen Speichersegmenten geeignet.

---

[10] Der Begriff *Mutex* ist abgeleitet von *Mutual Exclusion*, also *wechselseitiger Ausschluss.*

Tab. 9.9 C-Funktionsaufrufe zur Arbeit mit Mutexen

Funktionsaufruf	Funktionalität
mtx_init	Mutex erzeugen
mtx_unlock	Mutex freigeben. Vergleichbar zur V-Operation bei Semaphoren
mtx_lock	Mutex sperren. Blockierende Anweisung. Vergleichbar zur P-Operation bei Semaphoren
mtx_trylock	Mutex sperren. Wird nur ausgeführt, wenn es den aufrufenden Thread nicht blockiert
mtx_timedlock	Mutex sperren. Blockierende Anweisung mit definiertem Timeout
mtx_destroy	Mutex löschen

Tab. 9.9 enthält die in der Header-Datei threads.h definierten Funktionsaufrufe aus der C-Standard-Bibliothek zur Arbeit mit Mutexen. Diese sind mtx_init, mtx_unlock, mtx_lock, mtx_trylock, mtx_timedlock und mtx_destroy [21, 30,48].

Die Bibliothek pthread.h zur Realisierung von POSIX-Threads implementiert u. a. die Funktionen pthread_mutex_init, pthread_mutex_unlock, pthread_mutex_lock, pthread_mutex_trylock, pthread_mutex_timedlock und pthread_mutex_destroy [8,28,78,95,100,105].

Bei der C-Standardbibliothek des Betriebssystems Solaris von Oracle (vormals Sun Microsystems) ist die Benennung der Funktionen geringfügig anders. Dort enthält die Header-Datei threads.h die Funktionen mutex_init, mutex_unlock, mutex_lock, mutex_trylock und mutex_destroy [33, 58,81,93].

Bei den beiden letztgenannten Möglichkeiten (pthread.h und threads.h unter Solaris) ist es auch möglich, Mutexe zur Kooperation von Threads unterschiedlicher Prozesse zu verwenden. Damit das möglich ist, muss sich aber genau wie zuvor bei den POSIX-Semaphoren der entsprechende Mutex in einem

System V-Speichersegment (siehe Abschn. 9.3.1) oder in einem POSIX-Speichersegment (siehe Abschn. 9.3.2) befinden, auf das die beteiligten Prozesse Zugriff haben [28].

Will ein Thread auf den kritischen Abschnitt zugreifen, ruft er mtx_lock (alternativ: pthread_mutex_lock oder mutex_lock) auf. Ist der kritische Abschnitt nicht gesperrt, kann der Thread eintreten. Ist der kritische Abschnitt gesperrt, wird der Thread blockiert, bis der Thread im kritischen Abschnitt fertig ist und mtx_unlock (alternativ: pthread_mutex_unlock oder mutex_unlock) aufruft. Warten mehrere Threads auf den kritischen Abschnitt, entscheidet der Zufall [95]. Zudem gibt es auch nichtblockierende Funktionen (mtx_trylock, pthread_mutex_trylock und mutex_trylock) und je nach Standardbibliothek auch solche mit Timeout (mtx_timedlock und pthread_mutex_timedlock).

9.4.5 Monitor

Ein weiteres Konzept zum Schutz kritischer Abschnitte ist der von Per Brinch Hansen [34] und Tony Hoare [40] in den 1970er Jahren entwickelte *Monitor*. Ein Monitor besteht aus einer Datenstruktur und Zugriffsoperationen darauf, die als Modul zusammengefasst sind [2]. Prozesse können die Zugriffsoperationen des Monitors aufrufen, aber nicht auf die interne Datenstruktur des Monitors zugreifen [25]. Der Compiler realisiert den Monitor als exklusives Betriebsmittel[11], indem er auf der Ebene des Betriebssystems die Konzepte Mutex oder Semaphore verwendet. Für den Software-entwickler geschieht dies transparent.

Monitore bieten eine vergleichbare Funktionalität wie Mutexe oder binäre Semaphoren. Zudem ist die Arbeit mit ihnen im Vergleich zu Semaphoren einfacher und weniger fehleranfällig.

---

[11] Der Compiler stellt sicher, dass zu jedem Zeitpunkt nur ein Prozess auf den Monitor und damit auf dem kritischen Abschnitt zugreifen kann.

Beispiele für Programmiersprachen, die das Monitor-Konzept anbieten, sind Java[12] und Python [3]. Bei anderen Sprachen wie beispielsweise C und PHP fehlt das Monitor-Konzept. Hier müssen die Softwareentwickler zum Schutz kritischer Abschnitte auf Semaphoren oder Mutexe zurückgreifen.

Aus Platzgründen und wegen der großen Ähnlichkeit zum Konzept des Mutex enthält dieses Buch keine weiteren Informationen zu Monitoren. Eine intensive Auseinandersetzung mit diesem Thema bieten [12,91,95,100].

---

[12] Wenn unter Java eine Methode oder ein Codebereich mit dem Schlüsselwort `synchronized` gekennzeichnet ist, erzeugt die Laufzeitumgebung einen Monitor und garantiert den exklusiven Zugriff darauf [44]. Der Zugriff auf einen Monitor bzw. dessen Freigabe geschieht unter Java mit den Methoden `wait`, `notify` und `notifyAll`.

Virtualisierung

Virtualisierung ist eine Herangehensweise in der Informationstechnik, die Ressourcen so in einer logischen Sicht zusammenfasst, dass ihre Auslastung optimiert werden kann. Das Schlagwort Virtualisierung umfasst mehrere grundsätzlich verschiedene Konzepte und Technologien.

Dieses Kapitel stellt die aus Sicht der Betriebssysteme interessanten Virtualisierungstechniken vor. Bei diesen handelt es sich um Partitionierung, Hardware-Emulation, Anwendungsvirtualisierung, vollständige Virtualisierung, Paravirtualisierung, Hardware-Virtualisierung und Betriebssystem-Virtualisierung. Andere Virtualisierungstechniken wie Netzwerk- oder Speichervirtualisierung behandelt dieses Buch nicht.

Die meisten in diesem Kapitel vorgestellten Virtualisierungstechniken ermöglichen die Erzeugung *virtueller Maschinen* (VM). Jede VM läuft in einer abgeschotteten Umgebung auf einer physischen Hardware und verhält sich wie ein vollwertiger Computer mit eigenen Komponenten. In einer VM kann ein Betriebssystem mit Anwendungen genau wie auf einem realen Computer laufen. Die Anwendungen, die in einer VM laufen, bemerken diesen Umstand nicht. Anforderungen der Betriebssystem-Instanzen werden von der Virtualisierungssoftware transparent abgefangen und auf die real vorhandene oder emulierte Hardware umgesetzt.

© Springer-Verlag GmbH Deutschland, ein Teil von
Springer Nature 2022
C. Baun, *Betriebssysteme kompakt,* IT kompakt,
https://doi.org/10.1007/978-3-662-64718-9_10

10.1 Partitionierung

Beim Virtualisierungskonzept *Partitionierung* können Teilsysteme
auf den Gesamtressourcen eines Computersystems definiert werden. Jedes Teilsystem kann eine lauffähige Betriebssysteminstanz
enthalten und verhält sich wie ein eigenständiger Computer. Die
Ressourcen (Prozessor, Hauptspeicher, Datenspeicher, etc.) werden von der Firmware des Computers verwaltet, die diese den
virtuellen Maschinen zuteilt. Eine zusätzliche Software zur Realisierung der Virtualisierungsfunktionalität ist nicht nötig (siehe
Abb. 10.1).

Partitionierung kommt zum Beispiel bei IBM Großrechnern
(zSerie) oder Midrange-Systemen (pSerie) mit Prozessoren der
Serien Power5/6/7/8/9 zum Einsatz. Eine Änderung der Ressour-
cenzuteilung ist auf solchen Systemen im laufenden Betrieb ohne
Neustart möglich. Auf einem aktuellen Großrechner können mehrere hundert bis tausend Linux-Instanzen gleichzeitig laufen.

Aktuelle x86-kompatible Prozessoren mit Erweiterungen für
Virtualisierungsanwendungen, wie zum Beispiel Intel Vanderpool
(VT-x) und AMD Pacifica (AMD-V), unterstützen lediglich die
Partitionierung des Prozessors selbst und nicht des Gesamtsys-
tems.

Außerhalb von Großrechnern und Servern spielt Partitionierung
in der Praxis keine Rolle.

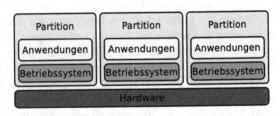

Abb. 10.1 Bei vollständiger Partitionierung werden Teilsysteme definiert, die
sich wie eigenständige Computer verhalten

10.2 Hardware-Emulation

Eine vollständig andere Technologie als Virtualisierung ist die *Emulation*. Diese bildet die komplette Hardware eines Rechnersystems nach, um ein *unverändertes Betriebssystem*, das für eine *andere Hardwarearchitektur* ausgelegt ist, zu betreiben (siehe Abb. 10.2).

Ein Nachteil von Emulatoren ist die geringere Ausführungsgeschwindigkeit im Vergleich mit Virtualisierungslösungen.

Beispiele für Emulatoren sind Bochs, Basilisk, DOSBox, JSLinux, JSNES, MAME, PearPC, Rosetta, Rosetta 2, QEMU, SheepShaver, Hercules und Virtual PC.

Bochs ist freie Software (LGPL), die unter fast allen gängigen Betriebssystemen und den allermeisten verbreiteten Hardwarearchitekturen läuft. Die Software emuliert Computer mit den Prozessorfamilien x86 und AMD64.

Basilisk II ist freie Software (GPL) und emuliert die 680×0 Prozessorfamilie, um diejenigen Version von Mac OS (bis einschließlich Version 8.1) zu betreiben, die auf 68K-Macintoshs lauffähig sind.

DOSBox emuliert einen Computer mit x86-Prozessor und weitere Hardware, die zum Betrieb von MS-DOS und Windows 3x benötigt wird oder hilfreich ist. DOSBox ist freie Software (GPL) und läuft unter fast allen gängigen und teilweise auch auf exotischen Betriebssystemen.

JSLinux emuliert einen Computer mit einem x86-kompatiblen 32 Bit-Prozessor oder einem RISC-V-Prozessor (32 Bit und 64 Bit).

Abb. 10.2 Emulation bildet die komplette Hardware eines Rechnersystems nach

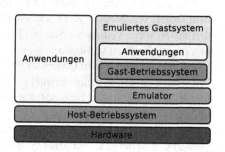

Der Emulator wurde in JavaScript entwickelt und ermöglicht den Betrieb von Linux, FreeDOS und Windows 2000 im Browser. Den Quellcode des RISC-V-Emulators hat der Autor im Rahmen des Projekts TinyEMU als freie Software (MIT-Lizenz) veröffentlicht. Der Quellcode des x86-Emulators wurde bislang nicht veröffentlicht.

JSNES ist ein Emulator für die NES-Spielkonsole. Der Emulator ist komplett in JavaScript entwickelt und läuft somit im Browser. Der Quellcode von JSNES ist freie Software (Apache 2.0 License).

MAME (Multiple Arcade Machine Emulator) ist ebenfalls freie Software (GPL) und emuliert die Hardware klassischer Videospielautomaten. Der Emulator leistet einen wichtigen Beitrag zur Erhaltung klassischer Videospiele als Kulturgut und kann unter fast allen gängigen Betriebssystemen genutzt werden.

PearPC emuliert einen Computer mit einem PowerPC G3/G4-Prozessor, um diejenigen Versionen von MacOS X 10.1 bis 10.4 zu betreiben, die auf PowerPC-Prozessoren lauffähig sind. Der Quellcode von PearPC ist freie Software (GPL).

Rosetta von Apple ist Bestandteil von MacOS X 10.4, 10.5 und 10.5 und basiert auf der Technologie QuickTransit der Transitive Corporation, die 2009 von IBM übernommen wurde. Rosetta emuliert PowerPC-Prozessoren auf x86-Prozessoren in einer Art und Weise das PowerPC-Bytecode in ein prozessorunabhängiges Zwischenformat übersetzt wird, und anschließend wird daraus für die x86-Architektur optimierter Bytecode erzeugt. Der Quellcode ist proprietär und nicht öffentlich verfügbar. Eine Weiterentwicklung von Seiten des Herstellers findet nicht mehr statt.

Ebenfalls von Apple stammt der Emulator Rosetta 2. Dieser ist Bestandteil von MacOS X 11 und emuliert x86-Prozessoren auf den Prozessoren von Apple Silicon. Der Quellcode ist proprietär und nicht öffentlich verfügbar.

QEMU emuliert einen Computer und unterstützt verschiedene Prozessorfamilien wie zum Beispiel x86, AMD64, PowerPC, ARM und RISC-V. QEMU ist freie Software (GPL) und läuft unter fast allen gängigen Betriebssystemen.

SheepShaver emuliert Computer mit den Prozessorfamilien PowerPC und 680×0, um MacOS 7/8/9 zu betreiben. Der Emulator ist freie Software (GPL). Die Weiterentwicklung geschieht gemeinsam mit dem Emulator Basilisk II.

Hercules emuliert IBM-Großrechner der Serien System/360, System/370, System/390 und System z. Der Emulator ist freie Software (QPL) und läuft unter Linux, Windows, MacOS X und weiteren UNIX-Betriebssystemen.

Microsoft Virtual PC emuliert in der Version für MacOS X auf der PowerPC-Prozessorarchitektur x86-kompatible Prozessoren. Der Quellcode ist proprietär und nicht öffentlich verfügbar. Eine Weiterentwicklung von Seiten des Herstellers findet nicht mehr statt.

Die unter Linux bekannte freie Software Wine ist kein Hardware-Emulator, da sie nur die Schnittstellen des Betriebssystems Windows emuliert und so den Betrieb von Windows-Software unter Linux ermöglicht. Der Betrieb von unveränderter Software, die für eine andere Hardwarearchitektur ausgelegt ist, ist somit nicht möglich.

10.3   Anwendungsvirtualisierung

Bei der *Anwendungsvirtualisierung* werden einzelne Anwendungen in einer virtuellen Umgebung ausgeführt, die alle Komponenten bereitstellt, die die Anwendung benötigt. Die virtuelle Maschine befindet sich zwischen der auszuführenden Anwendung und dem Betriebssystem. Ein Beispiel für dieses Virtualisierungskonzept ist die Java Virtual Machine (JVM). Diese ist der Teil der Java-Laufzeitumgebung (JRE), der für die Ausführung des Java-Bytecodes verantwortlich ist (siehe Abb. 10.3). Der Compiler javac übersetzt Quellcode in architekturunabhängige .class-Dateien, die Bytecode enthalten, der in der Java VM lauffähig ist. Das java-Programm startet eine Java-Anwendung in einer Instanz der Java VM.

Ein Vorteil der Anwendungsvirtualisierung ist die Plattformunabhängigkeit. So laufen in Java geschriebene Programme auf allen Betriebssystemen und Hardwarearchitekturen, für die eine

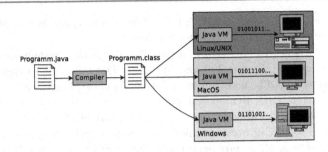

Abb. 10.3 Die Java Virtual Machine ist ein Beispiel für Anwendungsvirtualisierung

Portierung der JVM existiert. Ein Nachteil ist die geringere Ausführungsgeschwindigkeit gegenüber nativer Programmausführung.

Ein weiteres Beispiel für Anwendungsvirtualisierung ist
VMware ThinApp, das bis 2008 unter dem Namen Thinstall ver-
trieben wurde. Diese Lösung ist in der Lage, Windows-
Anwendungen in einzelne exe-Dateien zu packen. Dadurch ist es
möglich, Anwendungen ohne lokale Installation unter Windows-
Betriebssystemen auszuführen. Anwendungen können so zum Bei-
spiel direkt von einem USB-Stick ausgeführt werden. Zudem erfol-
gen keine Einträge in der Windows Registry und es werden keine
Umgebungsvariablen und DLL-Dateien auf dem System erstellt.
Benutzereinstellungen und erstellte Dokumente speichert diese
Lösung in einer eigenen Sandbox.

10.4   Vollständige Virtualisierung

Vollständige Virtualisierungslösungen bieten einer virtuellen
Maschine eine vollständige, virtuelle PC-Umgebung inklusive
eigenem BIOS. Jedes Gastbetriebssystem erhält eine eigene virtuelle Maschine mit virtuellen Ressourcen wie Prozessor(en), Hauptspeicher, Laufwerke, Netzwerkkarten, etc. Kern der Lösung ist ein
sogenannter *Virtueller Maschinen-Monitor* (VMM), der *hosted* als

Abb. 10.4 Bei
vollständiger
Virtualisierung
organisiert der
Typ-2-Hypervisor die
Zuweisung der
Hardwareressourcen an
die virtuellen Maschinen

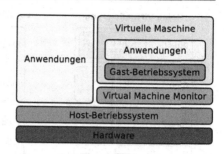

Anwendung im Host-Betriebssystem läuft (siehe Abb. 10.4). Der
VMM heißt in der Literatur auch *Typ-2-Hypervisor.*

Die Aufgabe des VMM ist die Zuweisung der Hardwareressourcen an die virtuellen Maschinen. Teilweise emuliert er auch
Hardwarekomponenten, die nicht für den gleichzeitigen Zugriff
mehrerer Betriebssysteme ausgelegt ist, wie zum Beispiel Netzwerkkarten. Ein sich nebenbei ergebender Vorteil der Emulation
populärer Hardware ist die Vermeidung von Treiberproblemen in
den Gastbetriebssystemen.

Zum Verständnis der Arbeitsweise des VMM ist eine Auseinandersetzung mit den Virtualisierungsgrundlagen der x86-Architektur
sinnvoll. x86-kompatible Prozessoren enthalten traditionell, wie in
Abschn. 7.1 bereits beschrieben, vier Privilegienstufen. Jeder Prozess wird in einem Ring (siehe Abb. 10.5) ausgeführt und kann sich
nicht selbstständig aus diesem befreien. Im Ring 0 *(Kernelmodus)*
läuft der Betriebssystemkern (siehe Abschn. 3.8) und im Ring 3
(Benutzermodus) laufen die übrigen Prozesse (siehe Abb. 10.5).
Nur Prozesse im Kernelmodus haben vollen Zugriff auf die Hardware. Will ein Prozess im Benutzermodus eine höher privilegierte
Aufgabe, zum Beispiel einen Hardwarezugriff durchführen, kann
er das dem Betriebssystemkern durch einen Systemaufruf (siehe
Kap. 7) mitteilen. Der Prozess im Benutzermodus erzeugt einen
Softwareinterrupt, der in Ring 0 abgefangen und dort behandelt
wird.

Vollständige Virtualisierung nutzt die Tatsache, dass Betriebssysteme auf x86-kompatible Prozessoren meist nur zwei Privilegienstufen verwenden. Der VMM läuft wie die Anwendungen in

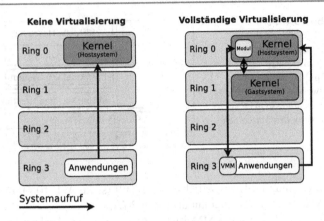

Abb. 10.5 Verwendung der Privilegienstufen auf x86-kompatiblen Prozessoren ohne Virtualisierung und mit vollständiger Virtualisierung

Ring 3 und die virtuellen Maschinen befinden sich im weniger privilegierten Ring 1. Der VMM fängt die Softwareinterrupts der Gastbetriebssystem ab, interpretiert und behandelt sie mit Hilfe seiner Routinen zur Unterbrechungsbehandlung. Virtuelle Maschinen erhalten nur über den VMM Zugriff auf die Hardware. Das garantiert einen kontrollierten Zugriff auf die von mehreren Betriebssystemen gemeinsam genutzten Systemressourcen.

Positive Aspekte des Konzepts der vollständigen Virtualisierung sind, dass nur geringe Änderungen an den Host- und Gastbetriebssystemen erforderlich sind. Da der VMM Zugriffe auf die wichtigsten Hardwareressourcen nur durchreicht und diese Hardware nicht emuliert, können die Gastbetriebssysteme mit einer fast nativen Verarbeitungsgeschwindigkeit ausgeführt werden. Ein weiterer Vorteil dieses Virtualisierungskonzepts ist, dass jedes Gastbetriebssystem seinen eigenen Betriebssystemkern enthält, was flexible Einsatzmöglichkeiten mit sich bringt. So ist es beispielsweise möglich, zu Testzwecken verschiedene Versionen eines Betriebssystemkerns oder verschiedene Betriebssysteme in diversen virtuellen Maschinen auf einer physischen Hardware zu Test- oder Entwicklungszwecken zu betreiben.

Nachteilig sind die häufigen Prozesswechsel, denn jeder Prozesswechsel verbraucht Rechenzeit. Fordert eine Anwendung im Gastbetriebssystem die Ausführung einer privilegierten Aufgabe an, fängt der VMM diese Anforderung ab und weist deren Ausführung beim Betriebssystemkern des Host-Betriebssystems an.

Beispiele für Virtualisierungslösungen, die auf dem Konzept des VMM basieren, sind Kernel-based Virtual Machine (KVM), Mac-on-Linux, Microsoft Virtual PC (in der Version für x86), Oracle VirtualBox, Parallels Desktop, Parallels Workstation, VMware Server, VMware Workstation und VMware Fusion.

10.5 Paravirtualisierung

Bei der *Paravirtualisierung* verwenden die Gastbetriebssysteme eine abstrakte Verwaltungsschicht, den Hypervisor, um auf physische Ressourcen zuzugreifen. Der Hypervisor ist in diesem Fall ein sogenannter *Typ-1-Hypervisor*, der direkt (englisch: *bare metal*) auf der Systemhardware ohne ein dazwischenliegendes Host-Betriebssystem läuft und die Hardwareressourcen unter den Gastsystemen verteilt, so wie ein Betriebssystem dies unter den laufenden Prozessen tut.

Der Hypervisor läuft im privilegierten Ring 0. Ein Host-Betriebssystem ist wegen der Gerätetreiber zwingend nötig. Dieses läuft nicht mehr in Ring 0, sondern im weniger privilegierten Ring 1. Da der Kern des Host-Betriebssystems durch seine Position in Ring 1 keine privilegierten Anweisungen mehr ausführen kann, stellt der Hypervisor sogenannte *Hypercalls* zur Verfügung. Diese sind vergleichbar mit Systemaufrufen, aber die Nummern der Softwareinterrupts sind verschieden. Fordert eine Anwendung die Ausführung eines Systemaufrufs an, wird eine Ersatzfunktion im Hypervisor aufgerufen. Der Hypervisor weist dann die Ausführung des entsprechenden Systemaufrufs beim Kern des Host-Betriebssystems an (siehe Abb. 10.6).

Problematisch ist, dass in den Kernen der Gast-Betriebssysteme alle Systemaufrufe für Hardware-Zugriffe durch die entsprechen-

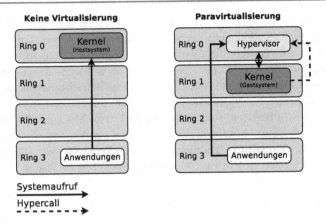

Abb. 10.6 Bei Paravirtualisierung ist ein Host-Betriebssystem wegen der Gerätetreiber zwingend nötig

den Hypercall-Aufrufe ersetzt werden müssen, was in der Regel nur bei Betriebssystemen möglich ist, die als freie Software vorliegen. Ein Vorteil dieses Virtualisierungskonzepts ist, dass das Abfangen und Prüfen der Systemaufrufe durch den Hypervisor nur zu geringen Geschwindigkeitseinbußen führt.

Beispiele für Virtualisierungslösungen, die auf dem Konzept der Paravirtualisierung basieren, sind Xen, Citrix Xenserver, Virtual Iron und VMware ESX Server.

10.6 Hardware-Virtualisierung

Aktuelle x86-kompatible Prozessoren von Intel und AMD enthalten Erweiterungen, um Hardware-Virtualisierung zu ermöglichen. Ein Vorteil dieser Erweiterungen ist, dass unveränderte Betriebssysteme als Gast-Systeme ausgeführt werden können. Die Lösungen von Intel und AMD sind ähnlich, aber inkompatibel zueinander. Seit 2006 enthalten AMD64-Prozessoren den Secure-Virtual-

Machine-Befehlssatz (SVM). Diese Lösung heißt *AMD-V* und war vorher als *Pacifica* bekannt.

Die Lösung von Intel heißt *VT-x* und war zuvor unter dem Stichwort *Vanderpool* bekannt.

Die Erweiterung führte zu einer Überarbeitung der Privilegienstruktur, da ein neuer Ring -1 für den Hypervisor hinzugefügt wurde (siehe Abb. 10.7). Der Hypervisor bzw. VMM läuft im Ring -1 und besitzt jederzeit die volle Kontrolle über den Prozessor und die übrigen Hardwareressourcen, da mit Ring -1 ein höheres Privileg als Ring 0 existiert.

Die virtuellen Maschinen laufen in Ring 0 und heißen in einem solchen Kontext auch Hardware Virtual Machine (HVM).

Ein Vorteil der Hardware-Virtualisierung ist, dass Gastbetriebssysteme nicht angepasst sein müssen. Dadurch laufen auch proprietäre Betriebssysteme wie zum Beispiel Windows als Gastsysteme.

Beispiele für Virtualisierungslösungen, die Hardware-Virtualisierung unterstützen, sind Xen seit Version 3, Windows Server ab Version 2008 (Hyper-V), VirtualBox und KVM.

Abb. 10.7 Bei Hardware-Virtualisierung läuft der Hypervisor im neuen Ring -1 und das Host-Betriebssystem wieder in Ring 0

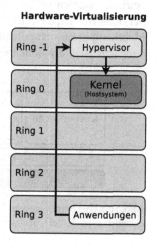

10.7 Betriebssystem-Virtualisierung

Bei der *Betriebssystem-Virtualisierung* laufen unter ein und demselben Betriebssystemkern mehrere voneinander abgeschottete identische Systemumgebungen, die in der Regel *Container* und seltener *Jails* genannt werden (siehe Abb. 10.8). Beim Start einer virtuellen Maschine wird also im Gegensatz zur vollständigen Virtualisierung, Paravirtualisierung und Emulation kein zusätzliches Betriebssystem gestartet, sondern eine isolierte Laufzeitumgebung erzeugt. Aus diesem Grund verwenden alle Container denselben Betriebssystemkern.

Anwendungen, die in einem Container laufen, sehen nur Anwendungen im gleichen Container. Ein Vorteil dieses Virtualisierungskonzepts ist der geringe Verwaltungsaufwand, da der Betriebssystemkern in gewohnter Weise die Hardware verwaltet. Je nach konkretem Anwendungsfall ist die Beschränkung auf nur einen Betriebssystemkern eine Einschränkung, da es bei Betriebssystem-Virtualisierung nicht möglich ist, verschiedene Betriebssysteme gleichzeitig auf einer physischen Hardware zu verwenden. Es werden nur unabhängige Instanzen eines Betriebssystems gestartet.

Dieses Virtualisierungskonzept ist besonders da hilfreich, wo Anwendungen in isolierten Umgebungen mit hoher Sicherheit betrieben werden sollen. Ein Anwendungsbeispiel sind Internet-Service-Provider, die (virtuelle) Root-Server oder Webdienste auf Mehrkernprozessorarchitekturen anbieten. Ein weiterer Anwendungsfall ist die automatisierte Installation komplexer Anwen-

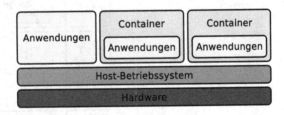

Abb. 10.8 Bei Betriebssystem-Virtualisierung kann das Betriebssystem voneinander abgeschottete identische Systemumgebungen (Container) erzeugen

dungssoftware wie eines Web-Servers oder einer Datenbank, ohne auf Paketabhängigkeiten auf dem Betriebssystem Rücksicht nehmen zu müssen und ohne dieses zu verändern.

Beispiele für Virtualisierungslösungen, die Betriebssystem-Virtualisierung realisieren, sind Docker, das Betriebssystem Solaris von Oracle (vormals Sun Microsystems), OpenVZ für Linux, Linux-VServer, das Betriebssystem FreeBSD, Virtuozzo[1] und FreeVPS.

---

[1] Virtuozzo ist die kommerzielle Variante von OpenVZ.

Glossar

Adressbus   Speicheradressen und Peripherie-Geräte werden über den Adressbus angesprochen (adressiert)

Adressbus   Das symmetrische Verschlüsselungsverfahren Advanced Encryption Standard gehört zur Gruppe der Blockchiffren und ist der Nachfolger von DES und Triple-DES. Die Schlüssellänge bei AES ist 128, 192 oder 256 Bit. Je nach Schlüssellänge sieht das Verfahren 10, 12 oder 14 Verschlüsselungsrunden vor

ASCII   American Standard Code for Information Interchange. 7-Bit-Zeichenkodierung

Auslagerungsspeicher   Ein Speicherbereich (Datei oder Partition) auf einer Festplatte oder SSD, in den das Betriebssystem bei vollem Hauptspeicher diejenigen Prozesse auslagert, die gegenwärtig keinen Zugriff auf einen Prozessor bzw. einen Prozessorkern haben

Batchbetrieb   Siehe Stapelbetrieb

Benutzermodus   Hier laufen alle Prozesse außer dem Betriebssystemkern. Prozesse im Benutzermodus arbeiten ausschließlich mit virtuellem Speicher

Betriebssystemkern   Zentrale Komponente eines Betriebssystems, dessen Funktionen die Kernfunktionalitäten wie Benutzer-, Hardware-, Prozess- und Datenverwaltung ermöglichen

Bit   Kleinstmögliche Informationseinheit. Zwei mögliche Zustände

Block   Siehe Sektor

© Springer-Verlag GmbH Deutschland, ein Teil von Springer Nature 2022
C. Baun, *Betriebssysteme kompakt,* IT kompakt,
https://doi.org/10.1007/978-3-662-64718-9

BSS Block Started by Symbol. Der Teil des Heaps eines Prozesses, der die nicht initialisierten Variablen enthält und dynamisch wächst

Btrfs Ein freies Dateisystem, das seit 2013 im Linux-Kernel enthalten ist. Wegen der zahlreichen modernen Fähigkeiten wie Schnappschüsse (englisch: *Snapshots*), integrierte Datenkompression, integriertes Software-RAID (siehe Abschn. 4.5) und Copy-on-Write (siehe Abschn. 6.6) könnte Btrfs in Zukunft das nächste Standard-Dateisystem unter Linux werden

Buffer Cache Siehe Page Cache

Bus Physische Verbindung zwischen Hardwarekomponenten. Computersysteme enthalten zahlreiche unterschiedliche Bussysteme

Byte Gruppe von 8 Bits

Cache Ein schneller Puffer-Speicher. Moderne Computersysteme enthalten verschiedene Caches im Prozessor, auf dem Mainboard und in den Speicherlaufwerken. Moderne Betriebssysteme realisieren zudem einen Dateisystem-Cache (Page Cache) im Hauptspeicher

Cluster Verbünde von Sektoren/Blöcken mit fester Größe. Die kleinste Zuordnungseinheit, die moderne Betriebssysteme auf Speicherlaufwerken ansprechen. Jede Datei belegt eine ganzzahlige Anzahl von Clustern

Container Abgeschottete Systemumgebung bei Betriebssystem-Virtualisierung, um Prozesse zu isolieren

CPU Central Processing Unit. Siehe Prozessor

Dateisystem Komponente des Betriebssystems, die die strukturierte Ablage der Dateien auf Speicherlaufwerken organisiert

Datenbus Überträgt Daten zwischen CPU, Arbeitsspeicher und Peripherie

Datensegment Der Teil des Heaps eines Prozesses, der die initialisierten Variablen und Konstanten enthält. Sein Inhalt wird bei der Prozesserzeugung aus der Programmdatei gelesen.

Deadlock Zwei oder mehr Prozesse warten auf die von ihnen gesperrten Ressourcen und sperren sich gegenseitig

Dezimalsystem Stellenwertsystem mit der Basis 10

Dialogbetrieb Mehrere Benutzer können gleichzeitig über Dialogstationen an einem Großrechner arbeiten

Dispatcher Siehe Prozessumschalter

DMA Direct Memory Access. Daten werden über einen DMA-Controller direkt zwischen Arbeitsspeicher und E/A-Gerät übertragen

Dualsystem Stellenwertsystem mit der Basis 2

Echtzeitbetrieb Mehrprogrammbetrieb mit zusätzlichen Echtzeit-Funktionen
(z. B. Einhaltung von Zeitschranken)

Einzelbenutzerbetrieb Der Computer steht immer nur einem einzigen Benutzer zur Verfügung

Einzelprogrammbetrieb Zu jedem Zeitpunkt kann nur ein einziges Programm laufen

Emulator Bildet die komplette Hardware eines Rechnersystems nach, um ein unverändertes Betriebssystem, das für eine andere Hardwarearchitektur ausgelegt ist, zu betreiben

FAT File Allocation Table. Datenstruktur, die für jeden Cluster des Dateisystems einen Eintrag enthält, der vermerkt, ob der Cluster frei, das Medium an dieser Stelle beschädigt oder der Cluster von einer Datei belegt ist

Front-Side-Bus Der Bus zwischen Prozessor und Chipsatz. Er enthält den Adressbus, den Datenbus und den Steuerbus.

GNU GNU's not Unix. Ein seit Mitte der 1980er Jahre maßgeblich von Richard Stallman vorangetriebenes Projekt mit dem Ziel, ein freies, Unix-ähnliches Betriebssysteme zu entwickeln. Seit dieser Zeit ist eine große Anzahl an freien Werkzeugen und Compilern entstanden, ohne die die Entwicklung des Betriebssystems Linux kaum möglich gewesen wäre

Hauptspeicher Siehe RAM

Hintergrundspeicher Siehe Swap

Heap Der dynamische Speicher eines Prozesses, der aus Datensegment und BSS besteht

Hexadezimalsystem Stellenwertsystem mit der Basis 16

Hybridkernel Ein Betriebssystemkern, der mehr Funktionen enthält als zwingend nötig, also mehr Funktionen enthält als ein Mikrokernel

Hypervisor Software zur Realisierung virtueller Maschinen. Der Hypervisor weist die Hardwareressourcen den virtuellen Maschinen zu und emuliert Hardwarekomponenten dort, wo es sinnvoll ist und wo ein gleichzeitiger Zugriff durch verschiedene Betriebssysteme nicht möglich ist

Inode Indexknoten. Eine Datenstruktur im Dateisystem, die für jede Datei erzeugt wird und die alle Verwaltungsdaten (Metadaten) der Datei außer dem Dateinamen enthält

ISO International Organization for Standardization. Internationale Organisation für Normung

Interrupt Eine Unterbrechungsanforderung, die den Prozessor anweist, den laufenden Prozess zu unterbrechen

Journal Datenstruktur, in der in moderne Dateisysteme häufig Schreibzugriffe vor ihrer Durchführung sammeln

Kachel Siehe Seite

Kernel siehe Betriebssystemkern

Kernelmodus Hier läuft der Betriebssystemkern. Prozesse, die im Kernelmodus laufen, haben vollen Zugriff auf die Hardware.

Linux Ein freies, Unix-ähnliches Betriebssystem. Die wichtigsten Komponenten von Linux sind der von Linus Torvalds Anfang der 1990er Jahre initiierte Linux-Betriebssystemkern sowie eine Sammlung freier Werkzeuge und Compiler, die sogenannten GNU-Tools

Mapping Abbildung des virtuellen Speichers auf den physischen Speicher

Mehrbenutzerbetrieb Mehrere Benutzer können gleichzeitig mit dem Computer arbeiten

Mehrprogrammbetrieb Mehrere Programme können gleichzeitig mit dem Computer arbeiten

Mikrokernel Ein minimaler Betriebssystemkern, der nur die nötigsten Funktionen zur Speicher- und Prozessverwaltung sowie zur Synchronisation und Interprozesskommunikation enthält. Gerätetreiber, Treiber für Dateisysteme und alle weiteren Funktionalitäten laufen außerhalb des Kerns im Benutzermodus

Moduswechsel Sprung vom Benutzermodus in den Kernelmodus

Multitasking siehe Mehrprogrammbetrieb

Mutex Ermöglicht wechselseitigen Ausschluss zum Schutz kritischer Abschnitte, auf die zu jedem Zeitpunkt immer nur ein Prozess zugreifen darf. Vereinfachte Version des Semaphoren-Konzepts.

Nachrichtenwarteschlange Form der Interprozesskommunikation. Verkettete Liste, in die Prozesse nach dem FIFO-Prinzip Nachrichten ablegen und aus der sie Nachrichten abholen können

Nibble Gruppe von 4 Bits bzw. ein Halbbyte

Oktalsystem Stellenwertsystem mit der Basis 8

Page Cache Ein vom Betriebssystemkern verwalteter Cache im Hauptspeicher, um häufig verwendete Dateien auf lokalen Speicherlaufwerken zwischenzuspeichern

Paging Organisationskonzept, das den virtuellen Speicher der Prozesse in Form von Seiten gleicher Länge realisiert. Das Betriebssystem verwaltet für jeden Prozess eine Seitentabelle

Pipe Form der Interprozesskommunikation. Eine Pipe ist ein Kommunikationskanal, die einen gepufferten Datenstrom zwischen zwei Prozessen realisiert

Programm Folge von Anweisungen in einer Programmiersprache, um Aufgaben mithilfe eines Computers zu bearbeiten

Protected Mode In diesem Konzept der Speicherverwaltung verwenden die Prozesse keine physischen Hauptspeicheradressen, sondern virtuellen Speicher

Protokoll Vereinbarung von Kommunikationsregeln

Prozess Eine Instanz eines Programms, das ausgeführt wird

Prozessor Zentrale Komponente eines Computers. Der Hauptprozessor führt die Maschineninstruktionen des aktuell laufenden Programms Schritt für Schritt aus

Prozessumschalter Komponente des Betriebssystemkerns, die die Zustandsübergänge der Prozesse durchführt

RAID Redundant Array of Independent Disks. Verbund mehrerer Speicherlaufwerke, der durch die Benutzer und deren Prozesse wie ein einziges großes Laufwerk wahrgenommen wird und eine bessere Geschwindigkeit und/oder Ausfallsicherheit bietet als ein einzelnes Laufwerk

RAM   Random Access Memory. Der Hauptspeicher (Arbeitsspeicher) eines Computersystems. Ein Speicher mit wahlfreiem
Zugriff

Real Mode   In diesem Konzept der Speicheradressierung verwenden die Prozesse physische Hauptspeicheradressen

Register   Speicherbereiche im Prozessor. Der Hauptprozessor
enthält unter anderem Datenregister, Adressregister, Stapelregister und diverse Spezialregister

ROM   Read Only Memory. Ein nicht-flüchtiger Lesespeicher

Sektor   Kleinste zugreifbare Einheit auf magnetischen Datenspeichern wie zum Beispiel Festplatten und Disketten. Typischerweise 512 Byte oder bei modernen Laufwerken 4096 Byte
groß

Scheduling   Automatische Erstellung eines Ablaufplanes der
Prozesse durch das Betriebssystem

Seite   Eine durch die Hardwarearchitektur definierte Menge von
Speicherstellen. Der Hauptspeicher wird in gleich große Speicherseiten unterteilt.

Seitentabelle   Das Betriebssystem verwaltet für jeden Prozess
eine Seitentabelle, mit deren Hilfe es die virtuellen Adressen
des Prozesses in physische Speicheradressen umwandelt

Segmentierung   Organisationskonzept, das den virtuellen Speicher der Prozesse in Form von Segmenten unterschiedlicher
Länge realisiert. Das Betriebssystemen verwaltet für jeden Prozess eine Segmenttabelle

Semaphore   Ganzzahlige, nichtnegative Zählersperre, die mehreren Prozessen das Betreten eines kritischen Abschnitts erlauben kann

Singletasking   siehe Einzelprogrammbetrieb

Socket   Vom Betriebssystem bereitgestellter Kommunikations-
endpunkt zur bidirektionalen Interprozesskommunikation über
Transportprotokolle

SSD   Solid State Drive. Nichtflüchtiges elektronisches Speichermedium

Stack   Ermöglicht geschachtelte Funktionsaufrufe. Mit jedem
Funktionsaufruf werden die Aufrufparameter, Rücksprungadresse
und ein Zeiger auf die aufrufende Funktion auf den Stack gelegt.

Zudem legen die Funktionen ihre lokalen Variablen auf den Stack.

Stapelbetrieb Betriebsart, bei der das Programm mit allen Eingabedaten vollständig vorliegen muss, bevor die Abarbeitung beginnen kann. Üblicherweise ist Stapelbetrieb interaktionslos.

Steuerbus Dieser überträgt die Kommandos (z. B. Lese- und Schreibanweisungen) vom Prozessor und Statusmeldungen von den Peripheriegeräten

Swap Siehe Auslagerungsspeicher

Swapping Prozess des Ein- und Auslagern von Daten in den/vom Arbeitsspeicher vom/in den Auslagerungsspeicher (meist eine Datei oder Partition auf einer Festplatte oder SSD)

Systemaufruf Ein Funktionsaufruf im Betriebssystemkern, um eine höher privilegierte Aufgabe, wie zum Beispiel einen Hardwarezugriff, durchführen. Dabei kommt es zum Moduswechsel, also zum Sprung vom Benutzermodus in den Kernelmodus

System Call Siehe Systemaufruf

TCP Transmission Control Protocol. Verbindungsorientiertes Transportprotokoll

Terminal Dialogstationen zur Arbeit an einem Großrechner

Treiber Eine Sammlung von Funktionen des Betriebssystemkerns, um auf eine Hardware zugreifen zu können

UID User-ID. Die eindeutige Kennung (Nummer) eines Benutzers im Betriebssystem

UDP User Datagram Protocol. Verbindungsloses Transportprotokoll

Unicode Mehrbyte-Zeichenkodierung

Unix Ein Betriebssystem mit Mehrprogrammbetrieb und Mehrbenutzerbetrieb, das ab Ende der 1960er Jahre von den Bell Labs in der Programmiersprache C entwickelt wurde. Als Erfinder gelten Ken Thompson und Dennis Ritchie. Zahlreiche proprietäre und freie (z. B. Linux) Betriebssysteme bauen auf den Konzepten von UNIX auf

Virtuelle Maschine Eine abgeschottete Umgebung, die sich wie ein vollwertiger Computer mit eigenen Komponenten verhält

Zeitscheibe   Ein Zeitabschnitt fester Dauer, der periodisch zur Verfügung steht. Während einer Zeitscheibe kann ein Prozess eine Ressource verwenden

Zeitteilbetrieb   Siehe Dialogbetrieb

Zylinder   Alle Spuren auf allen Platten einer Festplatte bei einer Position des Schwungarms

Literatur

[1]   Achilles A (2006) Betriebssysteme. Eine kompakte Einführung mit Linux. Springer, Heidelberg

[2]   Baumgarten U, Siegert H-J (2007) Betriebssysteme, 6. Aufl. Oldenbourg, München

[3]   Beazley D, Jones B (2013) Python cookbook, 3. Aufl. O'Reilly, Sebastopol

[4]   Beck M, Böhme H, Dziadzka M, Kunitz U, Magnus R, Verworner D (1997) Linux Kernelprogrammierung, 4. Aufl. Addison-Wesley, Boston

[5]   Belady L, Nelson R, Shedler G (1969) An anomaly in space-time characteristics of certain programs running in a paging machine. Commun of the ACM 12(6):349–353

[6]   Blöchl B, Meyberg C (2002) Repetitorium der Informatik, 1. Aufl. Oldenbourg, München

[7]   Bovet D, Cesati M (2006) Understanding the linux kernel, 3. Aufl. O'Reilly, Boston

[8]   Bengel G, Baun C, Kunze M, Stucky K-U (2015) Masterkurs Parallele und Verteilte Systeme. Springer Vieweg, Wiesbaden

[9]   Bonwick J, Ahrens M, Henson V, Maybee M, Shellenbaum M. (2003) The Zettabyte File System. Proceedings of the 4th ACM Usenix Conference on File and Storage Technologies

[10] Bower T (2009) Operating systems study guide. http://faculty.salina.k-state.edu/tim/ossg/index.html

[11] Bräunl T (1993) Parallele programmierung. Vieweg, Braunschweig

© Springer-Verlag GmbH Deutschland, ein Teil von
Springer Nature 2022
C. Baun, *Betriebssysteme kompakt,* IT kompakt,
https://doi.org/10.1007/978-3-662-64718-9

[12] Brause R (2004) Betriebssysteme, 3. Aufl. Springer, Berlin

[13] Bunting, S (2008) EnCase computer forensics: the official EnCE: EnCase certified examine. 2. Aufl. Wiley, Indianapolis

[14] Buyya R, Cortes T, Jin H (2001) Single system image (SSI). Int J High Perform Comput Appl 15(2):124–135

[15] Card R, Ts'o T, Tweedie S (1995) Design and Implementation of the Second Extended Filesystem. Proceedings of the First Dutch International Symposium on Linux

[16] Carikli D (2018) The Intel Management Engine: an attack on computer users' freedom. Free Software Foundation. https://static.fsf.org/nosvn/blogs/Intel_ME_Carikli_article_PRINT_2.pdf

[17] Chapman B, Curtis T, Pophale S, Poole S, Kuehn J, Koelbel C, Smith L (2010) Introducing OpenSHMEM. Proceedings of the 4th ACM Conference on Partitioned Global Address Space Programming Model

[18] Coffman E, Elphick M, Shoshani A (1971) System deadlocks. Comput Surv 3(2):67–78

[19] Contiki: The Open Source OS for the Internet of Things.http://www.contiki-os.org

[20] Cormen T, Leiserson C, Rivest R, Stein C (2010) Algorithmen – Eine Einführung, 3. Aufl. Oldenbourg, München

[21] Crawford T, Prinz P (2015) C in a nutshell: the definitive reference. 2. Auf. O'Reilly, Boston

[22] Dinan J, Balaji P, Lusk E, Sadayappan P, Thakur R (2010) Hybrid Parallel Programming with MPI and Unified Parallel C. Proceedings of the 7th ACM international conference on Computing frontiers

[23] Dijkstra E (1965) Cooperating sequential processes. https://www.cs.utexas.edu/~EWD/ewd01xx/EWD123.PDF

[24] Dorward S, Pike R, Presotto D, Ritchie D, Trickey H, Winterbottom P (1997) The inferno operating system. Bell Labs Tech J 2(1):5–18

[25] Ehses E, Köhler L, Riemer P, Stenzel H, Victor F (2005) Betriebssysteme. Pearson, München

[26] Ermolov M, Goryachy M (2017) How to hack a turned-off computer, or running unsigned code in intel management engine. Black Hat Europe, London

[27] Fairbanks K (2012) An analysis of Ext4 for digital forensics. Digital Investigation. 9:118–130. https://doi.org/10.1016/j.diin.2012.05.010

[28] Glatz E (2006) Betriebssysteme. dpunkt, Heidelberg

[29] Glatz E (2019) Betriebssysteme. 4. Aufl. dpunkt, Heidelberg

[30] Goll J, Dausmann M (2014) C als erste Programmiersprache: Mit den Konzepten von C11, 8. Aufl. Springer Fachmedien, Wiesbaden

[31] Gropp W, Lusk E, Doss N, Skjellum A (1996) A high-performance, portable implementation of the MPI message passing interface standard. Parallel Comput 22(6):789–828

[32] Gumm H, Sommer M (2011) Einführung in die Informatik. Oldenburg, München

[33] Hamilton M (1999) Hamilton, M: Software development: building reliable systems. Pearson, London

[34] Brinch Hansen P (1973) Shared Classes. http://brinch-hansen.net/papers/1973b.pdf

[35] Heiß H-U (1999) Folienskript Betriebssysteme. Universität Paderborn. http://www2.cs.uni-paderborn.de/fachbereich/AG/heiss/lehre/bs/

[36] Herold H (1996) UNIX-Systemprogrammierung, 2. Aufl. Addison-Wesley, Bonn

[37] Herold H (1999) Linux-Unix Kurzrefenz, 2. Aufl. Addison-Wesley, Bonn

[38] Herold H, Lurz B, Wohlrab J (2012) Grundlagen der Informatik, 2 Aufl. Pearson, München

[39] Hieronymus A (1993) UNIX-Systemarchitektur und Programmierung. Vieweg, Braunschweig

[40] Hoare C (1974) Monitors: an operating system structuring concept. Communications of the ACM. 17(10):549–557

[41] Hönig T (2006) Der O(1)-Scheduler im Kernel 2.6. Linux-Magazin 2/2004. https://www.linux-magazin.de/ausgaben/2004/02/die-reihenfolge-zaehlt/

[42] Intel 80386 Programmer's Reference Manual 1986. http://css.csail.mit.edu/6.858/2012/readings/i386.pdf

[43] 5-Level Paging and 5-Level EPT. White Paper. Revision 1.1. 2017. https://software.intel.com/content/dam/develop/public/us/en/documents/5-level-paging-white-paper.pdf

[44] Jobst F (2015) Programmieren in Java. Hanser, München

[45] Jones M (2009) Inside the Linux 2.6 Completely Fair Scheduler – Providing fair access to CPUs since 2.6.23. IBM. https://developer.ibm.com/tutorials/l-completely-fair-scheduler/

[46] Kay J, Lauder P (1988) A fair share scheduler. Commun of the ACM 31(1):44–55

[47] Kerrisk M (2010) The linux programming interface: a linux and UNIX system programming handbook. No Starch Press, San Francisco

[48] Kirch U, Prinz P (2019) C – kurz & gut, 2. Aufl. O'Reilly, Newton

[49] Knowlton K (1965) A fast storage allocator. Commun of the ACM 8(10):623–624

[50] Knuth D (1968) The art of computer programming – Volume 1. 1. Auf. Addison-Wesley, Boston

[51] Leveson N, Turner C (1993) An investigation of the therac-25 accidents. IEEE Comput 26(7):18-41

[52] Levin J (2013) Mac OS X and iOS Internals. To the apple's core. Wiley, Hoboken

[53] LINUX System Call Quick Reference. http://www.digilife.be/ quickreferences/qrc/linux%20system%20call%20quick%20reference. pdf

[54] Love R (2005) Linux-Kernel-Handbuch. 1. Aufl. Addison-Wesley, München

[55] Love R (2010) Linux-Kernel-Handbuch. 3. Aufl. Addison-Wesley, München

[56] Mandl P (2014) Grundkurs Betriebssysteme, 4. Aufl. Springer Vieweg, Wiesbaden

[57] Mathur A, Cao M, Bhattacharya S, Dilger A, Tomas, A, Vivier L (2007) The new ext4 filesystem: current status and future plans. Proceedings of the Linux symposium 2:21–33

[58] Mendoza A, Skawratananond C, Walker A (2006) Unix to linux porting: a comprehensive reference. Prentice Hall, Upper Saddle River

[59] Pancham P, Chaudhary D, Gupta R (2014) Comparison of cache page replacement techniques to enhance cache memory performance. Int J Comput Appl 98(19):27–33

[60] McDougall R, Mauro J (2007) Solaris internals: solaris 10 and Open-Solaris kernel architecture, 2. Aufl. Prentice Hall, Upper Saddle River

[61] McKusick M, Neville-Neil G, Watson R (2014) The design and implementation of the FreeBSD operating system. 2. Aufl. Addison Wesley & Pearson, Upper Saddle River

[62] Microsoft Corporation. Default cluster size for NTFS, FAT, and exFAT. https://support.microsoft.com/en-us/kb/140365

[63] Microsoft Corporation. File Caching. https://msdn.microsoft.com/de-de/library/windows/desktop/aa364218(v=vs.85).aspx

[64] Microsoft Corporation. exFAT file system specification. https://docs. microsoft.com/en-us/windows/win32/fileio/exfat-specification

[65] Microsoft Corporation. File System Functionality Comparison. https://docs.microsoft.com/en-gb/windows/win32/fileio/filesystem-functionality-comparison

[66] Microsoft Corporation. How NTFS Works. 2003 https://technet. microsoft.com/en-us/library/cc781134(v=ws.10).aspx

[67] Microsoft Corporation. MS Windows NT Kernel-mode User and GDI White Paper. https://technet.microsoft.com/library/cc750820.aspx

[68] Microsoft Corporation. Standard-Clustergröße für NFTS, FAT und exFAT. https://support.microsoft.com/en-us/help/140365/default-cluster-size-for-ntfs-fat-and-exfat

[69] Rasiukevicius M (2009) Thread scheduling and related interfaces in NetBSD 5.0. https://www.netbsd.org/~rmind/pub/netbsd_5_scheduling_apis.pdf

[70] Musumeci G, Loukides M (2002) System performance tuning, 2. Aufl. O'Reilly, Sebastopol

[71] Mordvinova O, Kunkel J, Baun C, Ludwig T, Kunze M (2009) USB Flash Drives as an Energy Efficiency Storage Alternative. IEEE/ACM Grid 2009, Proceedings of the 10th International Conference on Grid Computing

[72] Nehmer J, Sturm P (2001) Systemsoftware. Grundlagen moderner Betriebssysteme. dpunkt, Heidelberg

[73] Nordvik R, Georges H, Toolan F, Axelsson S (2019) Reverse engineering of ReFS. Digital Investigation 30:127–147. https://doi.org/10.1016/j.diin.2019.07.004

[74] Pancham P, Chaudhary D, Gupta R (2014) Comparison of cache page replacement techniques to enhance cache memory performance. Int J Comput Appl 98(19):27–33

[75] Oracle (2013) System Administration Guide: Oracle Solaris Containers-Resource Management and Oracle Solaris Zones. https://docs.oracle.com/cd/E22645_01/pdf/817-1592.pdf

[76] Ousterhout J, Cherenson R, Douglis F, Nelson N, Welch B (1988) The sprite network operating system. IEEE Comput 21(2):23–36

[77] Quade J, Mächtel M (2012) Moderne Realzeitsysteme kompakt. Eine Einführung mit Embedded Linux. dpunkt, Heidelberg

[78] Rauber T, Rünger G (2013) Parallel programming: for Multicore and cluster systems, 2. Aufl. Springer, Berlin

[79] Richter L (1985) Betriebssysteme, 2. Aufl. Teubner, Stuttgart

[80] Rhodehamel M. (1989) The Bus Interface and Paging Units of the i860 Microprocessor. Proceedings of the IEEE International Conference on Computer Design. S 380–384

[81] Robbins K, Robbins S (1996) Practical UNIX programming. A guide to concurrency, communication, and multithreading. Prentice Hall, Upper Saddle River

[82] Rochkind M (1988) UNIX Programmierung für Fortgeschrittene. Hanser, München

[83] Rodeh O, Bacik J, Mason C (2013) BTRFS: the linux B-tree filesystem. ACM Transactions on Storage (TOS) 9(3)

[84] Russinovich M (1998) Inside Memory Management, Part 2. http://windowsitpro.com/systems-management/inside-memory-management-part-2

[85] Silberschatz A, Galvin P, Gagne G (2013) Operating system concepts. 9. Aufl. Wiley, Hoboken

[86] Stuart B (2009) Principles of operating systems, 1. Aufl. Course Technology, Boston

[87] Schmitt T, Kämmer N, Schmidt P, Weggerle A, Gerhold S, Schulthess P (2011) Rainbow OS: A distributed STM for in-memory data clusters. IEEE MIPRO 2011, Proceedings of the 34th International Convention

[88] Sedgewick R (1992) Algorithmen in C. Addison-Wesley, München

[89]   Severance C (2015) Guido van Rossum: The early years of python. IEEE Comput 48(2):7–9

[90]   Shullich R (2010) Reverse Engineering the Microsoft exFAT File System. https://www.sans.org/reading-room/whitepapers/forensics/paper/33274

[91]   Stallings W (2001) Operating systems – internals and design principles, 4. Aufl. Prentice-Hall, New Jersey

[92]   Introduction to Computer Architecture. 2011 http://cseweb.ucsd.edu/classes/wi11/cse141/Slides/19_VirtualMemory.key.pdf

[93]   Sun Microsystems (1994) Multithreaded Programming Guide. SunSoft, Mountain View https://docs.oracle.com/cd/E19457-01/801-6659/801-6659.pdf

[94]   Tanenbaum A (2002) Moderne Betriebssysteme, 2. Aufl. Pearson, München

[95]   Tanenbaum A (2009) Moderne Betriebssysteme, 3. Aufl. Pearson, München

[96]   Tanenbaum A, Goodman J (2001) Computerarchitektur. Pearson, München

[97]   Tanenbaum A, Sharp G. The Amoeba Distributed Operating System. http://www.cs.vu.nl/pub/amoeba/Intro.pdf

[98]   Tanenbaum A, Woodhull A (2006) Operating systems: design and implementation. 3. Aufl. Prentice Hall, Upper Saddle River

[99]   Vogt C (2001) Betriebssysteme. Spektrum Akademischer Verlag, Heidelberg

[100] Vogt C (2012) Nebenläufige Porgrammierung. Hanser, München

[101] Werner M (2016) Folienskript Betriebssysteme. Technische Universität Chemnitz. https://osg.informatik.tu-chemnitz.de/lehre/os/

[102] Wettstein H (1984) Architektur von Betriebssystemen, 2. Aufl. Hanser, München

[103] Willemer A (2004) Wie werde ich UNIX-Guru? Rheinwerk, Bonn. http://openbook.rheinwerk-verlag.de/unix_guru/

[104] Windows X86 System Call Table (NT/2000/XP/2003/Vista/2008/7/8). http://j00ru.vexillium.org/ntapi

[105] Wolf J (2005) Linux-UNIX-Programmierung: Das umfassende Handbuch, 1. Aufl. Galileo Computing, Bonn

[106] Yodaiken V (1999) The RTLinux Manifesto. http://www.yodaiken.com/papers/rtlmanifesto.pdf

Stichwortverzeichnis

© Springer-Verlag GmbH Deutschland, ein Teil von
Springer Nature 2022
C. Baun, *Betriebssysteme kompakt,* IT kompakt,
https://doi.org/10.1007/978-3-662-64718-9

Printed in the United States
by Baker & Taylor Publisher Services